JM014664

Coaching Theory
for Athletics

陸上競技の
コーチング学

日本陸上競技学会 ＊編

大修館書店

はじめに

　東京オリンピックを控えた日本の陸上競技界は，長い歴史において稀有と言えるほどの記録ラッシュに沸いている。2017年９月桐生祥秀選手が念願の100m10秒の壁を打ち砕き，翌年２月には停滞していた男子マラソンで設楽悠太選手が17年ぶりに日本記録を更新した。この２つの歴史的快挙を狼煙に，この２年ほどの間に先述の100mとマラソンを含めると，14種目（オリンピック種目）で日本記録が誕生した。

　この競技力の顕著な向上の背景には，2013年９月のオリンピック・パラリンピック東京開催決定が選手や指導者の意識を高め，そして意欲をかき立てたことがあると言える。そして，地元オリンピックを目指して，競技現場では競技力向上に必要と考えられる様々な取り組みが展開されてきたのである。個人に適した種目の選定，合理的な技術トレーニング，効果的な体力トレーニング，レース展開などの勝つための戦術トレーニング，戦略的なトレーニング計画，医学的な観点から見た事故や傷害予防，効果的なコンディショニング，競技力を高めるための栄養摂取，そしてアスリートの能力を伸ばすコーチングなど。これらの取り組みは研究ベースで得られた知見に基づき展開されたものであり，競技と研究の融合の産物であると考える。

　2002年に陸上競技学会が設立されて以来，陸上競技に関する様々な研究成果が毎年の学会大会で発表され，機関研究誌である陸上競技学会誌において公開されてきた。設立から18年余りが過ぎ，多くの研究知見が蓄積され，先述のごとく強化・育成活動に利活用され，東京オリンピックに向けての陸上競技の競技力向上に大きな貢献を果たしている。

　さらにポスト2020を見据えた場合，これらの競技現場と研究知見との融合の成果を体系化し，競技現場のみならず学校体育の現場などへのフィードバックを強化する必要性を感じている。そこで，2020東京の成功を目指しつつ，オリンピック以降のレガシーの構築を念頭に置いた取り組みが，本書『陸上競技のコーチング学』の刊行である。本書は，トップアスリートの育成強化に資する内容となっているが，そればかりではなく，10年先，20年先の陸上競技界のあるべき姿を想定し，競技者育成を大きな視座でとらえた内容である。多くの子どもたちが長く陸上競技を続け，その中で余すことなく自分の潜在力を発揮できるような競技生活を送ることを目指しているのである。このことは，東京オリンピック後，陸上競技界が祭りの後のような状況に陥らず，さらなる発展を続けるための準備でもあると言える。

　著者は，本書の刊行の趣旨に同意いただいたわが国を代表する陸上競技の指導者と研究者の面々である。多くの指導者，将来の指導者を目指して研鑽を積んでおられる学生，そして競技力向上を目指す競技者らに読んでいただきたい。

　最後に，本書の発刊にあたり共に編集責任者としてご尽力いただきました日本大学教授の青山清英氏，森丘保典氏，そして企画から編集までに的確なご指導をいただきました大修館書店の久保友人氏に心から感謝申し上げます。

編集責任者を代表して　尾縣　貢

陸上競技のコーチング学	
目　次	

第 ① 章

陸上競技の特徴

陸上競技の成立と発展

　陸上競技のルーツは，原始時代の人類の生活にあると言える。陸上競技を構成する「走る」「跳ぶ」「投げる」運動は，当時の人類の生活を支える重要なものであったことは想像に難くない。

　やがて，この生活に根ざした活動は，儀式として行われるようになり，競争という要素が加わったと考えられている。競争となると，勝つことをめざして，技能を高めることがめざされ，一定の決まりごと（ルール）も設けられていったのであろう。こうして，日常の活動が現代の陸上競技に近い形式に近づいていったと言える。そして，やがて宗教色を帯び，祭礼的な行事に推移していったと伝えられている。たとえば，古代ギリシアでは，部族を代表するメンバーが，古代の人類にとって神聖だった火をいち早く祭壇まで運ぶ「たいまつリレー」が行われていたということである。

(1) 古代オリンピックと陸上競技

　このような歴史を経て，古代ギリシアでは紀元前776年から全知全能の神であるゼウスを守護神としたオリンピア祭が始まった。オリンピア祭の中心的な種目が陸上競技であった。第1回から13回までは，スタディオンを走る1スタディオン走（約192m）のみが実施された。その後，種目を増やし，全盛期には短距離走，中距離走，長距離走，円盤投，やり投，5種競技，レスリングやボクシングなどの格闘技，戦車競争などが行われた。

　4年ごとに開催されたオリンピア祭は，ギリシア人にとって神聖なものであったがゆえに，その期間中は戦争を中止したことが伝えられている。この祭典は293回にわたり続けられたが，西暦393年に当時のローマ皇帝であったテオドシウス1世の出した異教禁止令によって終わりを迎えた。

(2) 近代オリンピックと陸上競技

　1000年以上も続いたオリンピック祭が中止となり，陸上競技には暗黒の時代が訪れた。再び，陸上競技がスポーツとして行われるようになったのは，19世紀のイギリスであった。この頃の陸上競技は，現代のものと根本的には変わらず，古代の頃のような儀式でもなく，宗教色もない紛れもないスポーツであった。

　陸上競技をはじめ，多くの競技が盛んになったことを背景に，クーベルタン（Coubertin）のリーダーシップで近代オリンピックが1896年にギリシアの地で開催された。第1回から陸上競技は中心的種目として行われ，これまでのすべてのオリンピックで，競泳，体操競技，フェンシング，自転車競技とともに実施されてきたのである。

　日本が初参加したのは，1912年の第5回ストックホルム大会であったが，このときの参加者は，

写真1-1●日本初参加のオリンピックとなる第5回オリンピック競技大会（1912/ストックホルム）。団長：嘉納治五郎（左端），旗手：三島弥彦
写真提供：読売新聞／アフロ

写真1-2 ●日本初のオリンピック金メダリストとなった
三段跳の織田幹雄／第9回オリンピック競技
大会（1928/アムステルダム）写真提供：アフロ

団長の嘉納治五郎，陸上競技100mの三島弥彦，マラソンの金栗四三であった（**写真1-1**）。12年後のパリ大会では，織田幹雄が三段跳で6位入賞を果たし，世界での活躍の突破口を開いた。1928年アムステルダム大会では，織田が15m21を跳び，日章旗をメインポールに掲げたことを契機に，続くロサンゼルス大会では南部忠平，ベルリン大会でも田島直人が連続優勝を果たし，三段跳は日本のお家芸と言われるようになった。三段跳の活躍以外にも，走高跳，棒高跳，走幅跳でも多くのメダル，入賞を獲得し，"跳躍日本"時代を築いた（**写真1-2**）。

　跳躍種目だけではなく，陸上競技全体としても第10回ロサンゼルス大会（1932年），第11回ベルリン大会（1936年）では，日本選手が華々しい活躍を示した。ロサンゼルス大会では，南部忠平の三段跳の金メダルと走幅跳の銅メダル，西田修平の棒高跳の銀メダル，大島鎌吉の三段跳の銅メダルのほか，短距離・リレー，マラソン，投てきで10の6位入賞（1984年ロサンゼルス大会から8位以内が入賞となる）という成績を残した。続くベルリン大会では，田島直人の三段跳の金メダルと走幅跳の銅メダル，原田正夫の三段跳の銀メダル，西田修平の棒高跳の銀メダル，孫基禎のマラソンの金メダル，南昇竜のマラソンの銅メダルのほか，長距離，跳躍，投てきで10の6位入賞を果たした。

その後，2大会続けて戦争のために中止，第二次世界大戦後初めて開催された1948年のロンドン大会には，日本はドイツとともに招待がなかった。1952年のヘルシンキ大会から再び参加したが，長く低迷が続いた。復調の兆しが見られたのが，1992年のバルセロナ大会であったが，8つの入賞のうち5つがマラソンというものであった。この大会から日本の女子マラソンの躍進が始まり，有森裕子，高橋尚子，野口みずきが4大会に及ぶメダル獲得を成し遂げた。しかし，隆盛を誇った女子マラソンは北京大会以降入賞が途絶え停滞が続いている。

　2000年以降では，マラソンを除くと，男子4×100mリレー，男子ハンマー投，男子20km競歩，50km競歩での活躍が顕著である。オリンピックでのパフォーマンスを辿っていくことにより，日本の優位であった種目が推移していることがわかる。この背景には，トレーニングへの取り組み，他国の取り組み，種目の人気，国民の関心などのさまざまな要因のあることが推察できる。これらの要因を詳細に分析することにより，強化育成策を展開するうえでの材料が得られるものと考えられる。

（3）女子陸上競技の発展

　2017年世界陸上競技選手権ロンドン大会で女子50km競歩が正式種目として実施され，これをもって男女の種目が同等になった。そこに至るまでの道程は，決して平坦なものではなかった。

　第一次世界大戦後の1921年にフランスのミリア（Milliat）夫人が中心となり，国際女子スポーツ連盟を設置してから女性の陸上競技は本格的に始動した。その翌年に国際女子陸上競技大会が開催され，女子陸上の大会がスタートした。この大会もオリンピックと同様4年ごとに開催され，1934年まで続いた。第2回大会（1926/ヨーテボリ）には，日本から人見絹枝が参加し，走幅跳で金メダルを獲得した。

　女性の国際的な活動により，女性のスポーツに否定的であった国際オリンピック委員会も理解を

写真1−3 ●女子800m で銀メダルを獲得した人見絹枝（左端）／第9回オリンピック競技大会（1928／アムステルダム）写真提供：アフロ

示し，1928年のアムステルダム大会から女性の参加を承認した。このときの種目は，100m，800m，4×100m リレー，走高跳，円盤投の5種目で，男子の22種目と比べると少ないものであった。この大会の800m では前出の人見が2位入賞を遂げたが，ゴール後多くの選手たちが倒れ，その凄惨な光景が，中長距離走は女性には向いていない，という強い印象を与えた（**写真1−3**）。この影響はのちのちまで根強く残り，女子800m は1960年ローマ大会，3000m とマラソンは1984年ロサンゼルス大会，10000m は1988年のソウル大会から，それぞれ採用されたのであった。

(4) 日本国内の普及

わが国に西洋からスポーツが入ってきたのは，明治維新の頃のことであった。日本の陸上競技は，1874年（明治7年）に築地にあった海軍兵学寮での「生徒競闘遊戯会」で幕を開けた。教員として海軍兵学寮に招かれたイギリス軍人が母国で行われていた陸上競技種目にレクリエーション的要素を加え，あくまで訓練の一環として催した。18種目が実施されたが，このうち7種目は陸上競技の種目，あるいは近い種目だったと言える。以下が実施種目であるが，カッコ内が実際に使用された種目名である。①300ヤード（ツバメの飛びならい），②600ヤード（秋のムクドリ），③150ヤード走（スズメの巣立ち），④走幅跳（トビウオの波

きり），⑤走高跳（ボラの網越え），⑥球投げ（古狸のつぶてうち），⑦棒高跳（トンボのかざかえり）

続いて開催されたのは，1878年の札幌農学校での遊戯会であったが，これも学生の体づくりと活発な気風を育てるために実施されたものであった。この遊戯会を指導したのは，“Boys be ambitious” で有名なアメリカ・マサチューセッツ農科大学学長クラーク（Clark）の来日に随行したホイーラー（Wheeler）とペンハロー（Penhallow）であった。

この5年後には，イギリス人のストレンジ（Strange）が東京大学で運動会を開催したが，これは陸上競技の種目のみで構成された。彼は，当時のイギリスやアメリカで行われていた陸上競技のルールや技術を『Outdoor Games』という著書を通して日本に紹介しており，わが国の陸上競技の発展において大きな貢献をした。その後，慶應義塾大学（1886年），東京高等師範学校（1894年），京都帝国大学（1899年）などでつぎつぎと運動会が開催され，これがわが国の陸上競技黎明期の普及を支えたと言える。これらの校内大会がやがて対校戦へと発展し，1913年の第1回日本陸上競技選手権大会につながったのである。

現在，盛んに行われている駅伝競走もこの頃に産声をあげている。奈良時代に駅の制度として大宝律令（701年）に定められた「駅馬伝馬」制を語源としている駅伝競走が歴史に現れたのが，1917年（大正6年）のことであった。同年4月27日，京都・三条大橋から東京・上野忍池までの516km を23区間に分けて行った「東海道駅伝徒歩競走」が駅伝競走の始まりである。この駅伝競走開催のきっかけとなったのは，東京奠都50周年奉祝大博覧会であり，明治天皇が京都を出発して江戸城に入った東海道のルートを再現するという発想にもとづいたと言われている。この駅伝競走には，関東組と関西組の2チームが出場した。

この3年後の1920年には，駅伝の代名詞ともなっている「東京箱根間往復大学駅伝競走」がスタートした。これは，ストックホルムオリンピックのマラソンに出場した金栗が，後進の育成を目的に関東の各大学に呼びかけ，明治大学，早稲田

写真1-4●昭和初期の東京箱根間往復大学駅伝競走（箱根駅伝）写真提供：読売新聞／アフロ

大学，慶應大学，東京高等師範学校の4校で始めたものであった。

第二次世界大戦後の1950年（昭和25年）には，師走の京都・都大路を舞台とする全国高等学校駅伝競走大会が誕生した。その後も，全日本大学駅伝対校選手権大会，全日本実業団対抗駅伝競走大会，全国中学校駅伝大会，全国都道府県対抗駅伝競走などかずかずの駅伝競走大会が始められ，日本のマラソン・長距離走の普及・育成・強化に大きな貢献を果たしてきた。

日本で生まれ日本で育った駅伝は，世界へと広がっていき，一時は国別の対抗駅伝も開催された。アメリカやヨーロッパの諸国では〈Ekiden〉という名称で知られている（**写真1-4**）。

(5) ルールと器具の変遷

技術の変遷は，ルールや用器具の変更と関わりがあることが多い。陸上競技は，選手対選手の競争の場であるとともに，定められたルールや使用する施設・用器具とのせめぎ合いでもあったと言える。これも陸上競技の記録の発展を支えてきた要因の1つであるに違いない。

近代陸上競技の幕開けから現在に至るまでのルールと施設・用器具の変遷から陸上競技の発展を考えてみよう。

◎ルールの変更

ルールは，「世界中で生まれた記録を比較でき

るようにする」「すべての競技者が公平に競技をする」「安全性を確保する」「競技会を円滑に進行する」ことなどを可能にしていると言える。

たとえば，直線路を用いる短距離・ハードル走，走幅跳，三段跳では，追い風2.0m/秒を超えると非公認記録となるルールは，風のアシストを制限し，世界中で出た記録を比較できるようにしている。

今世紀に入ってから2度も変更になったルールもある。それは，トラック競技での不正スタート（フライング）に関してのルールである。2002年までは，競技者には1回の不正スタートが認められていたが，2003年からは全体で1回の不正スタートが認められ，2回目以降は不正スタートを犯した者はすべて失格となるというルールに変わった。そして2010年には，1回目の不正スタートから失格になるというルールに変更がなされて今日に至っている。1人1回許容されていた時代は，風の条件がよくなるのを待ち，故意に不正スタートするケースが頻繁に見られ，競技運営が間延びすることもあった。これにより競技者の集中力が散漫になり，パフォーマンスの低下を招くような状況をつくり出したり，競技の運営が滞り，見ている観客を飽きさせたりもした。これがテレビ放映にも大きな支障を来たした。こういった事態を避けるために，スタートのルールを厳格化していったのである。このルール変更の直後の2011年の世界選手権テグ大会では，世界記録保持者のボルト（Bolt；ジャマイカ）が100m準決勝で不正スタートにより失格になるという衝撃的な出来事があり，このルール変更が疑問視されたこともあった。しかし，今では1回で失格というルールも当たり前のことになり，先にあげた多くの問題を解決している。

先述のようにルールには安全を確保するという役割もある。ルールブックを見ると，「なぜこのような記載があるのか？」と首をひねることがある。たとえば，走幅跳では，「助走あるいは跳躍動作中に宙返りのようなフォームを使った時は無効試技になる」という記載がある。これには次のような背景があった。1974年のシーズンインとと

もに，世界各地で空中で前向きに1回転して跳ぶ跳び方が見られるようになったのである。このスタイルは，「踏切での減速が小さい」「前方への回転力を活かして脚を前方に放り出して着地ができる」というメリットがあり，きわめて短期間で7m93という記録がマークされている。しかし，同年の8月には，国際陸上競技連盟が危険性の高さを理由に，早ばやと禁止にしたのであった。

　やり投のルールにおいても，「やりは肩または投げる腕の上で投げなければならず，振り回したりして投げてはならない」「投げる用意をしてからやりが空中に投げられるまでの間に，競技者はその背面がスターティング・ラインに背を向けるように完全に回転させることはできない」という不可解な記載が存在する。これにも信じられないような理由があった。助走からクロスステップを経て投げに移行するのが，やり投の技術であるが，1950年代後半にスペインの選手がグリップの後端を握り，円盤投のように回転をしながらやりを投げたという記録が残っている。その記録は，100mを超えており，当時の世界記録86m04，日本記録72m81を大きく上回る驚異的なものであった。しかし，危険きわまりない技術だったと言われている。手には石鹸水をつけて滑りやすくして，回転から投げるためにコントロールが定まらず，スタンドに飛び込んでいくこともあったと伝えられている。

　陸上競技に限らず，スポーツはルールのもとで行うものである。競技者やコーチはルールを正確に把握するだけでなく，ルールの存在意義について再考することも大切である。

◎施設・用器具の変遷

　施設・用器具の改良は，技術を変え，そして劇的な記録更新を可能にしてきた。その最たるものとして，トラックサーフェイスをあげることができる。現在は，ウレタンやゴムといった合成樹脂が主流となっているが，それまではシンダーやアンツーカーといった土の走路が使用されていた。

　オールウェザーの合成樹脂製サーフェイスが国際大会に登場したのは，1968年のメキシコシティでの第19回オリンピックであった。メキシコシティが約2300mの高地にあるため，低い空気圧の影響で空気抵抗が小さく走スピードが高まり，短距離や跳躍種目には有利にはたらく。逆に低い酸素分圧から中長距離走種目で不利にはたらく。その結果，男女短距離走・リレー種目においては，女子400mを除くすべての種目で世界記録が更新された。これに加え，ハードル種目や走幅跳，三段跳などの跳躍種目でも好記録が相次ぎ，合計17の世界記録が誕生したのであった。

　これは，先に述べた高地の影響に加え，サーフェイスが合成樹脂に変わったことも大きな要因だったと言える。合成樹脂トラックでは，接地足の滑りが小さく，しかも弾力性があるために，地面に加えた力が反力として返ってきて，体を押す推進力に効率よく変わるのである。この合成樹脂トラックの普及をきっかけに，スプリント技術も変化し，さらなる記録の更新につながっていった。

　用器具の改良が技術を大きく変え，飛躍的な記録の向上につながった例もある。その代表的なものとして，棒高跳，走高跳に使用されるクッションの効いたラバーマットの開発があげられる。クッション性の高いマットが使用されるまでは，走高跳や棒高跳の着地場所は砂場であったが，1950年代の後半あたりからラバーマットが広く普及してきた。これによって着地での安全が確保されるようになって，走高跳ではベリーロールが安心してできるようになり，その後には背面跳びにつながったのである。フォスベリー・フロップとも呼ばれる背面跳びは，頭や背中から着地するためクッションのきいたマットがなければ，誕生しなかった跳躍スタイルであったと言える。

　棒高跳では，マットの開発に加え，ポールの材質の変化が記録の向上に大きく貢献した。ポールの材質は，近代陸上競技の種目として行われるようになった初期には，トリネコやヒッコリーといった木が使用されていた。その後は，弾力性に優れた竹が使用されるようになり，記録の更新に大いに貢献した。上質の竹が簡単に手に入る日本で

は，この頃に，西田，大江らの名選手を輩出している。その後，ポールは竹から金属を経て，1961年にはグラスファイバーへと進化していった。グラスファイバー・ポールは，ボックスに突っ込んだ後に大きく曲がるため，ポールの先端から遠い（高い）部分を握ることができるうえに，曲がったポールの復元力を利用できる。これを利用すると，握りの位置よりもかなり高いバーをクリアできる。金属製のポールにより1960年に出された世界記録は4m80，1993年にブブカ（Bubka；ウクライナ）がグラスファイバー・ポールにより6m15の世界記録（現世界記録はラビレニの6m16）をマークするまでの33年で1m35伸びたことになる。これが「魔法の杖」と呼ばれた所以である。現在は，グラスファイバー製に加え，カーボン製も広く普及している。

これら以外にも，スパイクシューズの開発，スターティングブロックの発明，ハードルややりの材質の変化など，多くの用器具の発展が記録の更新をサポートしてきた。

今後もルールの変更はなされるであろうし，科学の発展の産物として新たな用器具の普及も考えられる。コーチや競技者は，新たなルールや用器具にうまく適応することが求められるであろう。

(6) 市民マラソンの隆盛

日本各地でマラソン大会が開催されており，現在はマラソンブームの真っただ中にある。東京マラソンがスタートした2007年には，国内のフルマラソンは50レース程度であったのが，現在では80レース程度までに増えている。そして，フルマラソン完走者の劇的な増加をもたらした。2006年には10万人程度であったのが，今では30万人を超えるようになり，2015年にはアメリカを抜き世界一になった。日本は，名実ともに市民マラソン先進国であると言ってよい。

また，日本陸連公認レースは約200であるが，非公認レースの総数は，距離を問わないとすると，3000にも及ぶと言われている。しかしながら，そ

の中にはさまざまな問題をかかえる大会が含まれている。たとえば，直前に許可が下りずに中止になったレース，コースの距離が正確でなかったレース，給水が十分に用意されていなかったレース，AEDが用意されていなかったり，緊急時に医者の対応ができなかったレースなど，多くの事例が報告されてきた。これらの問題を解決していかない限り，現在のマラソンブームはまさしくブームで終わってしまうという懸念がある。安心安全を確保して，マラソンブームをマラソン文化に変えていく努力を続ける必要がある。

公益財団法人日本陸上競技連盟（2017）（以下，「日本陸連」とする）は，JAAF VISION 2017の中で，ミッションとして「国際競技力の向上」「ウェルネス陸上の実現」の2つを掲げている。ウェルネス陸上の実現では，具体的に"すべての人がすべてのライフステージにおいて陸上競技を楽しめる環境をつくる"ことをめざしている。そのビジョンの1つとして，陸上競技・ランニングを楽しんでいる人口を2040年に2000万人にすることが明文化されている。これは，陸上競技界の持続的発展のための施策であるとともに，2011年に施行されたスポーツ基本法（文部科学省，2011）に記載されている「スポーツを行う者の権利利益の保護，心身の健康の増進，安全の確保に配慮しつつ，スポーツの推進に主体的に取り組む」ことに該当し，行うべき「スポーツ団体の努力」と解釈できる。

これを受けて，陸上競技界はロードレース自体を安心安全なものにしていく取り組みを始めた。それとともに，正しいランニングの普及，すなわちロードレースに参加するランナーを対象とした教育活動を重視しなければならない。そのためには，正しいランニングフォームや的確なペースを指導できるランニングコーチ育成の制度化を進め，市民ランナーを対象とするコーチを増やすことが喫緊の課題になる。また，誰でも気軽に受講できる講習会の開催などを進めていくことで，指導を受ける機会を創出することも重要である。

（尾縣　貢）

陸上競技の本質的特徴と種目特性

国際陸上競技連盟（以下，「国際陸連」とする）に加盟する国と地域は212。これは，国際オリンピック委員会の206，国際サッカー連盟の211を上回っており，陸上競技が最も世界的に普及しており，地球規模で競争できるスポーツであると言える。

また，世界各国のさまざまな世代の人がロードレースに参加しており，競技としてだけでなく，気軽に参加できるレクリエーションとしても大衆に普及しているスポーツである。

その本質的特徴と，それぞれの種目の特性についてあげてみよう。

1. 陸上競技の本質的特徴

(1) 基本的な運動能力を競う

陸上競技は，歩く，走る，跳ぶ，投げるといった人間の基本的運動能力を，決められたルールのもとで競う競技である。そのため人々にとってきわめて身近なスポーツであるとともに，シンプル

であるがゆえに古くから行われ，そして遠い将来まで親しまれていくスポーツであると言える。

また，スポーツ界の流行や世の中の風潮などにも影響を受けにくく，世界中の人々がいつでもどこでも参加できるスポーツでもある。それが証拠に，2012年には人口11万人弱の小国グレナダからオリンピック・チャンピオンのキラニ・ジェームス（Kirani James）が誕生している。

(2) 体力がパフォーマンスに強く影響を及ぼす

それぞれのスポーツで，求められる心技体（精神，技術，体力）の重要度は異なっている。陸上競技では，その3要素ともに高いレベルで要求されるが，中でも体力がそのパフォーマンスに強い影響をもつと考えられる（**表1-1**）。

表1-1に示しているように，短距離走・ハードル・跳躍ではスピード・パワー・筋力などが，投てきでは筋力・パワーなどが重要な体力要素である。そして，走距離が長くなるにつれて，全身持久力（スタミナ）の重要度が高まってくる。

表1-1 ●各種目に求められるエネルギー系体力要素

種目	優先順位			
	1	2	3	4
100m，200m，100mH，110mH	スピード	パワー	最大筋力	筋持久力
400m，400mH	スピード	筋持久力	パワー	全身持久力
中距離走	筋持久力	スピード	全身持久力	パワー
長距離走	全身持久力	筋持久力	スピード	パワー
競歩	全身持久力	筋持久力	パワー	
走高跳	パワー	最大筋力	スピード	筋持久力
走幅跳・三段跳 棒高跳	パワー	スピード・最大筋力		筋持久力
砲丸投，円盤投，ハンマー投	最大筋力	パワー	スピード	筋持久力
やり投	パワー	最大筋力	スピード	筋持久力

（3）記録により比較できる

　オリンピックや世界選手権での世界の強豪の直接対決からは，息を飲むような緊迫感と感動を得ることができる。しかしながら，一堂に会さなくても，世界中で出た記録を比較することができるのも陸上競技の面白さである。ルールで統一された施設・用器具を用いて，一定の競技ルールのもとで競われる陸上競技は，記録での比較が可能なのである。

　加えて，時代を超えての比較ができるのも陸上競技の魅力である。「これまでで一番速かったスプリンターは誰？」といった昔を回顧しての会話を楽しむこともできる。また，出場した競技会の記録を個人内で比較することで，自身の進歩を確認したり，トレーニングの効果を検証することもできる。

（4）競技種目が多い

　陸上競技は種目が多彩なゆえに，いろいろな取り組みを楽しむことができる。その結果，多くの種目を体験して総合的に能力を高めておいてから得意種目を絞っていくこともできる。また，短距離走を経験することによりスピードを高めてから走幅跳に移行することもできる。トラックの長距離走から距離を伸ばしていき，マラソンに挑戦することも可能である。種目の移行のことをトランスファーと呼び，競技者を育成するうえでの有効な方策として考えられている（渡邊，2017）。

2. 陸上競技の種目の特性

　陸上競技の種目は多く，競技会によって実施される種目も異なる。オリンピック競技大会，全国高等学校陸上競技選手権大会，全日本中学校陸上競技選手権大会で実施されている現行の種目は，**表1-2**のとおりである。

　陸上競技種目の分類の仕方はいくつかある。国際陸連は，「トラック競技」「フィールド競技」「道路競技」「競歩競技」「クロスカントリー競技」に

分類している。このうちスタジアムで行われるトラック競技とフィールド競技は，さらに細分化され，「短距離走」「中距離走」「長距離走」「ハードル走」「跳躍種目」「投てき種目」「混成競技」に分類される。

　競技種目の特性については，以下のように要約できる。

●短距離走

　400mまでの距離で競われる短距離走では，クラウチングスタートとスターティングブロックの使用がルール化されている。古代オリンピックでは第1回から実施された歴史ある種目であり，速く走ることが古代から賞賛される能力であったことがわかる。現代でも100mは，世界で最も速いスプリンターを決める"陸上競技の華"として注目を浴びている。

　高いパフォーマンスのためには，スタートダッシュ，加速疾走，全力疾走での効率的な走技術，そしてそれらを支える敏捷性，瞬発力，筋持久力などの体力要素が求められる。

　400mでは，爆発的なスピードに加え，後半でスピードが著しく低下しないように，筋の持久性が要求される（尾縣ほか，1998）。また，エネルギー供給面から見ると，無酸素性エネルギー系約59％，有酸素性エネルギー系約41％の割合で産出しているという報告がある（Duffield and Dawson，2003）。

　4名1チームで競走をするリレーには，4×100mリレー，4×400mリレーなどがあり，個々の疾走能力とスピードをロスしない効率のよいバトンパス技術が求められる。

●中距離走

　800m，1500mなどの距離で競われる。短距離走と長距離走の間の距離であり，体力的には両方の要素が要求される。効率のよいフォームに加え，筋持久力，全身持久力，そして急激なペース変化に対応できるスピードも重要である。

　中間でのペース変化やラストでのスパートなど，

表1-2 ●主要な競技大会で実施されている種目

大会 種目	オリンピック競技大会		全国高等学校陸上競技選手権大会		全日本中学校陸上競技選手権大会	
	男子	女子	男子	女子	男子	女子
短距離走	100m，200m，400m	100m，200m，400m	100m，200m，400m	100m，200m，400m	100m，200m，400m	100m，200m
中距離走	800m，1500m	800m，1500m	800m，1500m	800m，1500m	800m，1500m	800m，1500m
長距離走	5000m，10000m 3000mSC	5000m，10000m 3000mSC	5000m，3000mSC	3000m	3000m	
ハードル走	110mH，400mH	110mH，400mH	110mH，400mH	100mH，400mH	110mH[*1]	100mH[*2]
リレー	4×100mR，4×400mR	4×100mR，4×400mR	4×100mR，4×400mR	4×100mR，4×400mR	4×100mR	4×100mR
	4×400mR（男女混合）					
跳躍種目	走高跳，棒高跳 走幅跳，三段跳	走高跳，棒高跳 走幅跳，三段跳	走高跳，棒高跳 走幅跳，三段跳	走高跳，棒高跳 走幅跳，三段跳	走高跳，棒高跳 走幅跳	走高跳，走幅跳
投てき種目	砲丸投，円盤投 ハンマー投，やり投	砲丸投，円盤投 ハンマー投，やり投	砲丸投[*5]，円盤投[*6] ハンマー投[*5]，やり投	砲丸投，円盤投 ハンマー投，やり投	砲丸投[*3]	砲丸投[*4]
混成競技	十種競技	七種競技	八種競技	七種競技	四種競技	四種競技
競歩	20kmW，50kmW	20kmW	5000mW	5000mW		
マラソン	42.195km	42.195km				

H：ハードル　R：リレー　W：競歩
＊1：高さ0.914m，インターバル9.14m　＊2：高さ0.762m，インターバル8.00m
＊3：重さ5kg　＊4：重さ2.721kg　＊5：重さ5kg　＊6：重さ1.75kg

レース戦術が面白く，ヨーロッパを中心に絶大な人気を博している。

●長距離走

3000m以上の距離で競われる。運動時間が長いために，疲れにくい効率のよいフォームと正確なペース感覚が求められる。また，体力面では，スピードを維持するための全身持久力や筋持久力が重要であるが，ラストなどで一気にペースを上げるためのスピードも軽視できない。

水濠や障害を越えてタイムを競う3000m障害走も，長距離走に分類される。

●ハードル走

男子の110mハードル，女子の100mハードル，男女の400mハードルなどがある。いずれも一定の間隔（インターバル）に置かれた10台のハードルを走り越えてタイムを競う。インターバルを速く走る疾走能力，踏切でのブレーキを小さくしてバランスよくハードルを越えるハードリング技術が求められる。400mハードルでは，加えてフィニッシュまでスピードを持続する筋持久力も重要となってくる。

●跳躍種目

鉛直跳躍種目とも呼ばれる走高跳と棒高跳，水平跳躍種目とも呼ばれる走幅跳と三段跳がある。鉛直跳躍種目では，助走スピードを効率よく上昇スピードに変換して身体を高く上げる踏切準備・踏切技術，そして効率よくバーをクリアする技術が重要となる。水平跳躍種目では，助走のスピードが踏切初速度に影響を及ぼす最も重要な要因であるため，短距離走者並の疾走能力と踏切で大きな減速をせずに上昇スピードに変換できる踏切準備・踏切技術が求められる。また，重心が同じ放物線を描いたとしても両足の着地位置で跳躍距離に差が出るので，足を前方に投げ出すことができる空中技術から着地技術が重要となる。加えて，踏切線から着地位置までの最短距離を計測するために，踏切板に足を合わせる技術も大切である。

●投てき種目

ルールによって定められた形と重さの投てき物を投げた距離で競う。オリンピックでは，砲丸投，円盤投，ハンマー投，やり投が実施されている。

投てき距離を決定する要因には，投射初速度，投射角度，投射高があるが，その中では投射初速度の影響がきわめて強い。また，円盤やりは，その形状から空気の影響を受けるために，投射時の投てき物の姿勢，投てき物自体の回転も重要になる。

投てき4種目では，それぞれで用いる準備動作が異なるが，その目的は投射に向けて身体と投てき物を加速させてエネルギーを蓄えること，力強い投げが可能になる姿勢を取る準備をすることである。投てきでは，熟練した技術とともに，重量物を移動させ投射するための筋力・パワー・スピードが高いレベルで要求される。

●混成競技

短距離走，中距離走，ハードル走，跳躍競技，投てき競技を行い，それらの記録を得点に変え，その合計で勝敗を競う。各種目に求められる多様な技術，それらの技術を支える専門的体力の発達も重要となる。オリンピックでは，男子の十種競技，女子の七種競技が行われており，勝者は「キングオブスポーツ」「クイーンオブスポーツ」と称えられている。

●マラソン

オリンピックの走種目の中で最も長い距離で競うマラソンは，日本では人気種目として注目を浴びてきた。マラソンコースは，周回コース，折り返しコース，片道コースがあり，また平坦なコース，起伏のあるコースもある。加えて，気温，湿度などの気象の条件もレースごとに大きく異なってくるので，単純な記録の比較は難しい。マラソンでは2003年まで世界最高記録として扱われ，世界記録とは区別されてきたが，2004年1月1日からトラックやフィールド競技と同様に世界記録と

なった。

マラソンでは，42.195kmを走り通すスタミナ（全身持久力），そしてエネルギー効率のよいフォーム，ペース配分やスパートなどを考える戦術，苦しさに打ち勝つ精神力などが求められる。

●競歩競技

競歩もほかの走種目と同様に，順位と記録により競うが，1つ異なる点は歩型（歩くフォーム）を審判がチェックして，ルールに抵触する者は失格になるという点である。ルールに示された競歩の定義は，「競歩とは，いずれかの足が，常に地面から離れない（ロス・オブ・コンタクトにならない）ようにして歩くことを言う。前脚は，接地の瞬間から垂直の位置になるまで，まっすぐに伸びていなければならない（ベント・ニーにならない）」（日本陸上競技連盟，2018）ということである。競歩は 距離が長く苛酷なうえに，歩型に関するルールがあるために，肉体的にも精神的にもつらい競技と言える。

●クロスカントリー競技

クロスカントリー競技とは，野山で行う長距離走のことである。コースは，可能な限り草地や森林地帯などに取り，滑らかなカーブと短い直線，自然の起伏や障害があるコースが望ましいとされている（日本陸上競技連盟，2018）。

欧米ではクロスカントリー大会が盛んに開催されているが，日本では道路競技であるマラソンや駅伝の人気が高く，盛んであるとは言えない。欧米では，競技としても人気があるうえ，足首，膝や腰などへの負担が小さく，脚のパワーを高めることができるため，トレーニングとしても有効活用されている。また，効率のよいフォームを習得するためのトレーニングになるため，クロスカントリーをトラックでの中長距離走やマラソンの技術トレーニングの手段として活用するという考えも浸透している。

（尾縣　貢）

第3節
競技力向上のプロセス

　競技力向上のプロセスは，競技者自身の視点では競技力の発達経過を，コーチの視点では競技者の育成過程を示している。本節では，その両面の理解に欠かせない発育・発達の基礎理論とこれからの競技者育成の方向性について概括する。

1. 発育・発達とトレーニング

　身体の発育・発達に関連する分野は多岐にわたるが，高石ほか（1981）は，（保健）体育学の分野では「発育（growth）」は身体の形態的な変化を，「発達（development）」は機能的な変化を示すことが多いことを指摘している。また，それらに関連する用語である成熟とは，成人の状態に至る過程における進行状態であると指摘されている（Malina and Bouchard, 1991）ことから，本節ではこれらの定義に倣うことにする。なお，身体の発育・発達には顕著な男女差が確認されることが知られているが，本節では主に男子について述べる。

(1) 身体の発育・発達の一般的経過

◎身長と体重の発育

　わが国における身長と体重の成長曲線の基準値を図1-1に示した（加藤ほか，2004）。身長は，乳児期と子ども期における急激な増量，子ども期中期の比較的安定した増量，思春期発育スパートにおける急激な増量，最終身長に至るまでの緩やかな増量を示す（Malina and Bouchard, 1991）。また，身長の年間発育増加量の経過を示した発育速度曲線から得られる身長最大発育速度（Peak height velocity：PHV）年齢は，身体成熟の評価法として広範に使用されている。村田（2011）は，子どもの成長段階を身長発育（成長）速度曲線のパターンをもとにして，思春期前，思春期来年

齢—身長成長速度最大年齢，身長成長速度最大年齢—最終身長年齢，最終身長年齢以降の4つに区分している（図1-2）。なお，近年の日本人（男子）においては，PHV年齢は11〜12歳付近であ

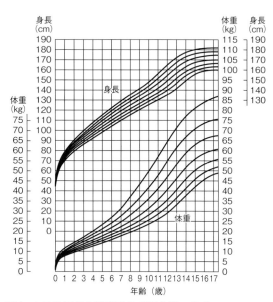

図1-1 ●身長および体重の成長曲線　（加藤ほか，2004より抜粋）
　7本の線はそれぞれ下から3,10,25,50,75,90,97パーセンタイル値を示す

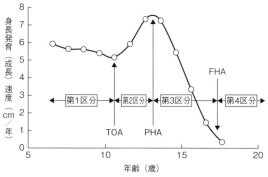

図1-2 ●身長発育速度曲線からみた子どもの4つ成長段階　（村田，2011より改変）
　TOA：思春期来年齢，PHA：身長発育速度最大年齢，FHA：最終身長年齢

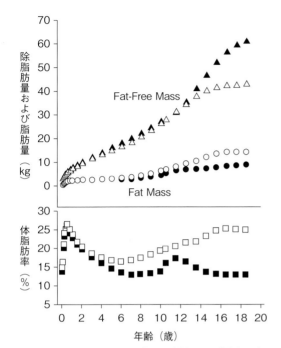

図1-3●全身の除脂肪量と脂肪量（上）および体脂肪率の発育による変化（Veldehuis et al., 2005より改変）
男子：黒塗り，女子：白抜き

ることが報告されている（村田，2011；大澤，2015）。

体重は，通常，成人に至るまで増加を続ける（Malina and Bouchard,1991）。骨格筋量の指標の１つである除脂肪体重も発育によって増加する（Veldhuis et al., 2005；**図1-3**）が，その成長の程度は身体各部によって異なるから，「子どもは大人と相似な体格ではない」ことが示されている（川上・茂木，2014）。

◎筋力・筋パワーの発達

ヒトが発揮し得る筋力の大きさは，筋量，筋構造（筋腱複合体の力学的特性），筋線維組成，腱組織などの要因と大脳の興奮水準，運動単位の動員様相といった神経系の影響を受けるが，これらの要因は発達段階において必ずしも同様に成長するものではないと考えられている（金久，1989）。

思春期前の子どもは，単位断面積あたりの筋力が成人と比較して低く，筋力発揮速度を高めるとそれがより顕著になることや，筋断面積の増加が筋力の増加をともなわないことなどから，子どもは筋量が少ないだけでなく，筋肉が質的に十分発達していないことが示唆されている（平野ほか，2005）。一方，思春期になると，PHVに一致して筋量が著しく増加する。筋力は，筋横断面積に依存するために，両者は発育スパートに急激に増大する（福永，2003）。そして，この発育スパート期に筋が質的にも量的にも成人のものに近づくこと（福永，2003；平野ほか，2005）により，筋力の著しい増大が見られる。

筋力・筋パワーの発達には，発育の遅速（成熟の個人差）の影響が多分に含まれる。このことに加えて，先に述べたように，筋力の大きさに影響する諸要因の発達は必ずしもときを同じくしないこと，日常の運動・スポーツ活動状況などは，筋力・筋パワーの発達の個人差をさらに拡大させている要因であると考えられる。

◎呼吸循環器系・全身持久力の発達

呼吸循環器系の中心となる肺および心臓は，身長および体重とほぼ同様な発育経過を示し，発育にともなう構造的変化を基礎として機能が発達する（高石ほか，1981）。実際に，呼吸循環器系・全身持久力の指標である最大酸素摂取量は，13歳頃までは直線的に増加し，その後，発育スパートに一致して急激な増加が認められる（吉澤，1989；Malina and Bouchard, 1991）。

また，成長期の子どもにおける最大酸素摂取量の発達には，日常的な身体活動レベルの大きさやスポーツ活動，生育環境などが影響していることが示唆されている（宮下，1980；吉澤，1989）。したがって，呼吸循環器系の機能の発達には，運動による刺激が必要不可欠であるとともに，後天的な要因（環境，運動など）の影響が大きいことが示唆されている。

ここで注視すべきことは，発育・成熟のペースの個人差は直接的にある時点での身体能力に影響することである。つまり，同じ年齢でも成長段階（成熟度）には遅速が存在し，それらが個人の身体能力・体力レベルに大きな影響を及ぼすことに

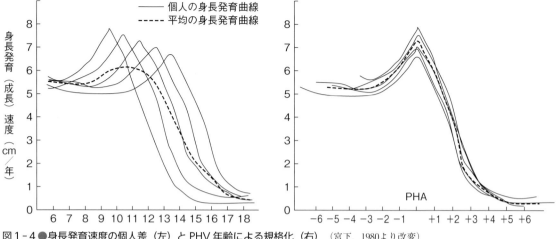

図1-4●身長発育速度の個人差（左）とPHV年齢による規格化（右）　（宮下，1980より改変）

なる。したがって，**図1-4**に示すように，身長成長速度曲線をPHV年齢で規格化することによって，身体能力・体力レベルの差は小さくなる（変化パターンは類似し，法則性が見られる）ことを理解することが必要である。

（2）走・跳・投能力の発達

　さまざまな運動の基礎となる走・跳・投能力は，陸上競技の成果そのものを競う種目として，また，競技種目を構成する基本的運動として，陸上競技に不可欠な能力である。ここでは，それらの動作の獲得過程とその発達について概説する。

◎走運動の獲得と走能力の発達

　走運動の始まりは，生後18〜21ヶ月頃とされており，24ヶ月（2歳頃）にはほとんどの子どもが安定した走動作を獲得することが報告されている（宮丸，2001）。2歳頃に修得した走運動は，その後の幼児期に著しい発達を遂げて，6〜7歳頃までにほぼ完成されることが知られている。

　図1-5は，2歳から5歳までの幼児の代表的な疾走動作の発達過程を事例的に示したものである（宮丸，1975）が，5歳時の動作は成人のものに類似している。

　走能力は「疾走速度」で表され，疾走速度はストライド長とピッチの積で示される。したがって，

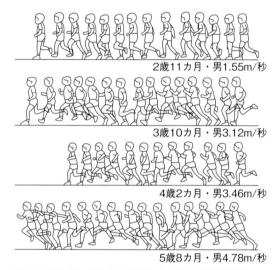

図1-5●2歳から5歳の幼児の疾走動作の習熟過程
（宮丸，1975より抜粋）

それぞれの経年的変化を知ることによって走能力の発達的特徴を把握することが可能となる。**図1-6**は，疾走速度，ストライド長，ストライド長／身長（身長あたりのストライド長）およびピッチの経年変化を示したものである（宮丸，2001）。

　疾走速度は，男子では，走り始めてから12歳頃まで直線的に増大し，その後13〜16歳までは緩やかに増大しながら，17歳頃をピークに停滞傾向を示している。ストライド長は，疾走速度とほぼ同様の経年的変化を示し，14〜15歳頃をピークに停

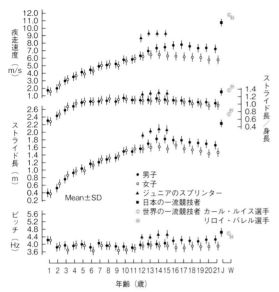

図1-6●疾走速度，ストライド長，ストライド長／身長およびピッチの経年変化　（宮丸，2001より改変）

滞傾向を示すが，ストライド長／身長でみると，6～7歳頃まで急激に増大し，そこで身長比「1」に到達するとその後に変化はみられなくなる。ピッチは，14歳までは大きな変化はみられないが，15～17歳で増大が認められている（宮丸，2001）。

　以上のことから，一般の子どもにおける疾走能力の自然な成長・発達過程は，形態の発育（身長および体重）にともなうストライド長の増大によるところが大きいことが理解できる。この点について，斉藤・伊藤（1995）は，下肢長が増大してもピッチを維持していること，および形態の発育・発達により質量と重量負荷が増大しているが，さらにストライド長が増大していることを根拠に，疾走速度の発達には，形態的な要因（下肢長の長育にともなうストライド長の増大）のみではなく，脚筋群の機能的な要因が影響していることを指摘している。また，専門的なトレーニングを行っている子どもや成人の競技者は，一般の人と比較して，ストライド長，ピッチともに大きな外れ値を示している（**図1-6**）ことは，疾走能力のトレーナビリティを明確化している。つまり，筋機能の向上や合理的な疾走動作の獲得によって，疾走能

力はより大きく発達することが示されている。

◎跳躍運動の獲得と跳躍能力の発達

　跳躍運動は，人種や文化の違いに左右されることなく，2歳頃から可能になる（高石ほか，1981；深代，1990）。最初は，自力で身体を空中に投射するという意味での跳躍というよりも，落ちる・跳び下りる動作，すなわち着地動作を先に習得する。これは，踏切→空中→着地という運動経過とは逆であるが，踏切ではconcentric収縮であり，着地ではeccentric収縮であるため，発揮筋力の大きい動作を先に習得する配列になっていると考えられている（深代，1990）。

　代表的な跳躍運動である垂直跳びや立ち幅跳びは8歳前後で成人と同様の動作パターンを示し，跳躍能力は身体の発育・発達にともなって向上していくことが知られている（辻野ほか，1974；高石ほか，1981）。また，遠藤（2017）は，陸上競技の各種目に重要な能力である，より短時間に大きな力発揮が要求されるリバウンド型ジャンプ（RJ）の発達について垂直跳び能力（手を腰に当てたカウンタームーブメントジャンプの跳躍高：CMJ能力）の発達と対比させて報告している。結果として，CMJ能力，RJ能力（RJの跳躍高を踏切時間で除した値：RJ-index，体重あたりの平均パワーを示す）とRJの跳躍高は経年的な発達が認められたが，RJの踏切時間は年齢に関係なく一定であった（**図1-7**）。このことから，RJ能力は形態の発育・発達やRJの跳躍高の増大などによる物理的な負荷（伸張負荷）の増大に対して運動遂行時間（踏切時間）を維持しながら，より大きな力積（跳躍高）を発揮できるように経年的に発達していることが推察された。さらに，優れたリバウンド型ジャンプの能力を示す子どもにおいては，10歳前後ですでにリバウンド型ジャンプのパフォーマンスを最大化するために必要な合理的な動作パターンを獲得できているが，それらはリバウンド型ジャンプの力発揮特性に類似した運動経験の有無に影響されていることも示唆されている（遠藤，2009）。

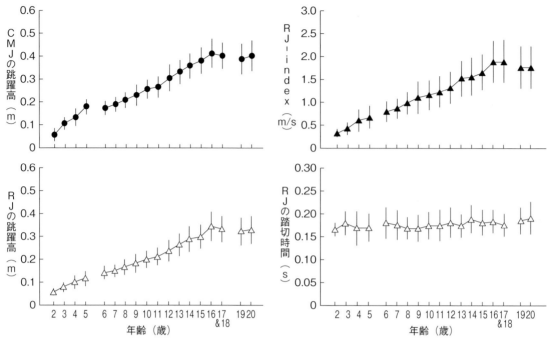

図1-7 ● CMJの跳躍高およびRJのRJ-index，跳躍高，踏切時間の経年的変化　（遠藤，2017より改変）

◎投運動の獲得と投能力の発達

　子どもの投動作の発現は，生後28〜40週の「偶然の手放し」に始まり，つかんだものを落とす，入れる，放り投げる，すなわち「意図的放出」に変容する（生後44〜52週）。その後，1歳頃からは各種の投球動作を安定して行えるようになる（桜井，1992）。投運動の中でもいわゆるオーバーハンドスローはヒトに特有な型であり，移動運動などに代表される先天的・系統発生的な動作とは異なり，後天的・個体発生的な動作であるため，学習によって身につくものであることが指摘されている（桜井，1992）。そのため，投能力（投距離，投スピードなど）の発達は，動作様式の変化と密接に関係している。

　宮丸（1980）は幼児の投動作様式の質的な変化について，身体各部の動員の仕方に着目することによって，6つの典型的なパターンでその発達過程を分類できることを示し，6歳頃の男子の多くは成人に近い動作パターンであったこと，各パターンが出現する月齢には幅があることを報告している（**図1-8**）。

　一方，成熟したよい投げとは，物理的にみて体幹部に近い部位から末端に向かって順序よく加速されること，つまり効果的な運動連鎖が起こり，リリース時にそれまでに身体で獲得したエネルギーをできる限り投てき物に伝達できている合理的・効果的な投げであると言える。動作パターンは6歳で成人のものに近づくが，より合理的な投げに至るにはその後の学習機会の必要性が指摘されている（尾縣ほか，1996）。

　以上のように，一般的に，走・跳・投能力の発達は，1）各運動の動作を獲得する時期，2）それが成人の動作パターンと同様になる時期，3）その後，形態の発育および筋機能の発達，さらにはより合理的な技術の獲得によって向上する時期，に分けられると考えられる。特に，1）〜2）の時期には，そのタイミングと習熟度合いにはばらつき（個人差）が大きいこと，3）の時期には，発育スパート・成熟の遅速，運動経験や学習機会，あるいは専門的トレーニングに対するトレーナビリティの影響が大きくなることに留意し，第3章に示されるトップ競技者の体力や技術を獲得するためのトレー

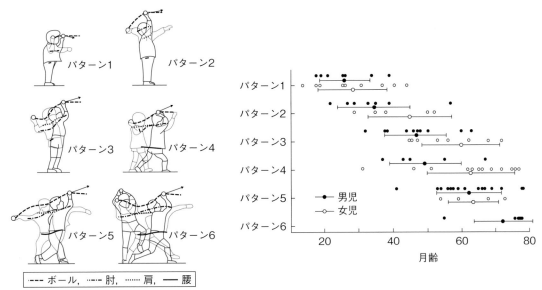

図1-8 ●幼児の投動作の典型的な6つのパターンとそれらが出現する月齢　（宮丸，1980より抜粋）

ニングに発展させていくことが必要である。

(3) 体力・運動能力の発達至適時期と　トレーニングの至適時期

　体力・運動能力の発達には，神経系の発達と形態的な発育およびその発育にともなう機能の向上が影響している。両者は，身体の異なる組織や器官の発育のパターンを示したScammon（スキャモン）の発育曲線における一般型（General type；身長と体重などの発育経過）と，脳・神経系の発育と密接に関わる構造部分の発育を表す神経型（Brain & Head type）との対比などによってわかりやすく示されている。具体的には，上述してきた筋の形態的な発育・発達は発育スパート以降（およそ12歳以降）に著しい増加を示す一方で，神経系の成熟過程は，それ以前の10歳前後で神経細胞の配線がほぼ完成すること（高石ほか，1981；矢部，1993）などである。

　宮下（1980）は，このような背景とこれまでの発育・発達の知見を総合して体力・運動能力の発達至適時期に関するモデルを提示している。近年，大澤（2015）や國土（2016）によって新体力テストの横断的なデータから宮下モデルを再検証する試みがなされており，現代の子どもたちにおいて

PHV年齢を基準にした場合に各種の体力がどのように発達しているのかが報告されている。そこで，本節では宮下モデルの横軸を先述した村田の成長区分に改変し，それに対応した大まかな年齢を示すことによって発育・発達に応じたスポーツに必要な能力のトレーニング主眼（宮下，1980；國土，2016）を併記した（**図1-9**）。

　また，トレーニングの至適年齢（時期）とは，1)最大のトレーニング効果を得るために必要なトレーニングの開始年齢，2)トレーニング効果が最も高く現れる年齢，の2つの意味をもつ（金久，1989）。トレーニングの至適時期はHettingerが提言して以来，多くの研究者によって議論されてきたが，検証方法の困難さから統一した見解が得られていないのが実状と言える（金久，2007）。その中で，体力・運動能力の発達至適時期，すなわち，俗に言う「育ちざかり」におけるトレーニング効果が高いことを示した報告が見られること（宮下，1980；吉澤，1989；金久，2007）は，**図1-9**を部分的にトレーニング至適時期に読み替えて理解することも可能であることを示唆するものといえよう。また，伊藤（1998）が，種々の体力因子において，スポーツ種目の特異的発達は思春期後半に形成されることを指摘していることは，専門

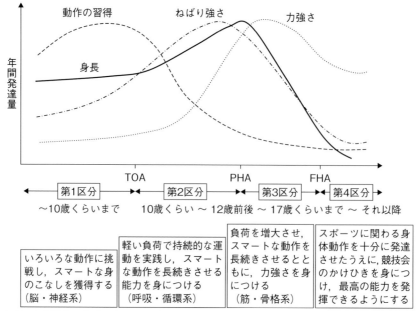

図 1-9 ●発育・発達に応じたスポーツに必要な能力の発達と各時期のトレーニング主眼
（宮下，1980；國土，2016より改変）

的トレーニングの至適時期に対する示唆を与える
ものである。

　これらのことから，トレーニングの至適時期に
ついては，**図 1-9** に内在する個人差を考慮する
こと，換言すれば，先天的および後天的な要因の
影響があることを念頭に置きながら個々人の現状
にあてはめて理解するとともに，子どもが最終的
にめざす競技種目のパフォーマンスに対する専門
的トレーニングの適時性を考慮することが肝要で
あると考えられる。

　ここで競技力向上のプロセスとトレーニングの
至適時期との関連について考えてみたい。発育・
発達過程にある子どもたちを育成し，ゴールに導
くためには，現時点の位置を客観的に把握し，こ
の先がどうなっているのか，どうなっていく可能
性があるのかを知ることが必要である（遠藤，
2018）。著者ほかの研究グループでは，陸上競技
の各種目のパフォーマンスと関連の強い CMJ 能
力と RJ 能力の発達過程について，子どもの跳躍
能力の発達過程と対比しながら日本のトップレベ
ル競技者における跳躍能力の特徴を示した（**図**

1-10；遠藤，2017）。この回帰平面は，発育期
にある子どもが将来専門とするスポーツに必要な
跳躍能力の目標を段階的に設定する際や，跳躍能
力の向上に応じて種目適正を再評価する際に有用
になると考えられる。

　つまり，横断的な資料にもとづいた評価方法に
縦断的なサンプリングによって得られたデータ
（発達経過やトレーニングによる変化）を照らし
合わせて検討することが可能なことから，今後は，
このような観点に，どの時期に・どのようなト
レーニングを・どの程度行うのかを加味して検討
することによって，競技者育成の長期的展望を意
図したトレーニングの至適時期を提示することが
できるようになると考えられる。

2. 競技者の発掘と育成

(1) タレントの発掘と競技者の育成

◎タレントの発掘

　スポーツにおけるタレントとは，「遺伝によっ

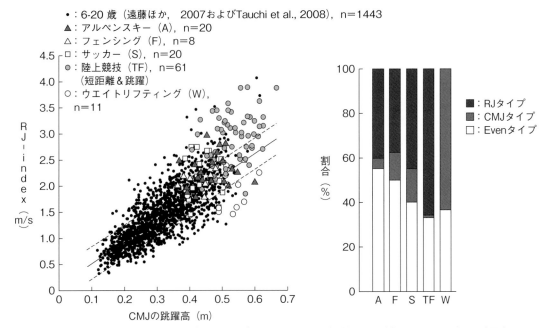

図1-10● 6-20歳の男子1443名および日本トップレベルの競技者（男性：120名）におけるCMJの跳躍高とRJ-indexとの関係（左図），および日本のトップレベル競技者における跳躍能力の3つのタイプに属する者の割合（右図）（遠藤，2017）
※左図の実線は回帰直線を，点線は回帰直線の残差の±1SDを示す．

て，または後天的な行動にもとづいて選抜され，スポーツの達成に関して特別な才能，または高い才能をもっていること」と規定されている（石塚，2014）．タレントを探し出し，優れた競技者を育てる過程には，大きく4つのスキームがある（広瀬，2008；石塚，2014）．まず広範囲の子どもたちの中から競技種目に関係なく高い資質・能力をもった子どもを探し出し（Detection, Diagnosis），その中から対象となる専門競技に必要な資質・能力をもった子どもを識別し（Identification, Screening），その資質・能力をもった子どもを選抜する（Selection）．そして，選抜された子どもたちを系統立てられたプログラム・適切なトレーニングによって育成する（Development）．

近年では，オーストラリアやイギリスがTID（Talent Identification & Development）と称し，ナショナルプロジェクトとして戦略的に公費を投入した施策を展開しており，わが国でもTIDに取り組み始めてから15年が経過している（衣笠ほか，2018）．近年のハイパフォーマンススポーツ

においては，タレントの育成を「アスリートパスウェイ」という考え方にもとづいて展開されている．具体的には，基本的運動動作の習得→スポーツ活動の経験・参加→ハイパフォーマンススポーツへの移行→国際的成功へ至るまでの道標を明確にし，それを戦略的に整えるというものである（和久，2016）．

◎近年の競技者育成のモデル

近年，若い競技者の育成については大きなパラダイムシフトをむかえている．1960〜80年代頃までに東欧諸国で開発された，若い時期に才能を見出し（タレント発掘，タレント選抜），その競技者を長期間にわたって一貫指導する（タレント育成），すなわち「早期専門化タレント発掘システム」の投資効果が低いことを論拠に，若い競技者の育成過程は複合的・多面的であるといったモデルをもとにして，長期競技者育成計画を提唱するとともに，幼少期での多種目のスポーツ経験がシニア期での高いパフォーマンスの獲得はもとより，

子どもたちの社会的孤立，燃え尽き症候群，オーバーユース障害および発育障害などのリスクに影響するという実践的エビデンスを根拠として「後期専門化」を推奨すること（伊藤・榎本，2014）を，国際オリンピック委員会（IOC）の合意声明，カナダ陸上競技連盟のLTAD（Long Term Athletic Development），オーストラリア国立スポーツ研究所のFTEM（Foundation, Talent, Elite, Mastery），アメリカオリンピック委員会のADM（American Development Model）などが相次いで提示している。

　これらのモデルで特徴的なことは，国際的な競技者の育成と生涯スポーツの発展を融合しようとしている点にある。若い競技者の育成過程は複合的・多面的であることを論拠に，他種目を経験しながら陸上競技の専門化を遅くし，自己の適性に合った種目を選択する過程（タレント・トランスファー）は，競技スポーツ一辺倒から生涯スポーツの一過程としての競技スポーツへの変容ともとらえることができる（伊藤・榎本，2014）。今後は，発育段階およびライフステージに応じたスポーツの関わり方の提示がさらに重視されていくと言えよう。

（2）日本陸上界における
これからの競技者育成の方向性

　日本陸連では，2020年東京オリンピック開催が決定した2013年に，強化委員会の中に「2020東京オリンピックプロジェクトチーム」を組織し，陸上競技における普及・育成・強化の連続性と一貫性を意図した理念の構築・共有をポストオリンピック・レガシーの1つとするための施策を展開してきた（山崎，2017）。

　このプロジェクトの活動を推進していくなかで得られたエビデンスは，結果として日本陸連が示す「競技者育成指針」（JADM：JAAF Athlete Development Model）の骨子となり，競技者育成の方向性を見出す材料になったと言える。

　特にその貢献が大きかったタレント・トランスファーマップの作成過程では，主に3つの知見が

得られている。1）発育の遅速および相対年齢効果が競技力に及ぼす影響は高等学校期あたりまで見られる，2）日本代表選手の多くは，後期専門化と競技間・種目間トランスファーによって競技力を発達させている，3）日本トップレベルの競技者は世界トップレベルの競技者と比較して，生涯最高記録が早期に発現しているとともに，ハイパフォーマンスの継続期間が短い，ことである（森丘，2014；山崎，2017）。

　これらの知見にもとづいて，日本陸連では，小中学校期における運動有能感を高める指導や多様な種目の経験をベースとする「タレントプールの拡充」，中学高等学校期の「タレント育成の充実」，高等学校期以降の「タレント・トランスファーへの発展」を普及・育成・強化を貫く中核的な課題として位置づけている（森丘，2014）。

（3）JADM（JAAF Athlete Development Model）の策定

　以上に示してきた背景と日本の陸上競技の特性を示すエビデンスをもとにして，日本陸連は2018年に日本の競技団体としては先駆的に「競技者育成指針」を策定した。

◎JADMの骨子

　2017年に提示された「JAAF ビジョン」における日本陸連のミッションは，以下の2つのである。
○トップ競技者が活躍し，国民に夢と希望をもたらす「国際競技力の向上」
○すべての人が陸上競技を楽しめる環境をつくる「ウェルネス陸上の実現」

　このことを達成するためには，国際的な競技者の育成と生涯スポーツの発展を融合し，両者を同時に追求していくことが必要になる。そのためには，1人でも多くの人が陸上競技を楽しみ，きわめ，また少しでも長く続け，そして関わること（みる，支えるなど）が望まれる。そこで，生涯を見通し，長期的展望に立った競技者育成の方向性を具体的に示すものとしてJADMが策定され

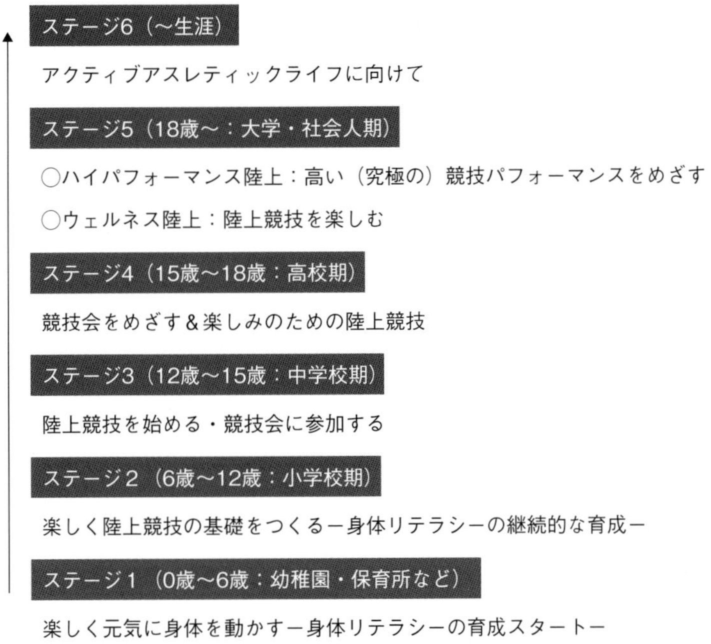

ステージ6（〜生涯）

アクティブアスレティックライフに向けて

ステージ5（18歳〜：大学・社会人期）

○ハイパフォーマンス陸上：高い（究極の）競技パフォーマンスをめざす

○ウェルネス陸上：陸上競技を楽しむ

ステージ4（15歳〜18歳：高校期）

競技会をめざす＆楽しみのための陸上競技

ステージ3（12歳〜15歳：中学校期）

陸上競技を始める・競技会に参加する

ステージ2（6歳〜12歳：小学校期）

楽しく陸上競技の基礎をつくる－身体リテラシーの継続的な育成－

ステージ1（0歳〜6歳：幼稚園・保育所など）

楽しく元気に身体を動かす－身体リテラシーの育成スタート－

図1-11●JADMにおける競技者育成のための6つのステージ
（日本陸上競技連盟，2018）

た。JADMにおける競技者育成の方向性は，以下の6点にまとめられる。

　①陸上競技に接する幅広い機会の提供
　②基礎的な運動能力を適切に発達させるための活動支援
　③多様なスポーツおよび複数種目の実施を奨励
　④他者との競争，記録への挑戦を支援
　⑤あらゆる年齢区分における質の高いコーチングの提供
　⑥国際的な競技力向上のための適切な強化施策の実施

◎JADMにおける競技者育成の6つのステージ

　競技者の育成過程において，身体的および精神的（知的）な成長を最大限にうながすために，日本陸上界の「現状と課題」および「育成の方向性」をふまえて，JADMでは，年齢（学年）や発育・発達段階を考慮した6つのステージ（**図1-11**）別の具体的な指針を示した。

　詳細はJADMに譲るが，高校生期に至るまでのステージでは，身体リテラシーの育成に重点が置かれ，高校生期であっても種目選択は1つでなく複数であること，大学・社会人期になってはじめてハイパフォーマンス陸上とウェルネス陸上とに分かれていくこと，その後は生涯にわたってアクティブアスレティックライフの充実を図ることが示されており，日本の陸上競技の特性を考慮した非常に優れたモデルであると考えられる。

　今後は，JADMにもとづいた施策を講じていくために，それに関わる精度・確度の高いエビデンスの蓄積を継続的に推進することが必要不可欠である。遠藤（2018）は，発育・発達論をベースに競技者育成論を展開することを提案しているが，このことを推進していくためには，学会や競技連盟・競技団体はもとより，産官学を連携したプロジェクト型の取り組みが一層求められると考えられる。

（遠藤俊典）

●文献

＊Duffield, R. and Dawson, B.（2003）Energy system contribution in track running. New Studies in Athletics, 18（4）：pp.47-56.

＊遠藤俊典（2009）子どもから成人，アスリートに至るまでの跳躍能力の発達特性．陸上競技研究，76：pp.2-13.

＊遠藤俊典（2017）子どものリバウンドジャンプ能力の発達とその評価．体育の科学，67：pp.248-253.

＊遠藤俊典（2018）「発育・発達論」から「競技者育成論」への展開．陸上競技学会誌，16：pp.47-59.

＊深代千之編著（1990）跳ぶ科学．大修館書店.

＊福永哲夫（2003）子どもの筋の発達．子どもと発育発達，1：pp.73-84.

＊平野裕一・伊藤静夫・船渡和男・安部孝（2005）子どものレジスタンス・トレーニングのガイドライン．トレーニング科学，17：pp.77-84.

＊広瀬統一（2008）サッカーのタレント発掘と育成．トレーニング科学，20：pp.253-259.

＊石塚浩（2014）タレント発掘・育成のモデルとなる源流の検証と提言－スポーツトレーニング学とスポーツ運動学の視点から探る－．陸上競技研究紀要，10：pp.29-36.

＊伊藤静夫（1998）ジュニア期のスポーツトレーニングによる身体の特異的発達．体育の科学，48：pp.717-722.

＊伊藤静夫・榎本靖士（2014）競技者育成と生涯スポーツの融合モデルを求めて－カナダのLTAD及びオーストラリアのFTEM－．陸上競技研究紀要，10：pp.37-46.

＊金久博昭（1989）発育・発達と筋力トレーニング．筋のトレーニングの科学，高文堂出版社，pp.72-88.

＊金久博昭（2007）発育期児童・生徒におけるレジスタンストレーニングの効果．トレーニング科学，19：pp.87-96.

＊加藤則子・村田光範・河野美穂・谷口隆・大竹輝臣（2004）0歳から18歳までの身体発育基準について－「食を通じた子どもの健全育成のあり方に関する検討会」報告書より－．小児保育研究，63：pp.345-348.

＊川上康雄・茂木康嘉（2014）子どもの動きと筋力．体育の科学，64：pp.770-776.

＊衣笠泰介・藤原昌・和久貴洋・Jason Gulbin（2018）我が国におけるタレント発掘・育成に関する取組の変遷．Sports Science in Elite Athlete Support, 3：pp.15-26.

＊岸野雄三編集代表：日本体育協会監修（1887）最新スポーツ大辞典．大修館書店.

＊國土将平（2016）最近の計量諸科学研究からみた発育発達研究の課題．子どもと発育発達，14：pp.33-41.

＊Malina, R. M. and Bouchard, C.（1991）Growth, Maturation and Physical Activity. Human Kinetics, Champaign.

＊宮丸凱史（1975）幼児の其礎的運動技能におけるMotor Patternの発達：-1-幼児のRunning Patternの発達過程．東京女子体育大学紀要，10：pp.14-25.

＊宮丸凱史（1980）投げの動作の発達．体育の科学，30：pp.464-472.

＊宮丸凱史（2001）疾走能力の発達．杏林書院.

＊宮下充正（1980）子どものからだ．東京大学出版会，p.163.

＊文部科学省（2011）スポーツ基本法．http://www.mext.go.jp/a_menu/sports/kihonhou/attach/1307658.htm，（参照日2018年10月1日）

＊森丘保典（2014）タレントトランスファーマップという発想－最適種目選択のためのロードマップ－．陸上競技研究紀要，10：pp.51-55.

＊村田光範（2011）幼児期・子ども期のからだの特徴．体育の科学，61：pp.171-178.

＊日本陸上競技連盟（1995）日本陸上競技連盟70年史，ベースボール・マガジン社.

＊日本陸上競技連盟（2017）JAAF VISION 2017.

＊日本陸上競技連盟（2018）競技者育成指針.

＊日本陸上競技連盟（2018）陸上競技ルールブック．ベースボール・マガジン社.

＊尾縣貢・関岡康夫・飯田稔（1996）成人女性における技能力向上の可能性．体育学研究，41：pp.11-22.

＊尾縣貢（2005-2007）NARHUDO！THE HISTORY．陸上競技マガジン，57（1）-55（1）.

＊尾縣貢・福島洋樹・大山下圭悟・安井年文・鍋倉賢治・宮下憲・永井純・関岡康雄（1998）下肢の筋持久性と400m走中の疾走速度逓減との関係．体育学研究，42：pp.370-379.

＊大澤清二（2015）最適な体力トレーニングの開始年齢：文部科学省新体力テストデータの解析から．発育発達研究，69：pp.25-35.

＊岡尾恵一（1996）陸上競技のルーツを探る．文理閣.

＊斉藤昌久・伊藤章（1995）2歳から世界一流短距離選手までの疾走能力の変化．体育学研究，40：pp.104-111.

＊桜井伸二編著（1992）投げる科学．大修館書店.

＊高石昌弘・樋口満・小島武次（1981）からだの発達－身体発達学へのアプローチ－．大修館書店.

＊辻野昭・岡本勉・後藤幸弘・橋本不二雄・徳原康彦（1974）発育にともなう動作とパワーの変遷について－跳動作（垂直跳び，立ち幅跳び）－．キネシオロジー研究会編，身体運動の科学Ⅰ．杏林書院，pp.203-243.

＊Veldhuis, J. D., Roemmich, J. N., Richmond, E. J., Rogol, A. d., Lovejoy, J. C., Sheffield-Moore. M., Mauras, N. and Bowers, C. Y.（2005）Endocrine control of body composition in infancy, childhood, and puberty. Endocr. Rev., 26：pp.114-146.

＊和久貴洋（2016）スポーツの才能を育てる教育と組織．子どもと発育発達，13：pp.232-238

＊矢部京之介（1993）神経系の発達とスポーツのトレーニング．体育の科学，43：pp.683-686.

＊山本邦夫（1979）日本陸上競技史．道和書院.

＊山崎一彦（2017）陸上競技選手の育成と発育発達．子どもと発育発達，14：pp.273-277.

＊吉澤茂弘（1989）育ちざかりの体力とスポーツ．Jpn. J. Sports Sci., 8：pp.492-499.

第 ② 章

陸上競技の競技力の構造

第1節
競技力の基本構造

　一般的に競技者個人の競技力は，技術力，戦術力，体力，心的能力，そして才能，健康，体質などといった基礎的諸条件，および環境，職業，コーチといった外的諸条件によって総合的にかたちづくられる（朝岡，2017）。これに加えて，リレーなどチームで行われる種目の競技力は，競技者個人の競技力のほかに，チーム編成やチームの士気といった要素にも影響を受ける。

　このようにさまざまに要素化される競技力であるが，陸上競技においては体力的要素が競技者の競技力に大きな影響を与えている。しかし，この体力も実際の競技会で用いる場合には，技術力や戦術力のレベルによっては十分に発揮できないことになる。したがって，体力は重要な要因ではあるが，競技会という特別な場面で競技力を具現化できるための条件と理解しなければならない（佐藤，2017）。

　また，競技力の養成や発揮に際しては，その要素間の関係や全体性がふまえられなければならない。たとえば，体力要素の筋力を取り上げてみると，よく知られているように，筋力トレーニングにおいて，養成された筋力を実際の競技会で活用するためには，競技会で用いられる運動で主に生じる筋の収縮形式と一致したトレーニング方法が重要である（Harre, 1982）。確かに，筋力の養成においては，筋力の強化的な側面が焦点化されることが多いが，トレーニング手段として用いる運動のなかには，スクワット運動における「軸づくり」のように，競技会運動の技術的習熟性をめざす側面も内在しているので，競技力の養成や発揮に際しては，多面的に理解するとともに，その全体性に配慮した思考が求められる。

（青山清英）

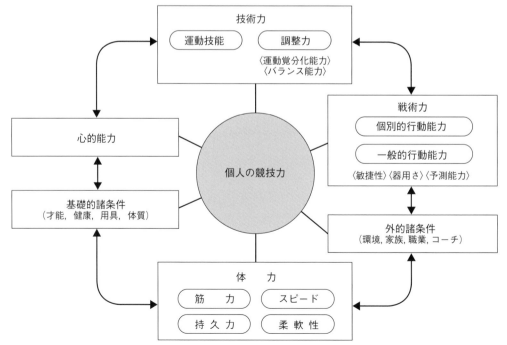

図2-1 ●個人の競技力の構造　（日本コーチング学会，2017より引用）

第2節
競技力の発達過程

1. 発達過程の特性

一般的に競技力の発達過程は，①基本的準備段階，②最高の競技力を達成するための準備段階，③個人の最高の競技力を発揮する段階，④最高の競技力の維持と低下の段階に分けて考えることができる（Платонов, 2013）。

①基本的準備段階

この段階は通常，トレーニングを開始してからの4～5年を指し，専門化が開始される段階で終了する。この段階では，多面的な体力トレーニングと技術トレーニングが中核的な課題となる。

②最高の競技力を達成するための準備段階

この段階は，専門化を開始してから生涯最高の競技力を達成するまでの時期となる。したがって，この段階で重要なことは，トレーニングの計画化である。綿密に吟味されたトレーニング計画によってはじめて最高達成のための準備が形成できる。

③個人の最高の競技力を発揮する段階

この段階では，個人の競技力を最大限に引き上げることがめざされる。適切なトレーニングが行われれば，8～10年間の段階で確保できる。

④最高の競技力の維持と低下の段階

③の段階までに形成された競技力は徐々に低下していく。したがって，この段階では競技力の維持が課題となる。

以上のことから，コーチングの内容や方法を考える際には，当該競技者の競技キャリアの現在値をよく把握しておくことが求められる。これによって，多年次にわたる競技キャリアの充実が基礎づけられることになる。

2. トップ競技者の競技活動帯

ここでは各種目におけるトップレベル競技者の高度な競技活動帯を見ていきたい（村木，1998，**図2-2**）。この図では高度な競技活動の年齢帯を3つのゾーンに分類している。第Ⅰゾーンは，競技者が最初に国際競技会で成功を収めた年齢帯，第Ⅱゾーンは生涯最高成績・記録を達成する年齢帯，第Ⅲゾーンは最高達成水準を維持する年齢帯を示している。

これを見ると，男女のデータが共通して示されている種目では，男子に比べて女子のほうがいず

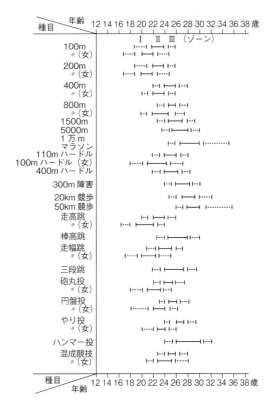

図2-2●トップ選手の高度な競技活動年齢帯
（村木，1998より引用）

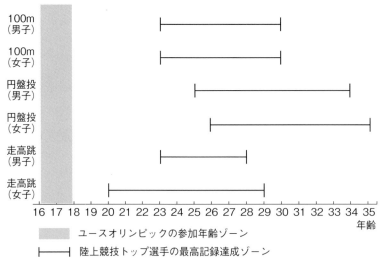

図2-3 ●ユースオリンピックの参加年齢ゾーンとトップ選手の最高記録達成ゾーン
（Платонов，2013より引用）

れのゾーンも先行していることがわかる。つまり，男子に比べて女子のほうが高度な競技活動ができる年齢帯が早いということである。また，各種目の運動構造の観点から見ると，技術性や戦術性の高い種目ではこのことがさらに顕著となる（村木，1998）。また，競技活動が比較的遅く始まる種目，特に長距離，マラソン，競歩などでは，高度な競技活動帯は遅くなっている。

　図2-3には近年のユースオリンピック大会の参加年齢ゾーンとトップ競技者の最高記録達成ゾーンを合わせて100m，円盤投，走高跳を例に示した（Платонов，2013）。これを見ると，以前よりトップ競技者の最高記録達成ゾーンが大幅に伸びていることがわかる。すなわち，現代のトップ競技者は，以前より長い競技生活を送っていることがわかる。

　近年，ユースオリンピック大会などジュニア期から世界大会が開催されている。才能にあふれたジュニアのトップ競技者は，円盤投では16歳から35歳までの20年間近くトップレベルで競技活動を行うことになる。したがって，コーチは発達発育段階をふまえた技術力など，競技力に直接関係する事項についてのコーチングはもちろんのこと，シニア期に自立かつ自律した社会人として国際舞台で活躍できるように，哲学や社会倫理をあわせもった人格育成も行わなければならない。

　また，高いレベルで競技活動が続くことは，多年次のトレーニング計画にも十分に留意しなければならない。オリンピック・サイクルを1つの単位として考え，各年度においてどのようなトレーニング・モデルを用いるか十分な検討が必要である。

（青山清英）

第3節
競技力の自然科学的構造

第1節で述べられているように，個々の有する競技力は，技術力，戦術力，体力，心的能力といった基礎的な条件と環境などの外的な条件によって形づくられる。そして，この競技力を生み出す最も根底にある要素は，個々の運動技能，すなわち「どのようなパフォーマンスを発揮できるか」といった身体的・心的な能力である。ただし，このパフォーマンスは，100m走のタイムがよかったり，動きの質が高かったりすることであり，それは必ずしも競技の勝敗などに結びつくものではない。競技力を決定づけるのは，そのようなパフォーマンスをどのような形で具現化するかといった技術力と戦術力になる。

競技力の自然科学的なとらえは，このようなパフォーマンスを発揮する身体的あるいは心的能力を客観的に明らかにすることにほかならない。さまざまなスポーツ種目で発揮されるパフォーマンス（P）は，現在，概して以下のモデルを用いて表されている（猪飼，1969）。

$$P = C \int E \cdot M$$

このうち，Cは制御系，Eはエネルギー系，Mは心理系である。すなわち，スポーツのパフォーマンスは，その競技に必要な体力的要因（身体資質）と，それを実行するための動機づけや集中力といった心理的要因を土台とし，それがどのように使われるか（技術・巧みさ）によって決定される。

この3要因のうち，陸上競技のパフォーマンスに最も影響するのは体力的要因である。体力的要因は陸上競技の全種目において同様な価値をもつ。たとえば，ジャンプ（弾性）能力の向上は，どの種目においてもエネルギー効率の面で有益にはたらく。有酸素性能力もまた，パフォーマンスの継続だけではなく，さまざまな要素を回復させることなどにおいて有益となる。したがって，競技種目ごとの違いは，力を「どのように，どのくらいの大きさで，どの方向に作用させるか」といった各々の種目が必要とする技術的要因である。そして，その役割は，動きを統制する神経系や筋，腱組織そして結合組織などが動感意識の中で担っていくこととなる。

(1) 体力と技術の相互関係

パフォーマンスの向上に不可欠な体力的・技術的要因は，独立した存在ではなく，密接に関係する。すなわち，ある技術を獲得するには，それをなし得るだけの体力が必要となる。子どもたちが一流競技者の技術を模倣しようとしてもうまくいかない大きな理由の1つはそこにある。

個々で見られるパフォーマンスの差をこの2つの要因から見る場合，呼吸循環器系や神経筋系といった生理的機能に関わる体力的要因をコンピューターのCPUやハードディスクに，技術的要因をその上に積まれるアプリケーションソフトとしてとらえるとわかりやすい（小木曽，2018a）。

コンピューターのパフォーマンスは，高い能力をもつソフトを，どれだけハードディスクに積み込み，CPUで高速に処理できるかで決定される。しかし，われわれのもつハードディスク，すなわち体力的要因は，生得的な要因に大きく影響される。運動経験やトレーニングによって獲得されるアプリケーションソフトの利用もまた，CPUの違いにより，大きな「個人差」が生じると考えられる。現在，運動能力に関わるさまざまな遺伝子が100種類以上も指摘されていることはそれを雄弁に物語る。したがって，ハードディスクやCPUは個々でその容量や機能（形）が大きく異なり，その保存できるソフトの量や種類もまた，大きく変化してしまう（**図2-4**）。

しかし，いくらハードディスクの容量が大きく，

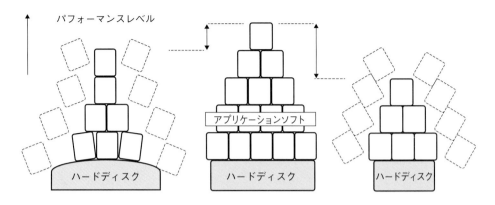

図2-4 ●運動のパフォーマンスに対する体力的要因と技術的要因の概念図
　　ハードディスクは体力的要因，アプリケーションソフトは運動経験やトレーニングにより
　　得た運動感覚に基づくさまざまな運動技能を示す。ハードディスクの容量が大きければ，
　　より多くのソフトを保存し，さまざまな形で使用することができる。しかし，同じ容量で
　　あっても，その特性が異なれば，保存できるソフトの量は変化し，利用できるソフトも異
　　なってしまう。また，いくらハードディスクの容量が大きくとも，トレーニングや運動経験
　　などでソフトの量を増やさなければ，パフォーマンスレベルを向上させることはできない。

高いCPU能力をもっていたとしても，さまざまな運動経験や動きのトレーニングを積まなければ，そのソフトの量は増えず，技術的な向上は望めない。すなわち，競技者それぞれがもつ特性をもとに，技術的要因を高めていく手段を考えなければならない。

(2) 運動を発現させるエネルギーと運動単位

　身体運動を生み出す筋収縮は，高エネルギーリン酸化合物であるアデノシン三リン酸（ATP）をアデノシン二リン酸（ADP）とリン酸に加水分解するときに得られる化学的エネルギーで生み出される。しかし，細胞内に貯蔵されているATPはわずかな量しかなく，激しい運動では数秒で枯渇してしまう。そのため，骨格筋内のATP濃度をほぼ一定に保ち運動を継続するには，ATPを消費しては再合成する代謝回転が必要となる。

　それゆえ，われわれには実施する運動特性に応じてその貢献度が変化するATP-PCr系（非乳酸系），解糖系（乳酸系），酸化系といった3つの主要なATP再合成のためのエネルギー供給系が備

わる（**図2-5**）。また，それに対応し，運動を発現させる3種類の運動単位（運動神経とそれに支配される筋線維）があり，そのうちのATP-PCr系に優れたものをFF型，乳酸系に優れたものをFR型，酸化系に優れたものをS型と呼んでいる。

　スプリント，跳躍，投てきといった短時間・高強度の運動では，すばやく大量にATPを分解し，エネルギーを取り出す必要性が生じるため，ATPと同じ高エネルギーリン酸化合物であるクレアチンリン酸（PCr）をクレアチンとリン酸に分解し，そのリン酸とADPを結合させることでATPを再合成する（ATP-PCr系）。そのため，運動単位では，すばやく大きな力を発揮することができるFF型が主に動員される。ただし，このPCrもATPの3〜4倍程度の含有量しかなく，理論上では8秒程度しかエネルギーを供給することができない。

　1分程度の最大下運動では，筋や肝臓に蓄えられたグリコーゲンやグルコースをピルビン酸へと変化させる過程でATPを再合成する過程が主役となる（解糖系）。この解糖系によるエネルギー供給の大きさと速さはATP-PCr系より小さく，動員される主要な運動単位は，FF型より疲労し

にくい FR 型となる。ATP-PCr 系と解糖系の再合成は細胞質基質内で行われ，グリコーゲンやグルコースがピルビン酸に至る過程で酸素は必要とされない。ピルビン酸はその後，酸素の供給がない場合は乳酸に（無酸素的解糖），酸素の供給が十分な場合はアセチル CoA に変換される（有酸素的解糖）。

　一方，長距離走など長時間にわたって低強度運動を持続する場合には，呼吸によって取り入れた酸素を利用してエネルギーを生み出す酸化系が主役となる。この過程では，酸素を用いてピルビン酸をアセチル CoA に変換し，それを TCA 回路と電子伝達系を介して水と二酸化炭素に分解することで大量の ATP を再合成する。このとき，乳酸もまた酸化されてピルビン酸へと戻り，同じく酸化された脂肪酸とともにアセチル CoA となって TCA 回路に入る。この酸化系による反応は，

ミトコンドリア内で行われ，すばやく大きなエネルギーは供給できないものの，長時間にわたるエネルギー供給を可能とする。動員される主要な運動単位は，すばやく大きな力を発揮できないが疲労しにくい S 型である。

(3) エネルギー供給系の相互関係

　ATP を再合成するエネルギー供給系を理解するうえで注意しなければならないことは，短時間・高強度運動では ATP-PCr 系が，長時間・低強度運動では酸化系が，それぞれ独立してはたらくわけではないことである。たとえば，酸化系による ATP の供給は，酸素を必要としない過程で多くのピルビン酸を産出していなければ，いくら酸素を取り入れてもその供給は機能しない。無酸素的解糖により生成された乳酸は，酸素を多く取り入れることでピルビン酸生成までの過程を経ず

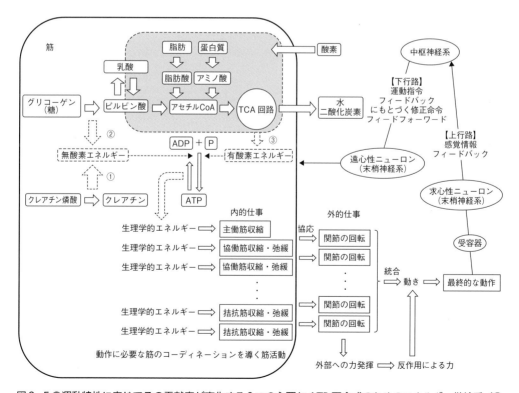

図2-5 ●運動特性に応じてその貢献度が変化する３つの主要な ATP 再合成のためのエネルギー供給系（① ATP-PCr 系，②解糖系，③酸化系）と ATP の分解により生じるエネルギーによる筋収縮をコーディネートし，身体動作を生み出す神経系のはたらき

にATPを再合成でき，その余剰エネルギーで運動開始後急速に減少するPCrも再合成できる。すなわち，パワー系種目だからATP-PCr系や解糖系が主役となる短時間・高強度トレーニングだけを，持久系種目だから酸化系が主役となる長時間・低強度トレーニングだけを行えばよいのではなく，すべての供給系を刺激することがパフォーマンス向上には必要となる。実際，スプリント種目においても，その運動強度や時間の違いによって，これら3つのエネルギー供給系の貢献度は変化するものの，すべての系がその実行に関与していることが示されている（八田，2009）。

長距離走においても，スタート直後，呼吸循環器系がその運動強度に対応できる必要な酸素を定常的に摂取できるまで，ATP-PCr系と解糖系がそのエネルギーの不足分を補う（酸素借）。この酸素借は，呼吸中枢を刺激してより多くの酸素を取り込ませ，体温を上昇させたりホルモンを増加させたりすることで代謝亢進を図る。したがって，持久的な運動においても，より大きな強度で運動を行うにはATP-PCr系や解糖系の能力が必要不可欠である。さらに，無酸素的なエネルギーを利用しながら走ることができれば，より高い疾走スピードも得ることができる。もちろん，この時生じる酸素の負債は酸化系エネルギーによって返済されるため，酸素摂取量，心拍出量，血中のヘモグロビン濃度など，呼吸循環器系機能を含む酸化系能力が高いことが条件になる。しかし，いずれにしても，持久的な能力を高地トレーニングなどで向上させるだけでなく，無酸素的なエネルギー供給能力を向上させることも，長距離走などの持久的運動のパフォーマンスを改善するうえで重要となる。

各エネルギー供給系が運動に果たす役割は，相対的に同じ強度の負荷であっても，競技者によって，また身体の成熟度の違いによって異なる。子どもは大人に比べ，体重あたりのパワー発揮能力が低く，持久性能力は同じか，やや高い。そのため，子どもにとってATP-PCr系や解糖系が主役となる高強度運動は身体的に大きな負担となる。

一方，精一杯遊んでいるように見えても，彼らの運動は酸化系が主役となる持久的運動によってその多くが占められ，結果としてあまり疲れた様子を見せないことが多い。実際，相対的に同じ強度の運動を行っても，子どもは大人より，その運動に要するエネルギーを酸化系により生み出している割合が大きい。したがって，個々の競技者の生理的特性や発達状況に応じて，運動が身体におよぼす影響は大きく異なることが予想され，どのような運動あるいはトレーニングを行わせるべきかは個々に応じて変化させる必要がある。

(4) エネルギー供給系から見た疲労

筋収縮を持続的に反復すると，その収縮力は必然的に低下する。このような現象は疲労と呼ばれ，さまざまな要因が関与する複雑な機能不全である。

スプリントなどの高強度運動では，そのエネルギー源であるPCrの濃度低下やATPやPCrが分解される過程で得られるリン酸濃度の上昇が疲労を生じさせる。解糖系が主役となる運動では多量の乳酸が産出され，乳酸イオンと水素イオンが細胞質中に蓄積される。水素イオンは筋を構成するアクチンとミオシンフィラメントの間で張力を生み出すクロスブリッジの形成やリン酸による疲労などに影響を与え，解糖系における筋の収縮機能の低下を生じさせると考えられる。酸化系の運動にともなう疲労は，主にエネルギー源であるグリコーゲンやグルコースの枯渇による。脂肪はより大きなエネルギーをもつが，その取り出しには長い時間を要するため，グリコーゲンやグルコースによる影響のほうが大きく現れる。

末梢に見られるこのような変化は中枢神経系にフィードバックされ，「疲労」として認識される。疲労を感じた中枢神経系は，エネルギー源の大きな減少を避けるよう，運動神経の興奮や運動単位の発火頻度などを低下させ，筋活動の抑制を図る（中枢疲労）。さらに，神経筋シナプスの効率低下などによる末梢疲労もこれに加わる。反復により筋力が低下するなか，掛け声や電気刺激を与えるとその力が一旦回復することは，神経系が疲労に

深く関わっていることを裏づける。集中力が切れた瞬間，身体が重くて動かなくなる現象もその1つである。したがって，いかに運動に要するエネルギー源を蓄えるか，またそれをどのように効率よく使っていくかは，パフォーマンスを高める上で重要なカギとなる。

身体活動を発現させるエネルギーの中心である筋グリコーゲンの減少は，とりわけ大きな影響を疲労におよぼす。そのため，その速やかな回復が必要となるが，それには運動終了後30分以内に糖質を摂取すること，さらには，糖質とたんぱく質あるいは脂質を同時に摂取することなどが効果的である。なお，これらの摂取方法は，筋たんぱく質の代謝を促すことや糖質の摂取量を過剰にしないことにもつながるため，疲労回復以外の面でも有益である。

(5) 筋の構造と機能

筋はATPをADPに分解するエネルギーによって収縮し，その筋が骨に付着する腱組織を引っ張ることで骨が関節回りに回転し，外部に力を作用させる。

筋には，張力の発揮方向に筋線維がほぼ平行に並ぶ平行筋と，ある角度をもって配置される羽状筋が存在する。平行筋は，筋張力と筋線維の走行方向がほぼ同じなため，筋線維の収縮速度と筋全体の収縮速度が一致する。一方，羽状筋はその羽状角が大きいほど力の伝達にロスが生じ，筋全体の収縮速度も筋線維の収縮速度より遅くなる。しかし，羽状筋では，一定の体積中により多くの筋線維を配置し，生理学的断面積を大きくすることができるため，より大きな最大張力を発揮することができる。また，収縮時は羽状角の増加による筋厚の増加分を筋線維の短縮が抹消するため，解剖学的断面積をあまり大きくせずに力を発揮できる特徴をもつ。

羽状筋に見られるこのような構造は，筋肥大が筋力の増加を導く一方で，その容積確保のための羽状角の増加が力の伝達効率を下げてしまう，すなわち動作スピードを低下させてしまう可能性を示している。このことは，筋力を向上させようとやみくもに筋肥大を追い求めても，走・跳・投のパフォーマンス向上には直接つながらないことを筋の構造レベルから示すよい例である。

筋はまた，2つの関節をまたいで付着する二関節筋と，1つの関節をまたいで付着する単関節筋に分けられる。走や跳運動では，股関節回りの単関節筋が生み出した大きなエネルギーを大腿直筋や腓腹筋などの二関節筋が足関節に伝達することで，地面に対して大きな力発揮がなされる。実際，垂直跳びでは，股関節伸展，膝関節伸展，足底屈の順に動作が始まり，筋活動も大殿筋・ハムストリングス，膝伸筋群，足底屈筋群の順に見ることができる。また四肢には，その両端に2対の拮抗する単関節筋があるだけでなく，拮抗する二関節筋が存在し，その先端の軌道制御をスムーズにしている。したがって，動きの改善を図るには，単関節運動による力発揮だけでなく，二関節筋を介した多関節での動きの制御を効率よく行うことができるよう，全身を用いた連続した動きの中でトレーニングを行う必要がある。

(6) 腱組織の構造と機能

筋線維や筋束を取り囲む結合組織が集束してできる腱組織は，筋腱複合体（Muscle-Tendon Complex：MTC）の主たる弾性要素である。腱組織は松のような柔らかい樹木と同程度のヤング率［物体をある方向に変形させる（歪ませる）ために必要な力の定数：物質の伸びにくさ］をもち，ゴムとほぼ同じヤング率を示す伸張中の筋と比べるとはるかに硬い。そのような特徴をもつ腱組織は，それぞれのMTCによって異なるものの，筋が収縮したときには平均で3％ほど伸びる（Lieber, 2010）。

腱組織は外的に伸張されると，小さい負荷では伸びやすく（張力が小さく），大きい負荷では伸びにくく（張力が大きくなる）非線形的な変化を示す（負荷の増加とともにスティフネスが増加する）。その後，逆にその負荷を減少させていくと，今度は非線形的に短縮する（張力が減少する）（図

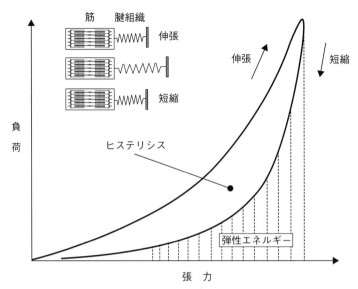

図2-6 ●伸張－短縮サイクル運動などで見られる腱組織の伸張時における負荷－負荷軽減サイクルの概略図
伸張時（負荷時）における曲線下の面積は，その時，腱組織が外部に行った仕事量に比例し，短縮時（負荷軽減時）における曲線下の面積は，伸張時に腱組織に蓄えられた弾性エネルギーの放出による仕事量に比例する。

2-6）。

この負荷軽減時の曲線下の領域が腱組織の伸張時に蓄えられる弾性エネルギーによる外的仕事量となる。ただし，腱組織には粘性があり，伸張時に蓄えられた弾性エネルギーは短縮時に100％放出されはしない，すなわち弾性エネルギーは幾分消失してしまう。伸張負荷の増加局面と減少局面の曲線間の領域がその消失量にあたり，その量はヒステリシスと呼ばれている（Stecco, 2015）。

すばやい腱組織の伸縮はヒステリシスを減少させ，負荷軽減時の曲線下の領域を増加させる，すなわちエネルギーの消失量を減少させ，弾性による反動を大きくすることができる。体温の上昇は粘性そしてヒステリシスを減少させ，静的ストレッチは腱組織にかかるストレスを緩和し，腱組織の弾性利用を促進させるため，弾性の利用には有益な方法である。なお，結合組織である筋膜や腱膜も腱組織と同様な動態を示すことから，それらもまた弾性体としての役割を有し，同様な影響を受ける。

身体運動にとって硬すぎる腱組織は筋線維の短縮を妨げ，関与する関節の可動範囲を小さくする。一方，柔らかすぎる腱組織は関節の可動範囲は大きくするものの，筋線維の収縮力を伝えにくくする。そのため，腱組織は配置される部分とその役割に応じてそれぞれ適切な柔らかさ（伸展性）をもつ（Lieber, 2010）。また，筋線維長に対する腱長の比もMTCの機能に影響し，その比が大きいほどMTCの機能に対する腱組織の柔らかさの影響は大きくなる。

このように，腱組織の長さや柔らかさは，身体運動のパフォーマンスに大きな影響を及ぼす。それゆえ，自分が有する腱組織の特徴をどのように活かすかは，その運動効率を左右する大きな要因となる。

（7）加齢やトレーニングによる腱組織の変化

腱組織は，強度が非常に強いタイプⅠコラーゲンと，伸縮性が小さく，張力に対しても弱いタイ

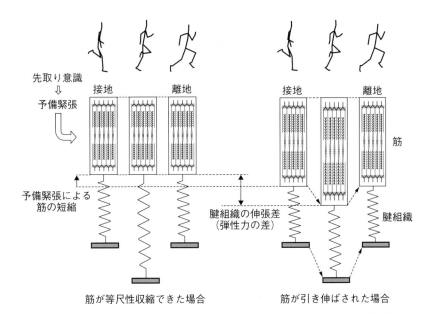

先取り意識
↓
予備緊張

接地　離地

筋

予備緊張による
筋の短縮

腱組織の伸張差
（弾性力の差）

腱組織

筋が等尺性収縮できた場合　　筋が引き伸ばされた場合

図2-7 ●スプリントやジャンプの接地時における筋腱複合体（下腿三頭筋）の動態（模式図）
先取り意識やそれに伴う予備緊張によって筋が接地時に等尺性収縮を維持でき
ると，腱組織の伸縮による大きな弾性を身体の移動に利用できるが，筋が着地
の衝撃で引き伸ばされてしまうと，その弾性を有効に利用できず，離地前に大
きく筋を短縮させる（大きなエネルギーを発揮する）必要性が生じてしまう。

プⅢコラーゲンの線維束で主に構成される。加
齢はそのタイプⅠの比率を減少させ，タイプⅢ
の比率を高くする。その結果，コラーゲンは固く
なり，その張力も低下して裂けやすくなる。残念
なことに，腱組織はほかの組織と比べ，血液供給
が少なく，細胞成分も少ないため，ケガをすると
その回復がなかなか難しい。そのため，できる限
り柔軟性を維持し，ケガをしないことが重要にな
る。また，伸展性の低下やヒステリシスの増加は，
腱組織の弾性エネルギーの再利用も難しくしてし
まう。

　運動は加齢にともなうそのような機能の低下を
明らかに抑制する。運動で使われた腱組織はその
大きさやコラーゲン量が増加する。したがって，
腱組織の柔軟性や弾性を維持あるいは向上させる
には，跳躍動作など，腱組織の伸縮をともなった
運動を行うことが重要である。

　腱組織が非常に柔らかい子どものうちから，跳
びはねる遊びや運動を行っていくことも望まれる。
一般的に，腱組織の柔軟性は子どものときに最も

大きく，成人に向かって徐々に減少していく。し
かし，長距離走を専門とする日本の競技者は，そ
の柔軟性や弾性エネルギーの貯蔵能力が一般の人
びとと比べても低い傾向にある。彼らは，できる
だけ弾まないよう，身体の上下動を小さくするよ
うに走る傾向にある（小木曽，2018b）。それは，
あたかも大きな弾性体であるアキレス腱をできる
だけ利用しないようにしているように見える。こ
れは，自分のペースでランニングをしている市民
ランナーが同年代の人に比べ柔らかい腱組織をも
っていることとは対照的である。柔軟性のない腱
組織は，MTC全体で発揮する力を広い範囲で大
きくすることができない。いかに柔軟性のある腱
組織をトレーニングで獲得していくかは，長距離
ランナーにとっても重要な課題である。

(8) 筋腱複合体のはたらき

　MTCでは筋と腱組織が異なる動きを示すこと
が多い。たとえば，等尺性収縮では，MTC全体
の長さは変わらないものの，筋は短縮し，腱組織

は伸張される。このような動態は筋と腱組織の特性を有効に引き出すことに寄与する。

歩行運動では，筋長をある程度一定に保ち，腱組織の伸縮による反動を利用することで効率のよい動作が生み出される（Fukunaga et al., 2001）。もし仮に，より大きな力が作用する運動でも筋にはその至適長付近で等尺性収縮を，腱組織にはその大きな伸縮を行わせることができれば，生み出される大きな筋張力と腱組織の弾性力により，MTCは非常に大きな力を効率よく生み出すことができる。実際，時速70kmほどで約2kmも走り続けることのできるアカカンガルーは，腱組織によるエネルギーの貯蔵と放出を繰り返すことで，筋だけを用いて走る場合より，その消費エネルギーを約30％も小さくしていると推測されている（Mogan et al., 1978）。

しかし，実際のスプリント種目などでは，着地の衝撃により筋と腱組織が同時に引き伸ばされ，腱組織の弾性を有効に利用できないことも多い。疾走中の支持期後半，身体を推進させようと一生懸命，足関節を伸展させているのはこの補償のためと考えられる。したがって，外部からの衝撃に負けないよう事前に筋に予備緊張をさせ，力を発揮させながら腱組織の伸縮を利用するMTCの使い方をプライオメトリックトレーニングなどで獲得することは非常に重要な課題となる。

（9）筋膜など結合組織の役割

蜂の巣のように筋線維を取り囲むコラーゲン組織・筋内膜もまた，筋収縮による力の伝達に重要な役割を果たす。一般的に，筋線維は起始側の腱組織から停止側の腱組織までつながっていると考えられがちであるが，実際には筋腹内で起始あるいは停止し，まわりの筋線維と隣接しながら配置され，それが運動神経の多数の軸索によって支配されていることも多い。筋内膜はその隣接する筋線維間において力を伝達し，1本の長い筋線維を連続して興奮させていく効率のよい力の伝達に寄与する。また，この構造により，筋線維の一部が損傷してもほかの筋線維を介して力を伝達させる

ことが可能である。

隣接する組織間でこのような橋渡し的役割をもつ結合組織は，さまざまな部位における機能障害を疼痛として認識する役割ももつ。筋線維の収縮が適切にコントロールされず，不均一な力が発揮された場合，この結合組織にも不均一な力が作用し，違和感やけがを誘発する可能性を高める。したがって，結合組織が歪まない効率のよい力発揮を行うとともに，徒手的アプローチなどで常に結合組織の歪みを取り除くケアを行うことが大切である。

（10）技術の向上に対する
　　運動感覚の重要性

運動を発現させる筋や腱組織あるいは結合組織を効率よくコントロールし，必要とされる運動課題を合目的的に解決していくためには，それにともなう運動感覚をもとに，運動器の適切なコントロールを意識することが求められる。運動感覚は，末梢にある痛覚・圧感覚などの皮膚感覚，空間を認知する前庭器官，動作を感知する機械受容器，筋の長さ変化や伸張度を感知する筋紡錘および腱組織に加わる張力を感知するゴルジ腱器官（固有受容器）などから感覚神経を介して中枢神経系に送られた運動情報と中枢からの指令とを比較した結果の認知である。それゆえ，運動感覚として自己の動きのとらえと評価（自己観察）あるいは他者の動きへの共感（他者観察）ができなければ，どれだけ動きのメカニズムを学修しても，その精度や効率を改善することはできない。なぜなら，それは自分や他人の動きがわからず，動感意識のなかで動きを修正できないからである。

随意運動は，中枢神経系の高位で運動の企画・立案がなされ，中位でそのプログラムが組まれた後，下位でそれにもとづく運動の実行が指示される。自動化され洗練された運動は，中枢ですでに構築されたプログラムにより実施されるもので，技術を身につけようと練習する試みは，何度も何度も正確にその運動を繰り返すなかで望ましいプログラムを組み上げようとするプロセスである。

そのため，筋や腱組織，関節などの末梢からは常にその動きの結果が中枢神経系にフィードバックされ，イメージされた運動と実際の運動との誤差が繰り返し修正される。したがって，みずからの動きを常に意識し，そのときの運動感覚とその動きの結果を照らし合わせながら，動きの改善を図っていく必要がある。それにより，低い確率で漠然としかできなかった粗形態から高い確率でかつスムーズにできる精形態へと動きが改善されていく。

しかし，このような運動感覚は常に一定ではない。反射運動にも関係し，筋出力の調整をスムーズに行うための固有受容器からの情報は，疲労によってその感度が変化する。同時に，固有受容器からの情報を認知する脳の興奮度も変化するため，運動感覚も必然的に変化してしまう（吉村，2010）。さらに固有受容器の感度は筋温などにも影響されるため，適切な技術を身につけるためにはできるだけ疲労のない，かつ筋温を適切に上げた状態で，動きをしっかりと感じながら練習を行うことが望ましい。

また，競技会などの過剰な緊張・興奮状態のなかでは，脳の興奮度が上がり，固有受容器との感度がずれてしまうことで，運動感覚も変化してしまうことが多い。そのため，日頃から競技会を意識した準備や練習を行い，競技会ではできる限り冷静にいつも通りの感覚で競技にのぞむことが望ましい。

(11) 筋活動のコーディネーション

中枢神経系は，腱組織の動態や反射機能なども利用しながら，さまざまな筋の活動を適切にコーディネートし，さまざまな方向への動きを生み出す。そのため，運動感覚に基づく動感意識のなかでどのように筋活動をコーディネートするのかは，運動技術の改善・向上にとって重要である。

運動技術は，「特定の運動課題を効果的に遂行するための合理的かつ効率的な運動の実践方法」と定義され，運動技能は「ある運動課題をできる状態で習得した能力」と定義される（杉原，2009）。

言い換えれば，それは「それぞれの運動種目に特有な多関節にわたる身体の動きを合理的かつ効率的に行うための神経系による筋活動パターンの調節」であり，「そのパターン調節を行える能力」である。それゆえ，運動技術の改善は，単に部分的に筋力を高めたり，部分的な動きを修正したりするだけでは成立しない（ただし，化学的エネルギーを身体の動きに変換する過程では，必然的にエネルギーロスが生じてしまうため，土台の大きさ，すなわち筋出力自体を大きくしておくことは有益である）。

実際，効率の良い動きは，身体各部分から隣接する部分へと生み出されたエネルギーが伝達されていくことで発生する。したがって，連続する全体の動き中で必要な筋活動のコーディネーションパターンを獲得することが必要となる。しかし，運動種目によってその適切な活動パターンは大きく異なるため，その専門性には注意しなければならない。

パフォーマンスを高めるにはその種目が要求する筋活動のパターンを獲得する必要がある。循環運動である走種目では，多くの局面で主働筋・協働筋の収縮と拮抗筋の弛緩がコーディネートされ，動きの柔軟性が生み出される。また，二関節筋によるエネルギーの転送などにより効率のよい動きが導かれる。心理的な過緊張による動きの「ぎこちなさ」は，この緊張と弛緩のコーディネートがうまくいかなくなった場合などに生じる。一方，筋活動のコーディネーションがうまくいった場合，その四肢間では効果的なエネルギーの受け渡しが行われ，非常に効率のよいパフォーマンスが生み出される。「力を入れなくても身体がスーッと進んだ」などの感想は，適切なコーディネートがなされた賜物と言える。

跳躍などの非循環運動では，循環運動とは異なる主働筋・協働筋と拮抗筋の同時収縮が多く見られる。これはモーメントアーム長の違いや力の作用線により，対となる筋が同時収縮したほうがその運動をより効果的に行えるためである。したがって，循環運動か否かは，それに必要な筋活動の

コーディネーションパターンに大きく影響する。

　このような筋活動パターンの結果として，投てき種目では，下半身で得た大きなエネルギーが腰，肩，肘，手関節へとつぎつぎと伝えられ，最終的に投てき物へと伝えられる運動の連鎖が見られる。助走やグライドで得られた全身の並進や回転の運動エネルギーは，質量の小さな手部に近づくにつれ大きな速度へと変換され，投てき物の初速度の向上に大きく貢献する。

　しかし，とりわけ100m走のような全力を発揮する種目では，スタート時にコーディネートした筋活動のパターンを意識的に運動途中で変化させることは難しいという難点も持つ。力みなどにより，望まないリズムでスタートしてしまった場合，最後までそれを修正できず，パフォーマンスが落ちてしまった経験は誰しも持つだろう。四肢が慣性によって振り回される最大疾走スピード局面ではなおさらである。世界の一流スプリンターがすり足のような動作でスタートするのは，スタート時からできるだけ最大疾走スピード時と同様な動作パターンで走ろうとしているためである。それは，スプリント走のパフォーマンスに最も大きく貢献する最大疾走スピード時の動きをスムーズに導き，そのスピードを向上させることにつながる。それゆえ，各種目に特有な筋活動のコーディネーションパターンを意識しながらトレーニングすることは重要である。ただし，筋活動のコーディネーションやそれにともなう運動感覚は個々で異なるため，皆に共通する基本的な技術に個々の特性を合わせるのではなく，個々の特性にその基本的技術を溶け込ませていくことが不可欠となる。

(12) 競技力の自然科学的理解の重要性

　個人種目，チーム種目に関係なく，競技力を高めるためには，その土台である身体的能力を向上させることが不可欠である。これは，F1マシンと市販の自動車でレースをしても，その結果が目に見えていることからもわかる。そのため，筋や腱組織などの運動器をはじめとする身体の各機能を理解し，その機能向上を図るとともに，「それらの機能をどう使いこなすか」といった動感意識の中での運動制御が必要となる。自分自身の身体を思い通りにコントロールし，思い通りの力やパワーを発揮できる土台づくりは，競技力向上に向けたコーチング活動における重要な1つのアプローチである。なお，この土台をどのように競技力そのものに結び付けていくかについては続く第4節を参照されたい。

（小木曽一之）

競技力の実践的な理解

前節では自然科学の視点から競技力を見てきた。この節では，これらのことをふまえたうえで，改めて実際の現場でコーチングを行う場合の競技力の考え方について見ていきたい。

第2章第1節の「競技力の基本構造」で述べたように，競技力の向上においては，技術力，戦術力，体力を一体として捉えて考えることが重要である。これに加えて体力，とりわけ専門的体力の向上がめざされることによって，技術力，戦術力，専門的体力が一体化された競技力の向上がめざされることになる。当然，競技会時にはこのような意味での競技力の発揮に精神力が大きな役割を果たすことは言うまでもない。たとえば，競技会のときの動きに技術的な問題が認められた場合，経験を積んだベテランのコーチであれば単にその問題を指摘するだけでは問題を解決できないことをよく知っている。選手が過度の緊張状態にある場合，選手はいつもの練習のときと同じ動きをしたいとは思っていても，それができない状態にいる。そこではコーチは動きの問題点を指摘する前に，選手の緊張状態をどのように改善できるか考えなければならないであろう。

当然，コーチはこのような競技会での問題の発生を事前に読み切り，日常のトレーニングで心的負荷トレーニングなどを実施する際に，これらの問題を解決するための方法論を知っておかねばならない。以下では，このような競技力を構成する要素間の関係をふまえて，競技力の実践的思考をみていきたい。

1. 技術力と体力

前述したように，競技力に最も大きな影響を与えるのは技術力と戦術力である。前節では，自然科学の観点から体力の重要性が指摘されたが，実践的な競技力の理解においては，まずは技術力の問題が考えられなければならない。

実践の場で技術の問題を考える際には，われわれは技術をマイネル（1981）にならってある運動に関する問題を解決するための，実践のなかで発生し，検証された「動き方」と理解しておかねばならない。この技術をその時どきの状況に応じて最も効果的に発揮できる実践的能力を「技術力」と言う。

ここで留意しておかなければならないことは，技術力を実践的に考える際には，確かに前節で指摘されたような神経系や筋腱複合体の能力は重要であるが，これら個別の物質的能力がトレーニングや競技会の場で主題的に取り上げられることはないということである。通常，実践における技術力に関する問題は，主観的運動意識によってとらえられるので，動感意識（動感意識は，第2章第3節の「運動感覚」と同義ではないことに注意）の問題として位置づけられることになる。したがって，技術力の問題を考える際には，金子（2002）が体系化したさまざまな身体知を考慮しながら動きの習得や修正が行われなければならない。参考までに金子の身体知の体系を示しておく（**図2-8**）。しかし，だからといって自然科学的な能力が関係ないということではない。車にとってのエンジンがそうであるように，物質レベルのキャパシティーを大きく超えた力の発揮などはできないのだから，実際の現場でのコーチングでは自然科学的な限界をふまえたうえで（自然科学の知見も含んで），主観的な動感の問題として技術力をとらえていると言えるだろう。このような動きの問題はさまざまなかたちで現れる。あるときは知覚によって動感としてとらえられるが，あるときは知覚によってはとらえられずに，数量的なデータとしてはじめて示される（青山，2018）。だか

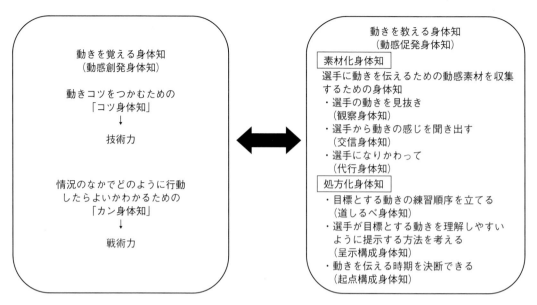

図2-8●動感身体知

らわれわれが競技者の技術の問題を考える際には，現場では主観的な動感意識の世界で動きの修正を図るが，場合によってはバイオメカニクスなどの科学データを参照しながら，これを行うのである。

次に体力について考えていきたい。一般的に体力は，スピード，筋力，持久力の3要素に調整力を，あるいは3要素と調整力を橋渡しする関節可動能力を含めた全体を指している（フェッツ，1979）。しかしわれわれは，ここではじめに体力の「力」は運動能力を示しているのではないということを確認しておきたい。たとえば，われわれは力強い投てき競技者を目の前にしたとき，「あの選手は筋力が凄い」などと，あたかも目の前の投てきが筋力によって達成されたかのように理解し，表現することがある。しかし，筋力はあくまで効果的な運動遂行のための1つの身体要素としての条件を表しているにすぎないのだから，これを運動能力と同義に扱うことは，コーチングやトレーニングの実践において大きな問題となる。つまり，筋力や持久力はあくまで競技者の物質的な身体にかかわる1つの属性なので，われわれコーチが競技者の動きを観察しているときに，その運動経過に動きの流れやリズムといった「動きの質」を確認することはできても「筋力そのもの」を確認することはできない。動きそのもののなかに筋力を見ることはできない。筋力のレベルについては，あくまで筋力を評価できるベンチプレスやスクワットなどの運動を用いて計測し量化して確認できるだけである（金子，2007）。

われわれ現場の競技者，コーチは体力の向上が必ずしも技術力や戦術力の向上につながらないことを経験的によく知っているが，このような考え方は牧歌的な体力の理解から引き起こされる問題である。技術から絶縁した筋力トレーニングを実施するとそのトレーニング効果が突出して，動き全体のバランスやリズムが壊れてしまうことがある。このような問題の発生によってその後のトレーニングではこれらの問題を改めて技術力の問題として課題にするといったおかしなことが起きてしまう。したがって体力の向上を考える際には，技術力や戦術力との関係，とりわけ技術力との関係を整理しておかねばならない。

以下，このような問題を解決するための体力理解の視点について金子（2007）を参考にして示しておきたい。

①トレーニングで用いる運動（エクササイズ）

は，習得しようとしている技術力とどのような関係にあるか—競技会運動に近いのか，絶縁的な一般的体力の向上をめざす運動なのか—を明らかにしておく。

②これから高めようとする体力3要素（スピード，筋力，持久力）の向上のために用いる運動（エクササイズ）—筋力であればベンチプレスやスクワットなど—の評価基準を明らかにしておく。

③トレーニングする体力3要素間のトレーニング比率を明らかにしておく。

④調整力要素間のトレーニング比率を明らかにしておく。

⑤体力3要素と調整力のトレーニング比率を明らかにしておく。

競技力の向上は「習熟」と「強化」の側面をもつ（村木，1998）。したがって，競技力の向上のためには，技術と体力は相補的にとらえられなければならないことがわかるであろう。われわれは常に技術力と体力を不可分なものととらえ，それらの相互関係，バランスに留意しながらトレーニングを行うことが求められる。

2．技術力と戦術力

ここで言う戦術力とは，合目的で最適な行動の仕方としての個人またはチームの現実的な行動力を意味している（金子，2002）。運動課題を達成するために動き方を習得することと，それを使って行動することは不可分の関係にある。ここでは戦術力について技術力との関係から実践的な理解をしておきたい。

技術力や戦術力にはエネルギー系の体力や制御系の協調力があることは言うまでもない。

技術力と戦術力の関係を考えるために1つの例を示そう。周知のようにある運動を修正しようとする場合，それまでに身につけた運動を解消しなければならない（金子，2002）。しかし，陸上競技の歩・走・跳・投という運動は日常運動でもあ

るため，競技者はそれまでに獲得した技術が個癖化するとともに，それが日常運動にまで染みつき動き方の修正を困難にさせる事例は枚挙にいとまがない。

たとえば，スプリント走における走り方を限られた年限の間で修正をすることは困難をきわめる。そこで青山（2001）は，100m走における技術力を戦術力との関係でとらえなおし，戦術力に着目したトレーニングを考案し，技術力にアプローチすることなく競技力の向上を達成した。

図2-9はこの戦術トレーニングの方法を示したものである。紙面の関係上，詳細は文献にあたってもらうしかないが，このトレーニングの対象となった競技者は，自身の技術力によって100m走を構造化できていなかった。そこで，スタートからの30，50，80m走に戦術的要素を加えることによってレースの構造化を図った。

この競技者は，戦術トレーニングの結果，トレーニング前には100mレースの構造を外側から客観的にしか理解できず，加速感などの動感意識によって100mレースをとらえることができなかったが，トレーニング後には動感的な運動体験を意識化することができるようになって競技力を向上させることができた。すなわち，通常の技術トレーニングでは達成できなかった100mレースの技術構造が，戦術トレーニングによって理解されたのである。

以上のように，技術力と戦術力は相補的な関係にある。これは長距離走におけるレースなどでも同様であろう。したがって，技術力の向上をめざす場合には，戦術的要素を考慮しておくことが不可欠である。

以上，技術力，戦術力，体力の関係についての実践的な理解を示してきた。これらからわかることは，競技力の向上を企図する際には，ある特定の要素が焦点化されるが，各要素は不可分な関係にあり，全体性をもっているということである。このことに留意した日々のトレーニングやコーチングが求められる。したがって，ハレー（Harre，1982）も述べているように，今後は技術力，戦術

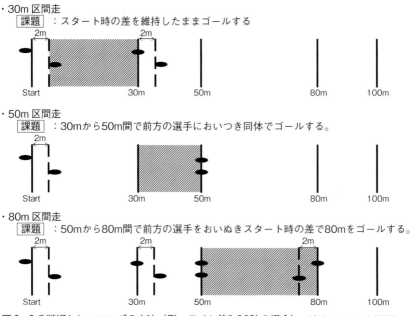

・30m区間走

課題：スタート時の差を維持したままゴールする

・50m区間走

課題：30mから50m間で前方の選手においつき同体でゴールする。

・80m区間走

課題：50mから80m間で前方の選手をおいぬきスタート時の差で80mをゴールする。

図2-9 ●戦術トレーニングの方法（例：タイム差0.20秒の場合）（青山，2001より引用）

力と専門的体力を一体化してとらえたコーチングの視点が求められるだろう。このためコーチには，各種目の自然科学的な構造理解だけではなく，動感的な構造理解をトレーニング手段として用いる運動（エクササイズ）との関係をふまえてまとめておくことが必要である。このことが多様な競技者に対応したコーチングの前提条件となる。

最後に，競技力の重要な要素の1つである精神力について簡単に触れておきたい。精神力を実践的に理解するためには，技術力や戦術力と一体としてとらえることが重要である。なぜなら，精神力と分離した技術力や戦術力は現実には存在しえないからである。その時どきの精神状態によって技術力や戦術力は変化せざるをえない。確かにメンタルトレーニングなどの心理学的なトレーニングは重要ではあるが，本来的には精神力の向上は技術力や戦術力と一体化した形式でトレーニングされなければならない。したがって，環境負荷ト

レーニング（風向きや助走路の場所など，競技会でのさまざまな環境に変化を与えて，それによって技術力が左右されないようにするトレーニング形態）や心的負荷トレーニング（自ら精神的に圧迫される状態をつくり，自らを追い込み，それを克服するトレーニング形態。このトレーニングは真剣に自分自身がその気にならなければ価値がないことを認識しておかねばならない）といったトレーニング方法が重要となる。このようなトレーニングやトレーニング競技会を実施することによって，心理的要因のように見えた運動問題も技術的な観点から修正できるようになる。その逆もしかりである。また，身体的レディネス（生物学的な視点から捉えた身体の準備状態）についても同様に十分考慮されなければならない。精神力は競技会時において特に重要な要素となるので，第3章第5節をも参照願いたい。

（青山清英）

●文献

＊會田宏（2017）戦術トレーニング．日本コーチング学会編，コーチング学への招待．大修館書店，pp.127-148.

＊青山清英（2001）短距離走における加速感に基づく戦術トレーニングに関する運動学的考察．スポーツ運動学研究，14：pp.27-36.

＊青山清英（2018）跳躍種目における助走スプリントのコーチング．日本スプリント学会編，スプリント学ハンドブック．西村書店，pp.108-116.

＊朝岡正雄（2017）競技力とは何か．日本コーチング学会編，コーチング学への招待．大修館書店，pp.67-68.

＊Burke RE, Rudomin P, Zajac FE.（1970）Catch property in single mammalian motor units. Science 168（3927）：pp.122-124.

＊フェッツ：金子明友・朝岡正雄訳（1979）体育運動学．不昧堂出版，pp.256-322.

＊Fukunaga T, Kubo K, Kawakami Y, Fukashiro S, Kanehisa H, Magnaris N.（2001）In vivo behavior of human muscle tendon during walking. Proc. R. Soc. Lond. B 268：pp.229-233.

＊Harre, D.（1982）Principles of Sports Training. Sportverlag：Berlin, pp.216-226.

＊八田秀雄（2009）乳酸と運動生理・生化学　エネルギー代謝の仕組み．市村出版．

＊速水俊彦（1998）自己形成の心理．金子書房，pp.81-150.

＊猪飼道夫（1969）運動生理学入門．杏林書院，pp.143-149.

＊金子明友（2002）わざの伝承．明和出版，pp.441，pp.452-532，p.498.

＊金子明友（2007）身体知の構造．明和出版，pp.127-132，p.133.

＊春日規克・竹倉宏明（2010）運動生理学の基礎と発展．フリースペース．

＊Lieber RL.（2010）Skeletal muscle structure, function, and plasticity. Lippincott Williams & Wilkins.

＊マイネル：金子明友訳（1981）スポーツ運動学．大修館書店，p.261.

＊Morgan DL, Proske U, Warren D.（1978）Measurements of muscle stiffness and the mechanism of elastic storage of energy in hopping kangaroos. Journal of Physiology, 282：pp.253–261.

＊村木征人（1998）スポーツトレーニング理論．ブックハウス・エイチディ，p.40，pp.39-40，pp.137-139.

＊小木曽一之（2018a）運動学的視点からみた体育授業における学習指導の方法．皇學館大学教育学部編，教育の探究と実践．皇學館大学出版部，pp.131-142.

＊小木曽一之（2018b）神経筋システムからみたスプリント走．日本スプリント学会編，スプリント学ハンドブック．西村書店，pp.12-29.

＊Платонов, В. Н.（2013）Периодизация спортивной тренировки. Общая теория и её практическое применение. Олимп ийская литература.：Киев, p.246, pp.378-382.

＊Ryan RM, Deci EL.（2000）Self-determination theory and the facilitation of intrinsic motivation, social development, and well-being. American psychologist, 55（1）：pp.68-78.

＊佐藤徹（2017）技術トレーニング．日本コーチング学会編，コーチング学への招待．大修館書店，pp.98-126.

＊Stecco C.（2015）Functional atlas of the human fascial system. Elsevier.

＊杉原隆（2009）運動指導の心理学．大修館書店．

＊竹井仁（2015）人体の張力ネットワーク 膜・筋膜．医歯薬出版．

＊立谷泰久（2017）心理面からの把握．日本コーチング学会編，コーチング学への招待．大修館書店，pp.348-349.

＊Weinberg RS.（1990）Anxiety and motor performance：Where to from here? Anxiety Research, 2：pp.227-242.

＊Weinberg RS, Gould D.（2011）Foundations of sport and exercise psychology. Human Kinetics.

＊Yerkes RM, Dodson JD.（1908）The relation of strength of stimulus to rapidity of habit-formation. Journal of Comparative Neurology and Psychology, 18：pp.459–482.

＊吉村篤司（2010）固有受容器と運動感覚．陸上競技学会誌，8（1）：pp.86-89.

第 3 章

陸上競技のトレーニング

トレーニングの基本的な考え方

1. 競技力の全体性

　陸上競技のトレーニングの直接の目的は，個々の競技者（チーム）にとって最高の「競技パフォーマンス（順位，記録などの競技成績を含む）」を達成することであり，そのための全体的・総合的な達成能力のことを「競技力」と呼ぶ（村木，1994）。競技力は，「スポーツの記録を出す能力であり，演技を遂行する能力であり，また攻撃し防御する能力」（猪飼，1968）であり，古くから心・技・体の「三位一体（3つの要素が互いに結びついていて，本質においては1つであること）」とされているが，トレーニング理論においては，**図2-1**に示されるような下位能力（構成要素）によって構造化されている。この構成要素の中で，特に体力，技術力（戦術力）および心的能力については，そ

の開発や向上を目的とするさまざまなトレーニング手段・方法が創造され発展してきているが，これらの能力を個別に高めることがただちに競技力の向上につながるとは限らないことから，競技力の全体像や構成要素間の関連性（相補性）などをふまえたトレーニングの実践が求められる。

2. トレーニングの思考・行動サイクル

　高度な競技力を獲得するためには，トレーニングに関する思考および行為・行動を常に最適化し続けることが必要である。以下では，図子（2014）が提示するトレーニング思考・行動サイクル（以下，トレーニングサイクル）に沿って，その最適化プロセスについて確認していく（**図3-1**）。

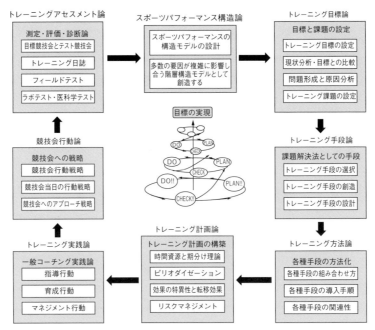

図3-1 ●トレーニングにおける思考・行動サイクル（図子，2014より一部改変）

（1）競技構造モデルの明確化

　トレーニングを合理的に計画し実施するためには，まずその競技種目においてめざすべき競技力の全体像（設計図）となる競技構造モデル（以下，構造モデル）を明確にすることが不可欠である。

　たとえば，陸上競技の100m走は，走行中の疾走速度（以下，速度）の変化を手がかりとして，速度をすばやく立ち上げる加速局面，最大速度局面，最大速度の維持と低下の防止につとめる速度維持（低下）局面という3局面に分けることができる。この3つの局面においては，それぞれに異なる力（パワー）の発揮が求められ，結果的にレース中のストライドやピッチもダイナミックに変化するなど，各局面の技術的・体力的な要因も大きく異なる。

　構造モデルを設計するためには，上記のような競技スポーツに関する専門的な知識（理論知）をふまえつつ，スポーツ実践を通して得られた経験的な知識（実践知）と照合しながら，その種目において必要とされる能力を明らかにすることが必要になる。

（2）トレーニング目標の設定

　構造モデルが明らかにされたら，次は適切なトレーニング目標（以下，目標）を設定する。

　まず，先に設計した構造モデルをもとに，競技会における競技パフォーマンスの分析結果や公表されている一流競技者の各種データなども参考にしながら，めざすべき体力，技術力・戦術力および心的能力のレベルを把握する。そして，①具体性，②客観性（測定・評価が可能），③実現可能性（50%程度が望ましい），④個別性（の原則），⑤発達段階（全面性および専門性の原則），⑥時間資源（期日の明確化）などに配慮しながら，具体的な目標を設定していく（長谷川，2016；図子，2016）。

　目標が設定されたら，自身の現状と目標との間のギャップ（問題）を生じさせている原因を分析し，その問題を解決するためのトレーニング課題（以下，課題）を設定し，優先順位をつけて整理する。なお，ここで言う目標は，あくまでもトレーニングの対象となる体力，技術力・戦術力および心的能力との関連で設定するものであり，競技パフォーマンス（競技成績）の目標とは区別する必要がある。

（3）トレーニング手段・方法の選択

　課題が設定できたら，それらを効果的に達成するためのトレーニング手段（運動）を選択する。

　トレーニング手段（以下，手段）は，①国内外の重要競技会そのものの手段化，②ミニ競技会やテスト競技会など限定的な競技会の手段化，③競技力の構造に直結した要素を取り出した手段（専門的な運動），④基礎運動技能や体力要素を高めるための手段（一般的な運動）に分類される。これらの手段は，①から④に向かうほど競技力からの類縁性は低くなるが，④は③，③は①と②の基礎的・部分的要素として構造化されている。

　また，すべての手段は，その運動が部分的で強化的であれば体力トレーニング，全体的で習熟的であれば技術トレーニングに位置づけられるという二面性（相補性）をもっている。例えば，技術トレーニングによる動きの改善（習熟）は，身体の各部位（部分的）に適切な負荷がかかる体力トレーニング的効果（強化）を引き出し，その効果がさらなる動きの改善（習熟）につながるなど，競技力向上への連鎖的・相乗的な効果も期待できる。

　さらに，体力と技術力は，競技力向上に不可欠なスポーツに内在する動きの変容に大きく影響するが，その向上プロセスには相違があることにも留意する必要がある。体力を高めるためのトレーニングでは，過負荷の原理や漸進性の原則にもとづき，いわゆる筋力トレーニングや持久的トレーニングなどが用いられるが，このとき強化期と回復期を繰り返すプロセスによって身体各組織や器官に適応現象（超回復）が引き出されるなど，効果は遅延して表れる（**図3-2**）。一方，技術力を高めるためのトレーニングでは，個別性や特異性

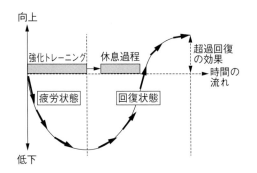

図3-2●体力の向上プロセス（超回復モデル）（図子，2016）

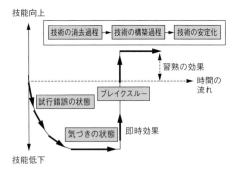

図3-3●技術力（技能）の向上プロセス（図子，2016）

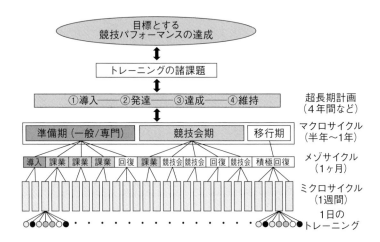

図3-4●トレーニング計画の立案（ピリオダイゼーション）（村木，1994より一部改変）

の原則にもとづき，動きの感じやコツを体得するための各種トレーニングが用いられるが，そのプロセスは試行錯誤による低迷期から一気に大きな変化（技術の獲得）が表れるなど，効果が即時的に現れ，安定化の方向へと導かれる（**図3-3**）。

上記のような体力と技術力の二面性（相補性）や向上プロセスの相違などに留意しながら，複数の手段の効果的な組み合わせ方や導入手順を設定することによる方法化が必要になる。

(4) トレーニング計画の立案

手段・方法が決定したら，実際にトレーニングの計画を立案する。

トレーニング計画（以下，計画）は，数年にわたる超長期計画から，半年から1年単位の長期計画（マクロサイクル），1ヶ月単位の中期計画（メゾサイクル），1週間単位の短期計画（ミクロサイクル）のレベルまで，時間資源や競技会スケジュールなどに配慮しながら長期から短期へと段階的に行われる（**図3-4**）。このとき，競技者やチームの競技力が「形成─維持─消失」というサイクルで周期的に発達する（向上と低下を繰り返す）ことをふまえて，マクロサイクルのレベルでの目標達成に必要な下位のサイクル（メゾ，ミクロ）を構成・配列する「ピリオダイゼーション（期分け）」を導入することが一般的である（詳細は第5章第1・2節）。

ピリオダイゼーションが必要な理由としては，
⇒負荷に変化を加えることにより，新たな刺激を与え，適応を引き出すことが可能になる。

⇒周期的に負荷を軽減させる時期を設けることにより，オーバートレーニングなどの障害を予防する。

⇒一定期間にわたってトレーニング課題を少数の要素に絞り，そのトレーニングに集中して取り組むことにより，より大きな効果を得ることができる。

などが挙げられている（長谷川，2016）。

このピリオダイゼーションをベースとして，最終的に1日の具体的な計画を立案していくことになるが，その際には，実施する運動（手段・方法）の種類や名称を示すことはもとより，①運動を実施する強度（重量，高さ，速度などの物理的強度や心拍数や発揮筋力などの生理的強度），②実施する運動の量（運動の持続時間，移動距離，反復回数，セット数など），③実施する運動の配列・順序，④休息時間（各運動やセット間の休息時間など），⑤頻度（一定期間（通常1週間）内のトレーニング回数）などの変数を決定することによる負荷設定が必要になる。

(5) 競技会行動

計画に沿ってトレーニングを実施したら，その成果が反映される最も重要な場となる競技会に挑むことになる。

競技者やコーチは，競技レベルを問わず最重要競技会において高いレベルの緊張を強いられるが，このような特別な状況下で最高の競技パフォーマンスを得るためには，競技会当日の行動や競技会の進行に関する戦略および計画を立てることが必要である（詳細は第5章第3節）。また，競技会直前のコンディショニングやテーパリングの方法を含めた戦略や計画については，重要度の低い競技会をテスト競技会として活用するなどの試行錯誤を通して最適なアプローチ方法を確立していくことが求められる。

(6) トレーニングサイクルの分析・評価

最重要競技会に至るまでのプロセスにおいては，トレーニングサイクルの各時点における意思決定および行動の妥当性の検証や，目標および課題の達成状況を確認するための段階的かつ定期的な測定・評価が必要になる（詳細は第7章）。

この分析・評価については，トレーニングの強度や量の検証や，科学的な測定結果の参照などの定量的な内容に偏りやすいので，トレーニング日誌の内容や主観的な運動観察の結果などの定性的（質的）な評価も勘案した総合的な評価も必要になるであろう。なお，これらの分析・評価が，トレーニングサイクル上の改善点の抽出はもとより，次のトレーニングサイクルに向けた構造モデルの見直しや目標および課題の再設定などにつながることは言うまでもない。

3. 競技力を高めるためのトレーニングのあり方

冒頭でも述べたように，競技力は心・技・体の三位一体であり，技術力，体力または心的能力（メンタル）といった個別の構成要素の負荷をいくら高めても，それらが一体的に重なり合う部分，すなわち競技力の向上に照準された専門的（相補的）なトレーニング（負荷）が実践されなければ，競技力を高めることは難しい（図3-5上図）。この「競技力の向上に照準された専門的（相補的）なトレーニング」を実践するためには，トレーニングの強度や量といった「量的」負荷だけでなく，量的には表しにくい技術的・心理的な「質的」負荷を効果的にかけるための工夫が必要になる（森丘，2011；2013）。

ザトペックは，「200mを5回，400mを20回，200mを5回，合計10km。レースのスピードよりは速く，そのあとの回復はゆっくり200mを走り，次につなぐ」（山西，2008）というインターバル・トレーニングで見事に1948年のロンドンオリンピックの10000mで金メダルを獲得し，その4年後のヘルシンキオリンピックでは長距離種目（5000m，10000m，マラソン）3冠という偉業を成し遂げている。そのプロセスにおいて，マラソンに照準した"400m×100本"という究極の「反復トレーニング」を実践したとされるザトペック

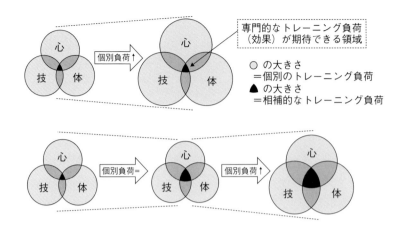

図3-5 ●技術力向上のための専門的（相補的）トレーニング （森丘，2011より一部改変）

をして，「繰り返すだけでは復習しかないことと同じだと。予習，すなわち新しいことを習わなければ，進歩がない」（山西，2008）と言わしめるインターバル・トレーニングの本質とは何か。それは，目標とするレース（距離）のパフォーマンス向上に照準し（特異性の原理），目標とするレースのスピードより少しでも速いペースで，少しでも長い距離を走ることを重視し（過負荷の原理，漸進性の原則），多様な距離設定でピッチとストライドを変化させながら（意識性の原則），急走と緩走を繰り返す（反復性の原則）というオーダーメイド（個別性の原則）の合理的かつ相補的な「予習」トレーニングであるという点にある（森丘，2013）。

また，森丘ほか（2011）は，1シーズンを通した高強度の走トレーニング（High-Intensity Training：HIT）への重点化が，生理学的指標や中距離走パフォーマンスに及ぼす影響について事例的に検討し，HITと休養および走運動以外のトレーニングを効果的に組み合わせることによって，総走行距離がおおよそ半減しても，有気的能力（持久力）と無気的能力（スピード）のトレードオフを回避しつつ，800m走パフォーマンスを向上させることが可能であることを示唆している。

このとき，積極的に取り組んだトレーニングの1つである「技術走」は，レース分析のデータを

もとに目標とするモデルペースを想定し，800m走のスタートからオープンコースになる120mまでをスムーズに加速しつつ，200m通過あたりまでを「効率よく（楽に速く）」通過するための運動技術を身につけることに主眼を置いた「技術」トレーニングである。

しかし，このトレーニングも，実施する距離や本数，休息の取り方や時間などを変化させれば負荷の異なる「体力」トレーニングになるだけでなく，レースシミュレーションとしての正確性を追求することによって「心理」的なトレーニング効果を引き出すことも可能になる。

上記の事例のように，各構成要素の関連性（相補性）が考慮されたトレーニングを実践することによって，個別の負荷を高めることなく相乗的な効果を引き出すことが可能になるとともに，個別の負荷を高めることによってさらなる効果を得ることが期待できる（図3-5下図）。したがって，量的負荷の無数の組み合わせに盛り込むべき質的負荷をリアルに想定しながら，トレーニングの原理・原則や各構成要素の関連性（相補性）などをふまえつつ，トレーニングサイクルを適切に循環させることによって，競技力を向上させ続けることが可能になると言えるだろう。

（森丘保典）

技術力のトレーニング

1. 技術力のトレーニングにおける原則

　技術は「ある一定のスポーツの課題を最もよく解決していくために，実践のなかで発生し，検証された仕方」（マイネル，1981）と定義され，パフォーマンスを達成するために重要な要素の1つである。しかし，共通の，あるいは，競技レベルに応じた固有の技術を獲得しようとすることばかりでなく，日々個人の身体の動き方を改善していることも技術トレーニングと言える。すなわち，フィールド競技や障害走のように，ある身体，もしくは用具の動かし方を身につけなければパフォーマンスが成立しない技術がある一方，短距離走や長距離走では，走る運動に技術を追求するため，走り方を習得するというより，ある目標とするスピードに到達できる，あるいは，あるスピードが持続できる身体の動き方をトレーニングすることが技術トレーニングである。もちろん，高度な陸上競技においては，いずれの種目においても技術の更新こそが技術トレーニングとなる。

　技術は，さまざまなトレーニングや運動を行うことで自然に改善することがある一方で，近代的な高度に発達した競技においては計画的に改善することが重要視される（渡辺，2017）。計画的に行うことで，多くの競技者が飛躍的に高い技術を身につけることができる。しかしながら，技術の発達過程は，誰もが同じ過程をたどるかはわからないため，画一的な技術トレーニング計画やトレーニング実践には注意が必要である。さらに，ある技術を習得したことであるパフォーマンスに到達したものの，より高いパフォーマンスをめざすためにはその技術を大きく変えなければ目標とするパフォーマンスに到達できない場合も生じると考えられる。長期の技術トレーニング計画を立

案もしくは構想することとともに，技術トレーニングの成果を評価して，その都度，目標とする技術および技術トレーニング計画の修正を行う柔軟性や冗長性も重要であろう。

　技術トレーニングは，目標とする技術をモデル化すること，現時点での技術を評価すること，そしてどのように技術を改善するかの計画を立てること，さらにトレーニング手段を選択，あるいは考案して，トレーニングを実践することである（**図3-6**：阿江・藤井，2002）。ここでは，走・跳・投運動における技術トレーニングを概観し，技術トレーニングの観点を整理して，今後の技術トレーニングの実践および分析・研究をうながすことをねらいとする。

2. 走種目の技術トレーニング

　走運動は，脚の動作により体幹を前方に運ぶ運動ととらえられる。身体を体幹と四肢に分けると，体幹は全身のおよそ50％の質量（重さ）がある。そのため，前方への移動に対して体幹の上下および左右への無駄な動きを最小限にすること，そして前方へ等速で進んでいる速度の増減を最小にすることが重要な課題になる。走種目の技術トレーニングの基本として姿勢の保持，いわゆる体幹トレーニングが重要視される。

　しかし，体幹，特に腕と脚がそれぞれ体幹に連結される肩と骨盤は固定されているわけではない。すなわち，肩と骨盤は腕や脚の動きを生み出すばかりでなく，それらそのものも大きく動く自由度がある。望ましい走スピードにおいて四肢の動きを生み出しつつ，体幹として安定した姿勢を維持することをめざすことが重要な技術トレーニングとなる。補強運動と呼ばれるものから，コアトレーニング，近年はファンクショナルトレーニン

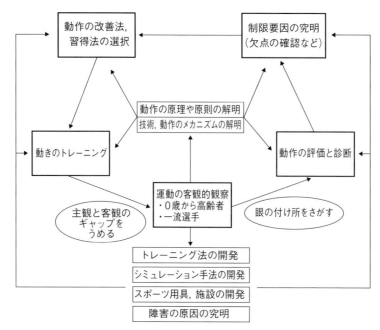

図3-6 ●技術の改善ループ （阿江・藤井，2002）

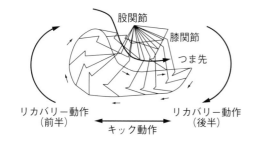

図3-7 ●疾走における足先の軌跡 （阿江ほか，1986より改変）
足先が1回転する時間の逆数（の2倍）がピッチ，足先のキック局面での速度が疾走スピードであり，速度をピッチで割るとストライドになる。これは足先の軌跡の距離と近似する。

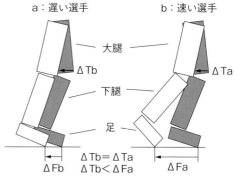

図3-8 ●効果的なキック動作のモデル （伊藤ほか，1998）

グと呼ばれる体幹，そして肩および股関節回りの動きや筋力を高めるトレーニングがそれにあたる。

　一方，実際の走スピードを生み出すためには脚が大きく，かつ速く地面を後方へキック（すなわち，前方から後方へ脚をスウィング）し（これをキック動作という），そして再びキックできるよう脚を前方に戻す動き（リカバリー動作という）を繰り返すことになる。自転車では，タイヤが大きく，かつ速く回転することでスピードが決まる

ことと同様に，走運動ではストライドとピッチがこれに相当する（**図3-7**）。

　ストライドを増大するために，脚を大きくスウィングする動きをトレーニングすることになる。スピードを上げるとストライドが増大するという側面もあるため，単純に脚のスウィングとストライドが関係するとは言えないが，動きのトレーニングとしてはバウンディング動作などが相当する。脚を大きくスウィングし，ピッチは遅いが大きな

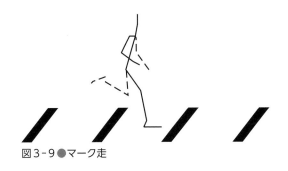

図3-9●マーク走

ストライドを獲得するようにつとめる。特にキック動作における膝関節の屈曲伸展動作がキックの効率を下げることが示唆されているため（**図3-8**；伊藤ほか，1998），膝関節の伸展を抑えて（ロックして）スウィングすることが推奨される。

　ピッチを高めるためには，ストライドを制限した環境で走るトレーニングがよく行われる。すなわち，ミニハードルやマーカーを，ある間隔に設置して（スピードに対して生じるストライドよりやや狭くするのが一般的であるが，トレーニングの目的によってはさらに狭く設置してより高いピッチを誘発する場合もある），そこを走り抜けるトレーニングである（**図3-9**）。マーク走などと呼ばれるが，近年は，踏んでも安全な平らなゴムバーを用いたり，ハードル部分が開閉可能なフレキハードルを用いて行われることが多い。ピッチを高めるためには，キック動作よりもむしろリカバリー動作における股関節のコンセントリックなパワーと膝関節のエキセントリックなパワーが重要となる（阿江ほか，1986）。すなわち，キック後の脚を後方スウィングから前方スウィングに切り替える動作（リカバリー前半），および前方スウィングから後方スウィングに切り替える動作（リカバリー後半）である。リカバリー前半では股関節屈筋群である大腰筋のはたらきが，後半では大臀筋に加えてハムストリングスが主働筋となる。これらの筋力トレーニングと組み合わせた技術トレーニングが望ましいと言えよう。

　ストライドとピッチの両方に影響を及ぼすキック時間（接地時間もしくは支持時間）は，これを短縮する強いキック動作が重視される場合がある。

キック動作において足関節が最も大きなパワーを発揮する（阿江ほか，1986）。そのため，足関節のパワーを高めるトレーニングがその場ジャンプ，あるいは台高からのジャンプ，さらには走動作において足関節のはたらきを強調したトレーニングが行われる。足のどの部位で接地するかは接地パターンとして評価され，より前足部で接地することでより強く，速いキックをめざす一方で，踵が下がる（踵が地面につく）動きが現れることでキックが弱くなるため，フラットな接地を推奨する場合も多い。いずれの場合もより短く，より強いキックをめざすために議論されるところである。

　脚の動きを改善するために，脚の動きを部分的に取り出して繰り返し修正もしくは矯正を試みるトレーニングを，ドリルと言う。有名なドリルは，「もも上げ」になる。もも上げの賛否が議論されることもあるが，どのような動きの競技者にどのドリルが必要となるかを検討することが重要である。すなわち，これさえやっておけば走動作が改善されるというドリルは存在せず，競技者に必要なドリルを選択し，望ましい動きを意識させることで効果的なドリルとなるであろう。

3. 跳躍種目の技術トレーニング

　跳躍運動は，（助走を活かして）身体を重力に抗して空中に投射する運動ととらえることができる（深代，1990）。身体を投射するための踏切動作は，鉛直方向もしくは水平方向にできる限り投射することを目的とし，踏切脚の伸展動作，さらにはポールを利用して行われる。踏切動作は，決められた場所で行わなければならず，さらに助走スピードが水平方向および鉛直方向への投射ともに大きく影響するため，跳躍種目のパフォーマンスには踏切動作のみならず助走の技術が大きく影響する。すなわち，適度な助走スピードを得て，適切な位置で，効果的な踏切動作を行えることが助走の役割となる（伊藤ほか，1994）。

　助走の技術トレーニングは，助走スピードを高めるとともに，踏切動作にスムーズにつながる走

動作が求められる。最大スピードを高めるとともに，努力度を落とした走スピードを高めることが同時に求められる（村木，1995）。また，努力度の調整，踏切に合うリズム，すなわち，踏切時間に近い接地時間での走動作もしくは踏切に近い動きでの走動作の習得が技術トレーニングとなる。

たとえば，棒高跳では，踏切時にポール末端をポールボックスに突っ込み，ポールを曲げ，ポールを立て，そしてポールにぶら下がる一連の踏切動作となるが，ポールを立てた状態から助走を始め，ポールを徐々に下げながら，ピッチを増大して，必要となる助走スピードを獲得しつつ，踏切に移行する（金高ほか，1994）。そのため，ポールを保持した助走動作，さらにはポールを下げながらピッチを増大することが助走技術となり，これを身につける技術トレーニングが必要となる。同様に，走幅跳や三段跳においても踏切に移行するための低い姿勢や後傾や腕の振り（ダブルアーム）など，踏切準備を行いながら助走スピードを維持できる技術が必要となり，これらを工夫して習得する必要がある。

踏切準備動作は，踏切におけるスピードの減少を抑え，身体の上昇を効果的に生み出すために行われる。助走における走動作は1歩1歩にスピードの減少と身体の上下動が生じている。中でも踏切において身体を大きく上昇させるためには，踏切接地時に下向きの速度が大きいとそれを受け止めてから上昇するための力積を獲得しなければならず，無駄な動きとなる。そのため，踏切において身体の下向きの速度を小さくするために，1歩前の離地において身体を低く保ち，かつ上方向への速度を抑えること，そして空中の時間を短くして踏切接地することが踏切準備の技術となる。走幅跳や三段跳では，1歩前でやや低くして踏切脚をすばやく接地させることで，低い状態のまま踏切に移行するとともに，身体の後傾を生み出し，身体の上昇へとつなげる（小山ほか，2010）。走高跳では曲走によって身体を内傾させ，踏切1歩前において内傾から後傾に移行して，踏切動作を行う（阿江ほか，2010）。走幅跳と走高跳の両方

の踏切準備において，共通して1歩前の支持脚膝関節の屈曲とその脚を踏切接地には前方へ引き出す動作の重要性が指摘されており，助走速度を活かすための共通性の高い踏切準備動作と言えよう。

一方，棒高跳では，踏切でポールに跳びつく（身体を上昇させる）よりも，スピードの減少を抑え，ポールに弾性エネルギーとして蓄えさせることが，ポール伸展局面における身体の上昇につながる。これらのように，効果的な踏切動作を行うための準備動作のトレーニングはきわめて重要となる。

踏切において身体を効果的に上昇するための技術トレーニングは，跳躍種目における本質的なトレーニングである。身体の水平速度から鉛直速度を生み出すための身体の効果的な使い方を身につけることである。基本的には，身体の助走スピードを無駄なく，すなわち矢状面において重心の軌跡を円運動させることでスピードの減速を生じさせず，鉛直速度へと変換することができる（**図3-10**）。

このような重心の軌跡を描くためには，踏切脚の屈曲と伸展，反対脚と両腕の振込動作，さらには体幹の姿勢の制御によってなし得ることができる。棒高跳においては，ポールが踏切脚の，身体

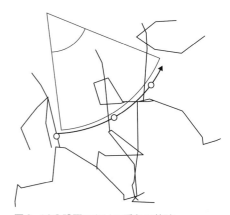

図3-10●跳躍における重心の軌跡
身体重心が水平から円軌道に近い軌跡で速度の大きさを増減せずに上向きに変えていくことが効果的な踏切動作と言える。

全体が振込動作の役割をしていると考えられる。しかし，これらの動作は身体重心の軌跡を円に近づけるばかりではなく，ポールではポール反力を高めること，踏切脚ではエキセントリックからコンセントリックへとすばやく切り替え，力学的エネルギーの吸収を抑え，大きくパワーを発揮することを可能とする。このときの踏切脚の屈曲・伸展動作を力強く，かつすばやく行える技術を身につけなければならない。これは体力トレーニングと重なるが，助走スピードを徐々に上げて踏切動作を行うこと，また跳躍角度を変えることで技術トレーニングとしての負荷を変えることができると考えられる。

　踏切動作の習得，改善において，広く用いられている技術トレーニングは，踏切動作の負荷を軽減するアシステッド法であろう（小山，2010）。踏切の負荷を軽減するために，踏切位置を助走面より高くすることで，負荷を軽減できる。この方法は専門的な用具を必要としないため取り組みやすい反面，踏切動作が実際の跳躍におけるそれと異なることが問題視される場合もある。助走を緩やかな下り，あるいは緩やかな上りで行うことによって，アシステッドおよびレジステッド法を実践することもできる。さらに，トーイングマシンを用いてより専門的にアシストを行うこともできる。追い風および向かい風で跳躍を行うことも技術トレーニングとも言える。

　跳躍種目では，技術の評価が記録のみでは，助走，踏切準備動作，踏切位置，踏切動作，空中動作など，どの局面のどの動作がよかった，あるいは悪かったかの分析が難しく，かつそれらが相互に関係しているため，一連の跳躍運動全体の感覚とコーチからの助言と踏切位置やバーとの接触あるいは砂場への着地位置などの客観的かつ部分的なフィードバックから，運動計画を修正し，新たな運動計画と感覚の再構築が必要となる。すなわち，跳躍種目では，競技者が理想とする跳躍試技全体をイメージして，イメージリハーサルをすることも重要な技術トレーニングと言える。

4．投てき種目の技術トレーニング

　投てき種目は，形状の異なる重量物を遠くまで投射することを競う競技であるが，準備動作は，サークル内のみの砲丸投，円盤投，ハンマー投と，直線助走を用いるやり投とでは大きく異なる。準備動作では，投てき物と競技者自身が勢いをつける（運動量を増大する）が，投動作においては投てき物のみの勢いを増大させ，競技者の勢いは大きく減少させなければならない。投てき距離は投げ出す投てき物の初期条件，すなわち投射高，投射角度，投射速度によってほぼ決まるため，これらを最適にするよう投動作を習得することが技術トレーニングと言える。

　サークル種目における準備動作は，種目によって大きく異なる。砲丸投では，砲丸を身体の近く，首の付け根あたりに保持したまま，グライドあるいは回転により勢いをつける。円盤投では，およそ一回転半のターンによって前方への移動とともに，回転により円盤のスピードを上昇させる。しかし，いずれも砲丸および円盤のスピードは投げ出し局面において大きく増大するものの，それまでの助走による身体の運動量が大きく影響すると指摘されている（宮西ほか，1998；Ohyama et al.，2008）。ハンマー投では最初の立ちスウィングにおいてハンマーの速度を上げて，その後，ターンごとに速度の増減を繰り返しつつ，速度を増大させてリリースする（梅垣ほか，2010）。やり投では，速い助走速度からスムーズに投げ出すことができるのであれば，速いほどやりの速度を上げることができる。スムーズに投動作に移行するために，助走速度を落とさずに，やりを大きく後方に引く，いわゆるクロスステップを用いる。これは実際には，やりを大きく後方に引いて速く走る動作であるとともに，投動作における投てき腕側の脚は腰を押し出す，反対脚は腰をストップする脚の使い方であるため，その役割を意識した走りでもある。投てき腕と反対脚のストップ（ブロック）は助走速度を止めるために大きな力が必

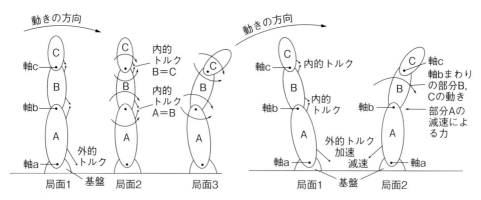

関節間のトルクは，腕をシステムとすると，内的トルクであると考えられる。投げにおけるスナップの強調などは，内的トルクによって運動連鎖を引き起こすものと考えられる。

外的トルクによる場合には，中心部の減速が末端部の加速を引き起こす要因となる。しかし，中心部の減速が大きすぎると，末端部の角速度が大きくても末端の絶対速度があまり大きくならない場合もある。

図3-11●投動作における運動連鎖　(阿江・藤井，2002)

要であるため，身体の下方への動きを止める力は小さいほうが望ましい。そのため，助走では腰の位置が低く，接地後の脚の屈曲が小さいほうがブロックをしやすい走りと言える。

　準備局面から投てき動作（主要局面）の切り替わり時点を一般的にパワーポジションと呼び，ここから投てき物の速度が飛躍的に増大する。そのため，パワーポジションの姿勢および投てき動作の習得が主要な技術課題となる。パワーポジションは，投てき物を加速できる，すなわち腕を強く，大きく，速く振る（突き出す）とともに，身体の勢いを止める姿勢である。投てき腕と反対の脚を身体の前方に，身体を止めるように踏み込む（突っ張る）ことで身体を止める（ブロックする）とともに，投てき物の加速を開始するきっかけとする。パワーポジションにおいて投てき物を身体に対してできる限り後方，あるいはリリースまでの距離を長く取れる位置に保持することが重要である。一方で，静的な状態（助走がない状態）において保持できる姿勢とは異なるため，常に準備動作（助走）とともにパワーポジションを習得することが望ましい。

　投てき動作は，投てき物を後方に残し（加速距離を確保し）つつ，投てき物を加速し始めるために，身体の中心部から大きな力を発揮することが重要となる。一般的に，このような末端を加速させる運動を運動連鎖と言う（阿江・藤井，2002）。運動連鎖を効果的に生じさせるためには，中心部分を減速させることで生じる場合と中心部分を加速させつつ，末端の加速を大きく生じさせることで，中心部分が止められる場合がある（**図3-11**；阿江・藤井，2002）。このような末端（投てき物）を後方に残しつつ，中心部を前方へ移動させ，大きく，強いしなりを生み出し，その感覚を身につけることが重要な技術トレーニングである。固定されたゴムチューブなどを引くこと，投てき物より重いあるいは軽いものを用いた投てき動作で意識して身につけることができる。

　投てきでは，技術の習熟においてコーチのアドバイスとともに，投てき物の飛び方がフィードバックになる。投距離ばかりではなく，投てき物の投射角，投射スピード，姿勢，および回転である。これらの情報が投動作の技術を反映しているため，競技者はこれらをフィードバックして投動作の習熟を進めることができる。

（榎本靖士）

第3節
戦術力のトレーニング

1. 戦術力トレーニングの目的

　競技会では，持ち記録のよい競技者が必ず勝利するとは限らず，たとえば記録で劣る競技者が巧みな戦術で上位競技者に勝利することがある。また，持ち記録が拮抗して大差がない状況では，戦術の差で勝敗が決まることもあれば，上位競技者が圧倒的な戦術でほかの競技者を寄せつけずに勝利することもある。このような戦術行動の背景には，その競技者が戦術を頭で知的に理解していることや，戦術行動を実行するために必要な体力や技術を身につけていることがあると予想される。つまり，戦術行動を実行するためのいわゆる戦術力は，競技者が有している体力，技術力，心的・知的能力の影響を受ける。したがって，トレーニングによって向上させた体力，技術力および心的・知的能力を，最終的に競技会での戦術行動として発現させるためには，同時に戦術力を向上させておくことが重要である。

2. 戦術力トレーニングの進め方

　戦術力トレーニングは，**図3-12**に示したような手順を循環させるサイクルにしたがって進める。まず，競技会に向けてどのような戦術を用いるかを考え（Plan：戦術の計画），次にトレーニングや実際の競技会で戦術を実行し（Do：戦術の実行），最後に戦術行動やトレーニングについての振り返りを行い（Review：戦術の振り返り），また次の計画へとつなげる。

（1）戦術の計画（Plan）

　ここでは，競技会の特徴（レベル，規模，重要度，ラウンド形式など）を考慮に入れながら，競技者の目標と現状とを照らし合わせ，具体的な戦術を考える。

①戦術モデルの構築

　陸上競技では，①よい順位をとること，②よい記録を出すことの2つが大きな目的であることから，これらを達成するための戦術モデルを考える。具体的な観点としては，**図3-13**に示したように，

図3-12●戦術力のトレーニングサイクル

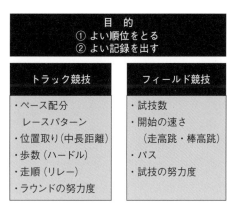

図3-13●目的に応じた戦術モデルを考える際に考慮する観点

トラック競技ではペース配分やレースパターン，中長距離走における集団の中での位置取り（ポジショニング），400mHにおけるハードル間の歩数，リレーの走順，ラウンドごとの走り方などが，フィールド競技では試技数，走高跳・棒高跳における試技開始の高さ，パス，試技ごとの努力度などが挙げられる。

②戦術の変更と維持

フィールド競技における失敗試技など，ねらいとは異なる結果となってしまった場合に，次の試技に向けて戦術の変更を施すことがある。また，トラック競技ではラウンドごとに競走する相手が変わるので，それに応じて戦術の変更がなされる。戦術を変更する際には，あらかじめ複数の戦術モデルを準備しておき，状況に応じて別のモデルを選択する。逆に，競技者の調子がよく，戦術がうまくいっている場合には，変更せずそのまま維持するという場合もある。

③戦術の改良と創造

計画した戦術モデルによって目的（よい順位や記録）が達成された際には，目標の更新とともに戦術モデルの改良がなされる。つまり，これまでのモデルのある部分に手を加え，新たなモデルへと改良していく。また，改良するだけでなく，これまでにない新しいモデルをつくり，それを目標にトレーニングを行うこともある。

（2）戦術の実行（Do）

ここでは構築された戦術モデルを目標にトレーニングを行い，実際の競技会で戦術を実行する。

①認識と反復

運動は，その全体像を理解する「認識の段階」，フィーバック（後述）を手がかりに運動の修正を繰り返し安定してできるようになる「定着の段階」，特に意識しなくても自動的に遂行できるようになる「自動化の段階」を経て学習がすすんでいく（杉原，2008）。したがって戦術トレーニングでは，まず競技者が戦術モデルを正しく理解（知的に認識）することが重要である。そして，トレーニングでは戦術行動を繰り返し反復しなが

ら戦術を定着させていく。

②演習と実戦

トレーニングには，実際の競技場面を想定した模擬的条件下でトレーニングを行う演習と，実際に競技会に出場する実戦がある。演習は，トラック競技であれば実際のレースのペース配分で走ることや，フィールド競技であれば試技数を規定または制限して跳躍や投てきを行うことなどが例として挙げられる。一方，実戦は，競技会それ自体を戦術力トレーニングの場とするものである。競技者はトレーニングだけでなく，実際の競技会で経験を積むことで戦術的に成熟していく。したがって，いろいろな相手とさまざまな条件下で行われる競技会に多く参加することが，戦術力の向上に効果的である（ケルン，1998）。

（3）戦術の振り返り（Review）

ここでは競技者の戦術行動の評価とフィードバックを行う。実際のトレーニングの場面では，競技者の戦術行動に対して即時的または遅延的フィードバックが行われ，それをふまえたトレーニングが反復して行われることから，DoとReviewを行き来する作業が行われることになる（**図3-12**）。

①戦術行動の評価

評価とは，ある基準にもとづいて行われるものであることから，何を基準に用いるのかが重要である。戦術行動を評価する際には構築した戦術モデルを基準にし，それに対して実際に行われた戦術行動の良し悪しやできばえを評価する。戦術行動の評価には，トラック競技における通過タイムによるペース配分の評価のような定量的な評価や，トレーニングや競技中の動画の観察から戦術行動を定性的に評価する方法がある。

②フィードバック

上述のように，戦術は反復することでその定着が図られるが，単純な反復だけでは戦術を定着させることはできない。戦術の実行とともに，実行した戦術を情報として取り入れ，それを次の戦術行動を修正する手がかりとして利用できるようフィードバックを行い，それを繰り返すことが重要

である（杉原，2008）。フィールド競技では，試技間に競技者とコーチが直接コミュニケーションを取ることができるため，競技中にフィードバックを行うことが可能である。一方，トラック競技ではラウンド間にフィードバックを行い，次のラウンドへ向けた準備を行う。

3. トラック競技における戦術力トレーニング

　ここでは，800m走を例にトラック競技の戦術力トレーニングについて考える。

(1) 800m走の戦術モデル

　図3-14は，男子800mの世界記録（1分40秒91）と日本記録（1分45秒75）のレースパターン（左図）と，世界選手権4大会（2007，2009，2011，2013年）のレースパターン（右図）を比較したものである。レースパターンとは，レース中の走スピードの変化パターンを意味する。パターンを概観すると，世界記録および日本記録のパターン（左）は，世界記録では400〜600mで走スピードの増大が見られるものの，全体的にはスタートからフィニッシュにかけて緩やかに減速していくような「への字型」を描いており，世界選手権優勝者たち（右）と比べて走スピードの増減が小さいことが特徴である。一方，世界選手権優勝者たちのパターン（右）は，前半400mでは，スタートで加速した後に一度大きく減速している。

そして，前半400mの走スピードが小さいスローペースの場合（2007，2009年）には後半400mの増大が大きく，逆に前半ハイペースの場合（2011，2013年）には後半の増大はやや小さい。

　このように，前半がスローペースとハイペースによって後半の走スピードの上がり方の程度は変わるが，いずれにせよレース序盤で発揮された走スピードが中盤で1度大きく低下し，フィニッシュにかけて増加していくような「V字型」のパターンを描いている。したがって，800m走においては，よい記録をねらう場合には「への字型」，順位をねらう場合には「V字型」のレースパターンを基本的な戦術モデルとして考える。

(2) 800m走の戦術力トレーニングの実際

①よい記録をねらう場合

　ここでは，男子800mの前日本記録保持者で2012年ロンドンオリンピックに出場した横田真人氏が，800m走の平均レースパターン（門野ほか，2008）をもとに構築した戦術モデルを目標に，レースパターンの改善による記録向上に取り組んだ事例（門野，2015）を紹介する。

　横田氏は，2006年日本選手権において1分48秒42の自己新記録で優勝し，翌2007年には地元開催枠で世界選手権に出場している。そこでは1分47秒16の自己新記録（当時のオリンピック参加標準記録B突破）を出すも，予選落ちという結果で

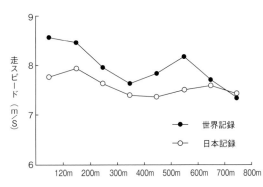
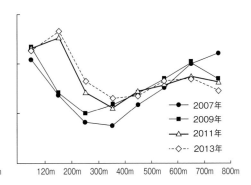

図3-14●男子800m 世界記録および日本記録のレースパターン（左）と
世界選手権優勝者のレースパターン（右）

あった。

　図3-15は，横田氏のレースパターンの変遷を示したものであり，上段は2006年日本選手権および2007年世界選手権のパターンを示したものである。いずれのレースも序盤の走スピードが大きく，中盤で一度大きく減速して終盤で再び増大する「V字型」のパターンであった。横田氏は世界選手権を機に，2007年当時の日本記録（1分46秒18）の更新と国際大会出場を視野に入れ，門野ほか（2008）の平均レースパターンのデータをもとに作成したモデルをもとに，レースパターンの改善に取り組み始めた。具体的には，当時の日本記録および世界選手権参加標準記録を上回る1分46秒0を目標タイムに設定し，それを達成するためのモデルレースパターンを作成した。そして，実際に横田氏が走ったレースのパターンとモデルとを比較し，レースパターンの修正点をフィードバックし，改善を試みた。

　図3-15中段は，1分46秒0のモデルと，2007年世界選手権，2008年秋のレース（1分48秒20）のパターンを示したものである。モデルと2007年世界選手権を比較すると，200～500mのレース中盤でモデルを大きく下回っていることがわかる。この分析と評価から，レース中盤で大きく減速しないことが課題であると考えられた。これをふまえ，2008年秋ではタイムは2007年より劣るが，パターンはそれまでと大きく異なり，課題としていたレース中盤の大きな減速はなくなり，全体的なパターンもモデルに近づくように改善されていた。

　図3-15下段は，モデルと2009年の春，日本選手権，秋のパターンを示したものである。2009年春では，序盤および終盤はモデルに近いが中盤の差が大きく，中盤の走スピード維持が課題であると考えられた。これをふまえ，日本選手権ではレース終盤で大きく減速したものの，中盤まではモデルと同じパターンでレースを進めることができ，課題が改善されていた。そして，さらに2009年秋ではそれまでの中で最もモデルに近いパターンに改善され，1分46秒16の日本新記録をマークすることができた。

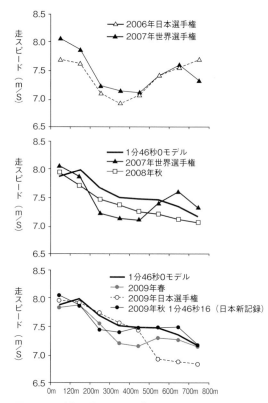

図3-15●横田氏のレースパターンの変遷

　このように，横田氏は実際のレースパターンとモデルとの比較によってレースパターンを評価し（Review），そこから具体的な課題を明らかにし（Plan），トレーニングやレースに反映させることでレースパターンが改善され（Do），目標タイムを達成することができた。

②よい順位をねらう場合

　先に述べたように，800m走でよい順位をねらう場合には「V字型」のレースパターンを基本的な戦術モデルとして考えるが，同時に以下の4つの点に留意する。

　1点目はペース配分で，具体的には前半がスローペースの場合とハイペースの場合の2つのパターンを想定したモデルを考える。

　2点目はラストスパートである。レースパターンが「V字型」になるということは，レース終盤で走スピードが増大するいわゆるラストスパートが見られることを意味するので，ラストスパート

を想定した準備やトレーニングが必要となる。

　3点目は集団の中での位置取り（ポジショニング）である。短距離走とは異なり，中長距離走ではオープンレーンで競走が行われるので，位置取りが順位に大きく影響を及ぼす。したがって，ペース変化だけでなく，レースのどの局面で集団のどの位置を走るべきか（あるいは走らないようにすべきか）を考えておく必要がある。

　4点目はラウンドの努力度で，これは中長距離種目に限らず短距離種目を含めたすべてのトラック競技において重要である。ラウンドの努力度はスタートリスト（レベル，組，レーン）の影響を強く受ける。同組内でランキング上位の競技者であれば，努力度を抑え，次のラウンドに余力を残すような戦術をとることができる。一方でランキング下位の競技者はベストやそれに近い走りをしなければいけないので，競技会に向けたコンディショニングや当日のウォームアップを工夫し，予選からベストの走りができるよう工夫する必要がある。さらに，ラウンドの通過方式も重要で，何着までにフィニッシュすれば自動的に次のラウンドへ進出することができるのか，さらに記録順で何名が追加されるのかによっても努力度は影響を受ける。

　図3-14に示したように，レース中の走スピードは常に一定ではなく，時々刻々と変化しており，特に中長距離種目においてはその様相が多岐にわたる。このことをふまえると，中長距離走のトレーニングにおいて，目標タイムを決めてただそれをめざして全力または一定ペースで走るだけでは，戦術力の向上にはつながらない。ペースに変化をつけて走ることやラストスパートを意識して走ること，複数人で集団を形成してさまざまな位置取りの中で走ることなど，実際のレースの状況を想定した演習形式のトレーニングを行うことが必要である。

　競技会では，当日の競技者のコンディション，グラウンドコンディション（天候，気温，湿度，風），タイムテーブルなどを考慮に入れ，最終的な戦術モデルを決定してレースにのぞむ。トラッ

図3-16●レース後のビデオ映像を用いた
フィードバックの様子

ク競技では，ラウンド間にフィードバックを行い，次のラウンドへ向け必要に応じてモデルの変更を行う。フィードバックの際には，コーチの主観的なフィードバックのみにとどまらないように注意する。そのためには，ビデオカメラなどでレースの映像を記録しておき，レース後に競技者にそれを見せ，競技者の主観とすりあわせながら戦術行動の振り返りを行うことが重要である（図3-16）。

4. フィールド競技における戦術力トレーニング

　ここでは，フィールド競技において「よい順位をとる」ことを目的とした場合の戦術力トレーニングについて，高さを競う走高跳・棒高跳と，それ以外の種目に分けて考える。

(1) フィールド競技の戦術モデル

①走高跳と棒高跳

　「高さ」を競う走高跳と棒高跳では，2人以上の競技者が最後に越えた高さが同じであったとき，試技数が最も少なかった者が勝者となる。また，それでも条件が同じであった場合は，最後に越えた高さを含むそれまでのすべての試技のうち，無効試技が最も少なかった者が勝者となる。したがって，走高跳と棒高跳においてよい順位をねらう場合には，より高い高さを成功させることに加えて，できる限り無効試技数を少なくすることも重要である。走高跳と棒高跳では，大きく以下の2点を考慮に入れて戦術モデルが構築される。

　1点目は，パスの有効利用である。たとえば，ある高さの1回目の試技を失敗した際に，無効試技の累積を避けるためにその高さの試技をパスし，次の高さに挑戦することがある。また，優勝を争う状況になったとき，みずからが失敗して別の選手が成功した際に，無効試技の累積を避けてその高さの試技をパスし，次の高さでの勝負を選択することがある。これらの戦術は，無効試技を少なくするという点で有効であるが，一方で次の高さを失敗するリスクも同時に背負うことになる。

　2点目は，試技開始の高さである。走高跳では持ち記録の5〜15cm，棒高跳では20〜50cm下の高さから試技を開始することが一般的で，そこに当日の競技者のコンディション，ラウンド，総試技数（筆者の調査で両種目とも平均7±2回），バーの上がり方などを考慮に入れながら決定する。ランキング上位の競技者であれば，低い高さを利用しながらより高い高さに向けてコンディションを上げていくような戦術をとることができる。一方でランキング下位の競技者にとっては，持ち記録と競技開始の高さが近いので，最初からベストの跳躍をしなければいけない。その場合には，ウォームアップや練習試技を有効に利用し，最初の高さからベストの跳躍ができるような戦術をとる必要がある。

②走幅跳，三段跳と投てき種目

　到達距離の「長さ」を競うという点で本質的に類似しているこれらの種目では，大きく以下の2つの戦術モデルが構築される。

　1つ目は，1回目の試技からベストパフォーマンスをねらうという戦術モデルである。これは，ランキング下位の競技者で，3回以内によい記録（例えば自己ベスト記録など）を出さなければ上位8名に入ることが難しい状況に用いられる。また，予選と決勝にラウンドが分かれて実施される場合に，予選3回の試技で通過記録を突破しなけ

ればいけない状況にも用いられる。そのほか，ランキング上位の競技者がほかの競技者より先に好記録を出すことで，先手を取って心的プレッシャーを与え，競技を優位に進めていくことをねらう場合などにも用いられる。

　2つ目は，まず3回目の試技までは無効試技などのリスクを避け，確実に上位8名に入る記録を残しておき，4回目以降の試技において勝負を仕掛けるという戦術モデルである。このモデルは，ランキング上位の競技者が用いることのできる戦術モデルである。

(2) フィールド競技のトレーニングと競技会の戦略的な進め方

　上述の戦術モデルを目標にトレーニングや競技会での試技を行う際には，以下の点に留意する。

　トレーニング段階においては，よい記録を出したときと，そうでないとき，また成功試技と失敗試技の動作の特徴や傾向を把握しておくことである。そしてよい記録や成功試技を導き出すための技術的ポイントとその重要度や優先度，有効なフィードバックについて，競技者とコーチの間で整理し，共通理解しておくことである。

　次に競技会の前段階においては，当日の競技者のコンディション，グラウンドコンディション（天候，気温，湿度，風），タイムテーブル，スタートリスト（競技会のレベル，人数，試技順，開始の高さとバーの上がり方）などを考慮に入れて，最終的な戦術モデルを決定する。競技中においては，あらかじめ決定した戦術モデルにもとづき，ウォームアップや練習試技，本番試技を開始する。そして試技間において，トレーニング段階で整理，準備した事項にもとづき，有効なフィードバックを行いながら動作の修正を試みていく。

（門野洋介）

1. 体力の定義

　体力の定義は，さまざまな表現によって定義されているが，尾縣（2017）は「人間が様々な活動を行っていくために身体を動かす力」とし，身体的要素と精神的要素に分け，身体的要素について，身を守り健康に生きていくための防衛体力と，積極的に身体を動かすための行動体力とに分類している（**図3-17**）。

　競技者に求められる体力は，主として行動体力であり，運動の発現に必要な筋力および瞬発力（パワー），運動の持続に必要な筋持久力および全身持久力，運動の調節に必要な平衡性，敏捷性，巧緻性，柔軟性から構成されている。体力のトレーニングを考える場合，厳密に言えば，これらの体力を規定する諸要因を考慮して実施する必要があるが，陸上競技はすべてが連続運動（球技の場合は間欠運動が多い）であり，種目によって運動時間もほぼ限定できることから，以下の2つの観点から体力のトレーニングを考えると整理がしやすい。その1つは筋の出力特性であり，ほかの1つはエネルギー供給機構である。

(1) 筋の出力特性

　あらゆる運動は筋収縮による出力（筋力）によって発現するため，その出力特性を理解することは陸上競技すべての種目において必要不可欠である。筋の出力特性に関わる筋・腱の構造と機能，および筋と腱との相互作用の詳細については第2章第3節を参照されたい。ここでは，筋の収縮様式と力—速度関係について説明したい。筋力の絶対値は，筋量，筋線維組成，運動単位の動因などに影響を受けることが知られているが，筋の収縮様式によっても筋力の大きさが変化する。つまり，筋がある長さを変えないで収縮する場合（等尺性収縮：Isometric contraction，ISO），長さを短くしながら収縮する場合（短縮性収縮：Concentric contraction，CON），収縮しながら強制的に引き伸ばされる場合（伸長性収縮：Eccentric contraction，ECC）を考えると，筋力の大きさは ECC > ISO > CON の順となる。さらに，筋には力—速度関係が存在し，筋の収縮速度が0，つまり ISO の大きさを基準にすると，CON での短縮速度が高くなればなるほど出力が低下し，反対に ECC での伸長速度が高くなればなるほど出力が増加する（速すぎると破断するリスクが高まる）という特性を有している（**図3-18**）。

　したがって，各種目においてはどの筋収縮パターンか，どの速度域での出力が要求されるのかを十分に理解してトレーニングを進める必要がある。なお，これらの筋の出力特性は，腱との相互作用と密接に関わっているため，実際の運動においては筋腱複合体（Muscle-Tendon Complex：MTC）としての出力としてとらえる必要がある（p.31参照）。しかし，運動様式，強度，部位，MTC の形態（筋と腱との割合など）の影響については十分に解明されているとは言えないため，

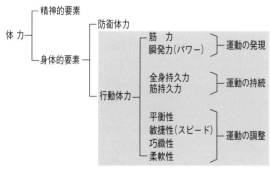

図3-17●体力の構造　（尾縣，2017）

今後の知見に注視していく必要がある。

(2) エネルギー供給機構

筋収縮を可能にする化学エネルギーを供給する機構の生理学的メカニズムについては，詳細が第2章第3節に説明されている。ここでは，エネルギー供給の主な機構である ATP-PCr 系，解糖（LA）系および酸化（O_2）系と運動時間との対応関係について説明する。

図3-19に，運動時間に対する各エネルギー供給機構の貢献を示した。つまり，10秒以内の運動であれば ATP-PCr 系，60秒以内の運動であれば解糖系，10分以上の運動であれば酸化系が，それぞれ主要なエネルギー供給機構となる。ただし，**図3-19**からもわかるように，それぞれの主要なエネルギー供給機構が単独で作用するのではなく，運動時間が長くなるにつれて，それぞれの系の貢献度が変化していくという解釈が正しく，たとえば10秒以内の運動であっても酸化系がまったく関与しないわけではない。

以上のことを考慮して，各種目における体力トレーニングを考えると，運動時間が短ければ短いほど，エネルギー供給機構よりも筋の出力特性に対するトレーニング課題が優先され，長ければ長いほど，筋の出力特性よりもエネルギー供給機構（解糖系，酸化系）に対するトレーニング課題が優先されるものと考えられる（**図3-20**）。そこで，以下にはこの**図3-20**の考え方をもとにして，各種目における体力トレーニングのあり方について述べていくこととする。

2. 走種目における 体力トレーニング

走種目は，いずれの距離であっても自体重を下肢の筋力を用いて移動させる運動であることから，ベースとして下肢の体重あたりの筋力が高いことが要求される。また，エネルギー供給機構からみた体力では，運動時間から ATP-PCr 系が主となるのは100m，解糖系が主となるのは400m，酸化系が主となるのは長距離種目であるため，ここで

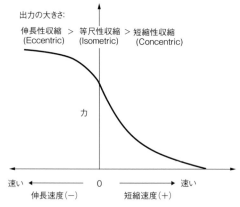

図3-18●筋の力－速度関係

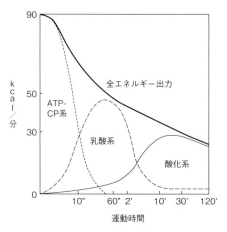

図3-19●運動時間に対するエネルギー供給 機構の貢献 （宮村・矢部，1986）

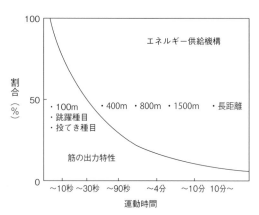

図3-20●各種目のトレーニングにおける考慮すべき 要因の概念図

は100m, 400m, 長距離を主に取り上げることと
する。なお, 200m, 800m, 1500mについては,
200mでは100mと400m, 800mでは400mと長距
離のより400m寄り, 1500mは400mと長距離の
より長距離寄りの各要因を折衷した考え方のト
レーニングが必要であると考えられる。

(1) 100m

100mは10秒前後の運動時間であることから,
主にATP-PCr系の貢献が高く, 最大努力での連
続運動となるため, 筋の出力特性を重要視すべき
である。なお, 筋力の向上を図ることにより, 筋
量が増えATP-PCr系のエネルギー供給能力も同
時に高まると考えてもよいであろう。

100mの走速度における時系列変化パターンは,
スタートから30m付近まで急激に加速し(1次
加速), その後, 60m付近まで緩やかに加速(2
次加速)して最大速度に達した後, ゴールに向け
て減速するパターンを示す(**図3-21**)。そして,
100mタイムと最も相関関係が強いのが, 1次加
速やレース後半における減速の抑制ではなく, 最
大速度であることが報告されている(**図3-22**)。
ここで, **図3-18**に示した筋の力—速度関係と
100mの走速度変化パターンとを対応させると,
スタートから一次加速は, 静止状態から運動速度
が比較的遅い状態であるため, 筋の出力が確保さ
れ大きく加速ができる段階, 二次加速は速度が高
まってくるため大きな出力が徐々に困難になり大
きな加速ができない段階, 最大速度時は接地時間
がより短くなることから, その短時間に要求され
る出力が満たせなくなった段階であり, その後は,
それ以上加速することができず, 疲労の影響も相
まって減速していくと考えられる。

このように各局面に要求される出力を理解して,
トレーニングの方向性を決定していく必要がある
が, なかでも100mのタイムに最も重要な最大速
度に要求されるのは, より高速度域での筋力(以
下,「スピード筋力」と呼ぶ)の確保である。し
たがって, ここでは特にスピード筋力に対するト
レーニングアプローチについて考えてみたい。通

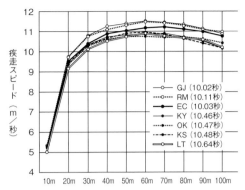

図3-21●男子100mのスピード変化 （安井, 2018）

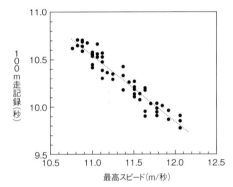

**図3-22●男子100mの最高スピードと100m
走記録との関係** （小林, 2001より一
部改変）

常のスプリントトレーニングを考えると, スター
ティングブロックからのダッシュ, 坂ダッシュ,
負荷走(タイヤ引き), 砂場走などは, すべて低
速度域での出力が要求されるため, 高速度域に対
するアプローチとしては十分でない可能性が高い。
また, 高速度域でのトレーニングとして加速走な
どを行うことが多いが, トレーニング場面におい
ては走速度がレース速度より高い, あるいは同等
まで高めることは困難であるため, これも過負荷
の原則からすれば, 高速度域のトレーニング負荷
としては十分でない可能性がある。このような観
点から注目されるのが, アシステッドトレーニン
グである。重力を利用する坂下り走, あるいは牽
引装置を用いた牽引走は, わずかな時間でも超最
大速度を実現することによって, スプリント走に
おけるスピード筋力の向上をうながすものと考え

られる。また，テレビ番組で行われる大型扇風機を後方から当て続けて走るような試みは，競技者の疾走フォームを維持した状態でのスピード筋力の向上に対して合理的であると考えられる。また，スピード筋力の向上には，必ずしも最大筋力を前提としないことから，低出力で速い運動速度を得るトレーニング手段も有効であると考えられる。たとえば，ラダートレーニング，ミニハードルの連続越え，あるいは自転車（パワーマックス）の空漕ぎなど，速い運動速度を求めることは，神経－筋システムに対する負荷となり，スピード筋力の向上につながるものと考えられる。ただし，スピード筋力の養成は，ケガのリスクを高めることにもつながるため，時期，強度，量を考慮し，適切に実施することが必要である。

(2) 400m

400m のレースパターンを見ると，80m付近で最大速度になり，その後徐々に減速しながらゴールするパターンを示す（図3-23）。広範な競技レベルで見れば，トップレベルの競技者ほど最大速度が高いことから，400m においても前述した100m におけるスピード筋力に対するアプローチが必要不可欠である。ただし，トップレベルのみに着目すると，最大速度の高い前半型，あるいは速度低下を抑える後半型によって，勝敗を分けることが確認されている（尾縣ほか，2000）ことから，以下に示すエネルギー供給機構に対するアプローチも同様に重要となる。

400m は，40〜50秒程度の連続運動であることから，解糖系のエネルギー供給の貢献がきわめて高い種目であると考えられる。したがって，主なトレーニングの方向性は，この解糖系のエネルギー供給能力を高めることにある。そのためには，高強度連続運動によって，いかに多くのグリコーゲンを消費し，エネルギーを産生させ続けられるかという負荷をかける必要がある。なお，50秒程度の連続運動ではグリコーゲンが枯渇することはないと考えられているため，惜しむことなく消費させることを考えてよい。これらのことに過負荷

の原則を考慮すると，450〜500m 全力走，あるいは40〜60秒程度の全力ペダリングが有効な手段であると考えられる。このとき，初期段階で主に貢献するエネルギー供給がATP-PCr系から解糖系へと移行するため，運動の中盤から後半には筋内に乳酸が蓄積され，筋の pH が酸性に傾くことで，筋収縮がしづらくなり，いわゆる「けつ割れ」が生じる。この「けつ割れ」状態に陥っても，運動を継続させようとすることにより，より解糖系への負荷が高まり，この系でのエネルギー産生能力の向上が望めると考えられる。なお，400m のレース速度を想定した200＋200あるいは300＋100のようなインターバル（30秒程度の休息を挟む）走が実施されることも多い。このインターバル走は，間に休息を入れることによって，ATP-PCr系の回復が行われ，後半の距離をより速く走れるようになるが，解糖系に対する負荷を減らしてしまう可能性が考えられる。

一方，400m においては解糖系によって乳酸を蓄積しながら運動するだけでなく，蓄積される乳酸を除去（緩衝）しながら運動を継続させるという考え方もある。この乳酸を緩衝する能力，すなわち重炭酸系緩衝能力は，筋の毛細血管量や換気量の多少に影響されると言われている（Maemura et al., 2004）。先にあげたインターバル走においては，休息を挟むことによって，換気量が増大するため，この重炭酸緩衝能力を高めるためには有

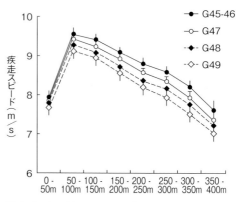

図3-23●男子400m のスピード変化
（山元，2014より一部改変）

用であるとも解釈できる。また，乳酸を除去する経路は，酸化系にもあることから，低速度の長距離走，自転車漕ぎ，あるいは水泳などの長時間運動によって，酸化系の能力を向上させる必要もある。

以上のことから400mにおいては，筋の出力特性，解糖系エネルギー供給，酸化系エネルギー供給に対するトレーニングを，個人の特性（前半型，後半型など）と関連づけて，実施していくことが重要であると考えられる。

(3) 長距離

5000m以上の長距離レースにおいては，レース中に走速度の大きな増減が見られることが多く，前半より後半の速度が高くなることも珍しくない。このことは，スタート直後から速度のコントロールを行っている（全力疾走ではない）ことを示しており，短距離のような大きな出力を要求されないことは指摘するまでもない。したがって，筋の出力特性よりは，エネルギー供給機構に対するアプローチをより優先して考えるべきであろう。

長距離は，運動時間が10分以上であるため，酸化系のエネルギー供給が最も貢献する運動である。酸化系は，酸素を利用してエネルギーを再合成する機構であるため，トレーニングの方向性は，酸素を身体に循環させるための呼吸機能（肺胞毛細

血管量，換気量など），循環機能（一回拍出量，心拍数など）および筋機能（筋毛細血管量，ミトコンドリアの含有量など）の向上である。呼吸循環機能を高めるためのトレーニングには，非常に多くの手段が実施されているが，代表的なものとして長い距離をゆっくり30分以上走るLSD（Long Slow Distance）や，LTペース（乳酸の蓄積をさせないペース）での長距離走が挙げられる。これらは運動強度が低いため，筋の毛細血管量やミトコンドリア量を増加させたり，脂質代謝を促進させたりするのに有効であると考えられる。また，5〜10分程度でオールアウトに至るような運動強度でのランニングに短い休息時間を挟んで反復する，高強度インターバルトレーニングも頻繁に行われる。これは，運動中により多くの酸素を大量に筋に送り込んだり，インターバル中は換気量を増したりすることから，呼吸機能および循環機能の向上が期待できると考えられる。

また，実際のレース中を想定して，長時間ランニング中にレースペース以上の速度を入れたり，落としたりすることで，高速度では解糖系に対する負荷，低速度では増加した乳酸をよりすばやく緩衝する酸化系に対する負荷をかけることつながると考えられる。ただし，これまで全身持久力の指標の1つとされてきた最大酸素摂取量（VO_2max）について，鍋倉（2014）は最大酸素摂取量とマラ

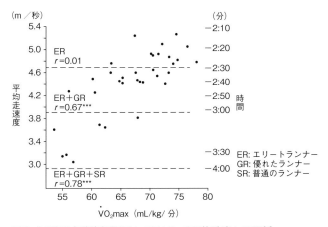

図3-24●最大酸素摂取量とマラソンの平均速度との関係
（鍋倉，2014より一部改変）

ソンの平均速度との間には有意な正の相関関係が認められるが，より高いレベルの競技者のみを見ると，相関関係がなくなることを示している（**図3-24**）。このことは，高い競技レベルの中では，全身持久力はほぼ同水準で高く，競技成績はほかの要因によって決定されていると解釈できる。高い競技レベルのケニア人と日本人とを比較すると，一定速度での酸素摂取量がケニア人のほうが低い，つまりケニア人は効率よく走行していることが明らかになっている（Enomoto et al., 2011）。

　ここで効率のよい走行を考えると，脚の伸び縮みが大きいほど，エネルギー消費は多くなるため，身体重心の上下動を抑えるような脚の動きが求められる。その際，脚の筋力が弱ければ，接地時に受け止めるべき運動エネルギーを脚を大きく曲げ，時間をかけて吸収しなければならず，おのずと上下動が大きくなってしまう。したがって，いくら「重心の上下動を抑えて走れ」と指導したところで，それを可能にする筋の出力が確保されなければ，そもそも上下動を抑えて走ることはできないのである。したがって，**図3-20**には長距離ほど，エネルギー供給機構に対するトレーニングの割合が高いと表現したが，より高いレベルになるほど，より高い走速度を出せるスピード筋力の向上が求められるのではないかと考えられる。もちろん，長距離競技者に多くの筋力トレーニングを課することによって，筋量が過多となり，パフォーマンスを低下させる可能性も考えられる。しかし，全身持久力を確保しながら，筋力の向上を図ることが，長距離パフォーマンスのさらなる向上につながるのではないだろうか。

3. 跳躍種目における体力トレーニング

　跳躍種目は，いずれも自体重を下肢の筋力を用いて移動する運動である（棒高跳のみ上半身の運動が含まれる）ことから，下肢の体重あたりの筋力が高いことが要求される。また，跳躍種目の運動時間から考えると，エネルギー供給機構は主にATP-PCr系であるため，筋の出力特性をより重

要視すべきであると考えられる。以下には，競技特性を考慮して，走幅跳および三段跳を水平跳躍種目とし，走高跳および棒高跳びに分けて体力トレーニングを考えてみたい。

(1) 水平跳躍種目

　水平跳躍種目においては，広範な記録水準の中でみれば助走速度と跳躍距離との間に高い正の相関関係が認められ，男子トップレベルでは最高スピードが10m/sを大きく超えている（**図3-25**）ことから，パフォーマンス向上のためには疾走速度の向上が必要不可欠である。したがって，筋の出力特性に対するトレーニングについては100mとほぼ同じ課題であるといってよい。加えて，水平跳躍種目において考えるべき課題は，踏切における出力の大きさであろう。水平跳躍種目の踏切時には，およそ0.13〜0.15秒程度の時間で，接地時に生じる体重の10倍にも達する衝撃力を受け止めた後に，体重の4倍程度の力を発揮する必要がある（深代，1990）。踏切脚の動作に着目すると，脚全体は後方スウィングしながら，わずかに屈曲した後に伸展しており，この際，脚の主動筋はECCからCONの収縮パターン，すなわち伸長―短縮サイクル（SSC）を強調することで，その要求に応えていると言える。ここで重要になるのが，ECCで発揮される出力の大きさである。なぜなら，ECCの能力が高ければ高いほど，より大きな衝撃力を受け止め，より高い出力のままCONへと移行できるため，速い助走速度に負ける（つぶれる）ことなく，跳躍が可能になると考えられるからである。すでに有効なトレーニング法として根づいているプライオメトリクスは，このSSCをより強調した方法であるため，いかに下肢筋群に対してECCに対する負荷（伸長負荷）を効果的にかけるかを考えて，積極的に実施することが望まれる。

(2) 走高跳

　走高跳における助走は7〜8m/sであるため，100mのような最高速度を高めるアプローチは必

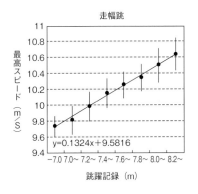
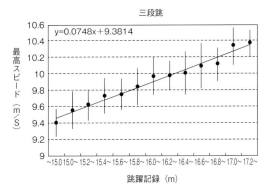

図3-25●男子走幅跳および三段跳と助走における最高スピードとの関係　（小山宏之氏の未発表資料）

要ではないかもしれない。走高跳において考えるべき課題は，上方への踏切時における出力の向上であろう。走高跳における一般的な踏切動作の考え方は，助走を利用した内後傾姿勢から，踏切脚を1本の棒のようにして，突き刺すように接地することで生じる，身体の起こし回転を利用して上方へ跳び上がるというものである。この際，踏切脚は完全な棒にはならず，およそ20度前後屈曲した後に伸展する動作を行う（飯干ほか，1994）ため，この際の脚の主動筋はきわめて強いECCの出力を行っていると解釈できる。この屈曲量は，水平跳躍種目における屈曲量より大きい。したがって，走高跳においては水平跳躍種目よりも下肢筋群におけるECC能力を高めることが必要であると言えるのかもしれない。

　したがって，走高跳においても水平跳躍種目と同様に強い伸長負荷をかけるトレーニングを積極的に行う必要性が考えられる。なお，走高跳においては，筋力トレーニングによる筋量の増加が重りとなって跳躍にマイナスに作用するという考え方から，いわゆる「筋トレ」を避ける傾向があるのかもしれない。しかし，絶対的な筋力がなければ，自重を適切にコントロールすることは困難である。主にEECを高める「筋トレ」は，休息時間を十分にとりながら，より爆発的，集中的に実施することから，筋量を増やすことにはそれほど影響はないため，積極的に実施して問題はないと考えられる。

（3）棒高跳

　棒高跳は，助走によって獲得した身体の運動エネルギーを利用して，ポールを立たせることによって跳躍を行う。高い跳躍高を得るためには，硬くて長いポールを湾曲させて立たせる必要があり，そのための運動エネルギーは大きければ大きいほど有利である。運動エネルギーの大きさは，助走速度に強く依存するため，棒高跳においてもやはり100mにおけるトレーニング課題が当てはまる。一方，運動エネルギーをより効率よくポールに与えるためには，ポール突っ込み時において，肩関節の屈曲する運動範囲をより抑えることが必要になる。なぜなら，肩関節が大きく屈曲することは，身体の運動エネルギーがポールに対して身体を回転するエネルギーに変換され，ポールに与える量が減少してしまうからである。

　この肩関節の屈曲を抑えようとする際には，肩関節回りの筋群はECCによる大きな出力を要求される。したがって，棒高跳においては，上半身の出力，特にECCによる出力の向上が重要なトレーニング課題になると考えられる。このことは，後述する投てき種目においても重要な要素であるため，ここでは詳細を省略するが，棒高跳競技者には，下半身は短距離競技者，上半身は投てき競技者の体力が求められるとも言えよう。

4. 投てき種目における体力トレーニング

投てき種目は，いずれも決められた質量の投てき物に対して身体の運動エネルギーを作用させ，投てき物の初速度を高めることから，出力は大きければ大きいほどよい。したがって，上述してきた種目とは異なり，全身の絶対的な筋力が高いことが要求される。また，投てき種目の運動時間から考えると，エネルギー供給機構はATP-PCr系であり，筋の出力特性をより重要視すべきであると考えられる。

以下では，種目特性を考慮して，砲丸投，円盤投およびハンマー投をサークル系種目とし，やり投げとに分けて体力トレーニングを考えてみたい。

(1) サークル系種目

サークル系種目における重心の移動速度（助走）は $2 \sim 4\,m/s$ であり（田内，2018），筋の出力特性から考えると，相対的に低速度域での出力が要求されると考えられる。しかし，投てき物の初速度を高めるためには，最終的な加速局面において身体の運動エネルギーを大きくしておく必要があり，そのためには体重が重いこと，および運動速度が高いことが要求される。したがって，サークル系種目の中でのより高速度域において，高い出力が重要であるととらえることもできよう。ここでは，頻繁に実施されるウエイトトレーニングに焦点をあてて，サークル系種目のトレーニングを考えてみたい。一般的に，最大筋力は筋量（筋系）および運動単位の動員能力（神経系）に強く依存することが知られており，前者の向上を優先する筋量アップ型，後者の向上を優先する筋力アップ型に大別できる。おおまかには，筋量アップ型は低重量×高反復回数×短い休息時間によって，筋力アップ型は高重量×低反復回数×長い休息時間によって，それぞれを優先的にトレーニングすることができる（崔ほか，1998）。

この背景には，筋量アップ型では，筋収縮を繰り返し，休息を短くすることによって，筋内の疲

労物質が蓄積することに起因したタンパク同化ホルモン（成長ホルモン，テストステロンなど）の分泌が促進されるためであり，反対に筋力アップ型では少ない筋収縮と十分な休息によって，筋内の疲労物質が蓄積することなく，より大きな運動単位を集中的に動員することが可能になるためであるといえる。長期的トレーニングを考えると，順序は筋量アップ型の後に筋力アップ型を実施することが望ましいが，サークル系種目においては，高い水準でより効率的に筋量，筋力ともに向上させたい。

そのための1つの方法として，筋力アップ型のトレーニングを実施後に，筋量アップ型のセットを加える，ミックス型の負荷法が挙げられる。後藤・高松（2002）は，レッグプレスおよびレッグエクステンションを用いた筋力アップ型のセット後に，低重量×高反復回数（50%1RM×25回程度）を1セット加えることで，筋力アップ型のみよりも最大筋力，筋量の両者を増加させられることを報告している（**図3-26**）。この方法は，集中的に筋力を発揮し，神経系に対する負荷をかけた後に，大量のタンパク同化ホルモンによって，より太く再生されるという一石二鳥の考え方である。効率よく身体を大きく，かつ大きな力を発揮するためには，試したい方法の1つであろう。

(2) やり投

やり投の助走速度は $6 \sim 7\,m/s$ であり，助走速度が速いほど競技パフォーマンスに優れることが報告されている（田内，2018）。また，最終的な投局面はおよそ0.15秒であり，跳躍種目の踏切時間に類似し，さらに，投てき種目に特有の上半身の出力も要求される。したがって，やり投を体力的側面から考えると，100mの要素，跳躍種目の要素，さらにサークル系種目の要素，すべてが必要な種目であるととらえられる。したがって，ここではこれまで扱ってこなかった上半身の出力に着目したトレーニングを考えみたい。

やり投においてやりの初速度を高めるためには，いわゆる腕の「しなり」が重要であることが広く

○トレーニングプロトコル

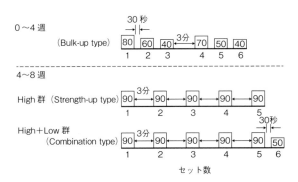

トレーニング種目にはレッグプレスとレッグエクステンションを用いた。
カラム内の数字は，1RMに対する割合（％1RM）を示す。前半4週間においては，High
群，High＋Low群ともに筋肥大をねらいとしたBulk-up typeの運動を行わせた。

○1RM および筋横断面積に対するトレーニング効果

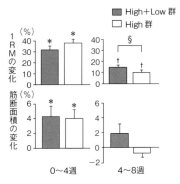

1RM，筋断面積ともに，前半の4週間においては両
群間のトレーニング効果に差はみられなかったが，
後半の4週間においてはHigh＋Low群がHigh群に比
較していずれも大きいトレーニング効果が得られた。
図は16名の被験者（High＋Low群7名，High群9
名）の結果（平均値±標準誤差）を示す。
＊；P＜0.05 vs 0 wk.†；P＜0.05 vs 4 wk, §；P＜
0.05 between the groups

図3-26●ミックス型の負荷法によるトレーニング効果の例　（後藤・高松，2002より一部改変）

知られている。この腕の「しなり」は，やりを保
持する手や肘よりも肩が先んじて加速することに
よって生じる動作であり，肩関節回りの筋群に着
目すると主動筋はECCからCONへと移行する
典型的なSSCの収縮パターンとなり，肩関節部
分でのより大きな出力を可能にしている。したが
って，やり投における上半身の出力向上に対する
トレーニングの方向性は，上半身のECC能力の
向上である。先述してきたように，ECC能力の
向上にはプライオメトリクスが代表的であるが，
プライオメトリクスは下肢のトレーニング手段が
中心であり，上半身に対する手段は十分ではない
のが現状である。田内ほか（2006）は，落下した

ボールをキャッチして前方へ投げるリバウンドス
ローで発揮されたパワーを計測した結果，やり投
の記録とリバウンドスローのパワーとの間に正の
相関関係のあることを報告している。この手段は
ほんの1例であるが，上半身における効果的な伸
長負荷をかけることは，やり投において重要なト
レーニング課題であると考えられる。なお，この
上半身のECC能力は，やり投だけでなく，サー
クル系種目にも共通して重要な要因であり，さら
には棒高跳においても考慮されるべき課題でもあ
ろう。

（田内健二）

心的能力のトレーニング

1. 心的能力のトレーニングの対象と方法

(1) トレーニング対象としての心的能力

　競技力を構成する技術力，戦術力，体力，そして心的能力という各要素のトレーニングは，そのいずれもが競技力の向上をねらいとし，各要素に重点を置いたトレーニングはその成果がのちに競技力の向上へと統合されてはじめて意味をもつ。

　本節では心的能力のトレーニングについて論じるが，ここでは，技術力や戦術力と切り離された心的能力ではなく，競技場面における技術力や戦術力の発揮という具体的な現象の中でそれを下支えする心的能力について述べる。やや聞きなれない心的能力という用語のイメージをつかみやすくするために，まずは心的能力に改善の余地を認めた典型事例の紹介から始めたい。

　事例1：大学3年生の男子選手が100m走の競技会に出場し予選で自己記録を達成した。準決勝でもサブ記録を達成し自身初の同競技会決勝進出を果たしたが，決勝では自己記録を大幅に下回る記録で最下位となった。仮に決勝で自己記録を達成していれば3位入賞を果たすことができた。

　事例2：高校2年生の男子選手（自己記録は1.98m）が走高跳の競技会に出場した。練習試技で2.00mの高さを惜しくも失敗する跳躍を見せ，自己記録の更新が期待されたが，1.70mから開始された競技会では1.85mの記録に終わり，自己記録の更新はおろか，上位大会への出場権獲得も逃した。

　これらの事例では，持ち前の技術力や体力からすればよりよい競技成績を期待できたにもかかわらず，選手は順位を左右する競技場面でみずからの技術力を最大限に発揮することに失敗している。その要因について客観的に検討すれば，いずれも技術力発揮の基礎となる戦術行動や競技会行動に問題が認められる。他方で，その要因について選手の内面を含めて検討すれば，事例1では，みずからの実力から達成可能な競技成績を見定め，各ラウンドで達成すべき記録や順位を見通して競走にのぞむのではなく，決勝前に全力を出し尽くした戦術上の判断ミス，事例2では，最高試技に向けて着々と準備を進めるのではなく，競技会前に目の前に掲げられたバーにがむしゃらに向かった自制心の欠如など，思考力や判断力などを含めた心的能力にかかわる問題ともとらえられる。

　競技者の心的能力にかかわる以上のような問題は，それによく気づくことができる熟達したコーチの事こまかな指示に従うことでその一部は見かけのうえで解消され，競技者が実力発揮に成功することもある。しかし，コーチによるこうした「肩代わり」によって競技者の心的能力にかかわる問題が根本的に解消されるわけでないことは，競技者がコーチから独立することで競技成績が著しく低下する事例に典型的に示される。また，コーチの采配では対応しきれない，心的負荷のかかる競技場面で生じる「あがり」の解消など，いわゆる「心理的問題」（中込，1992）のみに心的能力のトレーニング対象を絞り込めば，競技力の構成要素の一部にコーチによる判断という「ブラックボックス」を組み込むことになる。したがって，心理的問題への対処能力としての狭義の心的能力のトレーニングについては，日本スポーツ心理学会（2016）などの専門書に譲り，本節では，技術力や戦術力の成立を体力とともに下支えする

広義の心的能力のトレーニングについて論じる（本節が主題化する心的能力の陸上競技コーチング学における位置づけについての詳細は渡辺（2019a）を参照）。

(2) 心的能力のトレーニングの方法

　本節が主題化する心的能力のトレーニングのねらいは，競技場面における実際の課題解決に際して心的能力が果たす役割を具体的に把握し，利用可能なあらゆる方法を用いてその能力を高めることである。以下では，心的能力のトレーニング過程を「トレーニング課題の具体的把握」「トレーニング過程のデザイン」そして「トレーニングの実施と評価」という局面に区分し，それらの内容について述べる。

① トレーニング課題の具体的把握

　トレーニングに先立ち，まずは競技場面における技術力や戦術力の発揮をどのような心的能力が下支えし，競技者がどの心的能力に改善の余地を残しているのかを明らかにして，心的能力のトレーニング課題を具体化する。これまで，競技場面で実力を発揮できない場合には「あがり」などにその原因が求められ，解決手段としてメンタルトレーニングが紹介されてきた。しかし，詳細な原因究明を通して，たとえばトレーニング場面と競技場面で本番前に実施可能な練習の回数やその時間間隔が異なることによって実力発揮に失敗していることが判明した場合には，その問題解決に向けたトレーニングはまったく別のものになる。したがって，順位を決する競争場面で競技者が技術力や戦術力を発揮する具体的な過程に注目し，そこで心的能力が果たす役割と各競技者がかかえる問題を見きわめる必要がある。

② トレーニング過程のデザインと実施

　心的能力にかかわって克服すべき課題を把握できたら，向上をめざす心的能力のトレーニング過程をデザインする。克服すべき課題と同等の課題にただやみくもに取り組んでも，その達成に繰り返し失敗し問題解決につながらないばかりか，競技者の動機づけも引き下げられてしまいうる。このために，心的能力のトレーニング過程では，競技者自身による試行を通してその課題が克服されうるように，克服すべき課題を容易化する必要がある。課題の容易化に際しては，競争条件の工夫，心的負荷の軽減，あるいはコーチによる判断の「肩代わり」など，さまざまな補助手段を用いることができる。ただし，いずれを用いる場合にも，補助手段の活用を通した見かけ上の課題の克服ではなく，補助手段を外した後の競技者自身による課題の克服をめざし，その補助手段を計画的に「外す」ことを念頭に置く必要がある。

③ トレーニングの実施と評価

　トレーニングを実施したら，その成果を確認する。心的能力のトレーニングの成果は，持ち前の技術力や戦術力を競技場面で問題なく発揮できたか，あるいは心的能力に起因する何らかの問題に直面したかかどうかを振り返ることで確認できる。この振り返りを通して，のちの心的能力のトレーニングの実施に向けた課題把握を行うことが大切である。心的能力についての課題把握は競技者自身による競技の振り返りという主観的方法に大いに頼らざるをえない。したがって，課題の把握とその解決に向けたトレーニングを繰り返し，競技者自身が振り返りを行うための観点を具体化していくことが必要である。

　以下では，競技会で要求される心的能力のトレーニングについて競技場面の類型ごとに述べる。なお，陸上競技における心的能力のトレーニングについての報告は十分ではないが，学校における体育授業では，スポーツの技能だけでなく，技能を習得する際に必要な知識，さらには知識を活用した課題の発見やその解決に必要な思考力や判断力なども指導内容となっており，その指導報告の蓄積もある。そこで本節では，競技場面のみならず，教育場面における経験についても必要に応じて参照する。

2. トラック競技における 心的能力のトレーニング

トラック競技では，マラソンなどの長距離種目や小規模な競技会を除けば，予選，準決勝，そして決勝などのラウンドを勝ち抜きながら順位が争われる。また，400mまでのトラックレースではセパレートレーンを走るが，800mでは第1曲走路以降，それを超える距離のレースではスタートから，オープンレーンをほかの選手と入り乱れながら走る。以下では，「ラウンド通過」「中長距離種目」そして「決勝レース」という競技場面を取り上げ，そこで求められる心的能力のトレーニングについて述べる。

(1) ラウンド通過のための 心的能力のトレーニング

ラウンドを勝ち抜きながら順位を競う場合，競技者は下位ラウンドを効率的に通過しつつ，ねらいとするラウンドでのパフォーマンスを準備する。鷺森・渡辺（2017）は，そのための各レースの運び方を「ラウンド戦術」と呼び，1名の選手によるラウンド戦術達成力の習得過程について報告している。

冒頭の事例1に示された選手は，ラウンド戦術達成力を高める以下の取り組みを行った。すなわち，はじめに競走相手について事前に得られた情報や例年のラウンド通過記録を踏まえて出場レースの展開やラウンド通過に必要な記録を予想した。続いて，レースの中で自身が陥りやすい失敗に注意しながら，当該ラウンドを通過しつつ上位ラウンドのパフォーマンスの準備を可能にするレース構成をデザインした。さらに，レース後にはその振り返りを行い，次のレース構成の参考にした。こうした取り組みの継続により，当該選手は，予選から無難かつ着実にラウンドを勝ち上がり，そして決勝で本来の実力に近い競技成績を達成できるようになった。

この報告は，取り組み以前の選手はラウンド戦術に関する専門知識を欠いていたが，この専門知識を習得しそれを自身の競技に活用する心的能力を獲得することで，それまでの課題を克服できたことを示している。他方で，この取り組みの後も，その選手はある競技会では準決勝で自己記録を達成し，かつ余裕をもってラウンドを通過できたものの，決勝では準決勝を下回る記録しか達成できなかったことが報告されている。このことは，自己記録を達成できる可能性がある好調な日に，従来よりも高い競技成績の達成を可能にするラウンド戦術を立案しそれを実行することは，単に従来の実力を競技会において発揮することよりも難しく，それゆえそのような心的能力の習得には長期にわたる意図的なトレーニングが必要になることを示している。

(2) 中長距離種目のための 心的能力のトレーニング

オープンレーンで競走が行われる中長距離走では，「記録のための戦術」と「勝つための戦術」が区別されている。このうち，事前に決めたペースを維持する「記録のための戦術」とは異なり，「勝つための戦術」では，余裕のあるペースで走り出した後，位置取りを争ったり，相手の余力を読みラストスパートをかけるタイミングをけん制し合ったりするなど，競走相手とさまざまな駆け引きが行われる。

このようなレース展開の読みやスパートのかけどころの見きわめなどを，仮にコーチが肩代わりできたとしても，より高度な競技実践をめざして競技者がみずからの判断で駆け引きを行うことができるようになることも大切である。しかし，中長距離走における心的能力のトレーニングに関する報告は多くない。ここでは，体育の授業づくりに関する先行研究からその学習指導例を引用する。

高嶋ほか（2017）は，競走相手との駆け引きの学習を主題化した長距離走の学習指導過程を考案し，大学生を対象とした学習実験でその成果を検証している。ここでは，小さめのトラックを用い，

曲線走路とその前後に「追い越し禁止区間」を設けるとともに，1コマの授業で複数のレースを行わせ，他者によるレースを見学する機会も設けた。

この学習実験において，被験者は，余力を残しながら相手と順位を争うことを志向し，はじめは自由区間でダッシュし制限区間でスピードをぐっと落としてジョギングを行うことを繰り返した。しかし，レースを重ねるうちにこのレースパターンは無駄な疲労を生むことに気づき，次第にレース序盤の自由区間ではダッシュが行われなくなった。そして，レースの中・終盤では，スパートをかけるタイミングを見きわめながら位置取りをめぐる小競り合いが行われ，そしてスパート後は，ゴールまでスピードを落とさず走り切り，他者を引き離す戦術が用いられた。つまりこの学習実験では，工夫された競争条件下ではあるが，初心者でもみずからの判断で「勝つための戦術」を活用する思考が引き出されている。

オリンピック・リオ大会の男子1500mで優勝したセントロウィツ（Centrowitz）は次のように述べている。「5つくらいの異なるレースプランがあり，いかなる展開にも対応できる準備をしてきた」（中村，2016）。さまざまなレースプランを準備したうえで，競走相手の出方に応じてそれらを使いこなすには，きわめて高度な心的能力が求められる。こうした心的能力を獲得するには，戦術に関する高度な専門知識を学ぶことや，それを活用した競技経験を積むことに加えて，トレーニング場面において，さまざまな工夫を凝らし，駆け引きを主題化した競走の経験を多く積む意図的なトレーニングが必要である。

(3) 決勝レースでの実力発揮に向けた 心的能力のトレーニング

決勝レースは，リハーサルが困難な1度きりの競走で順位が争われ，かつ競走相手と横並びで直接的に順位を競い合うという特徴をもつ。

決勝で実力を発揮することは，後述の「鉛直跳躍種目」で最初の高さをクリアする動きを組み立てることよりも難しい。なぜなら，「鉛直跳躍種目」では最初の高さをクリアする試技に未完成が許容され，それが最高試技を仕上げていく出発点となるのに対して，トラック競技における決勝は，たしかに予選や準決勝などがリハーサルの役割を果たすとしても，準決勝から決勝までの間には長い時間が差し込まれ，しかもそれまでの疲労の影響下で最高の競技力を発揮することが求められるからである。

ただし，決勝レースで実力を発揮するには，まずは「鉛直跳躍種目」における「最初の高さをクリアする動きを組み立てる能力」と同様の能力を身につけ，それを基礎として，蓄積された疲労や1度きりという競技状況を考慮し最高のパフォーマンスを組み立てる能力を身につけることが必要である。さらに，課題達成の動きを段階的に組み立てる過程では，招集や移動などでパフォーマンス準備のための運動実施が大幅に制限される。このため，後に述べる練習段階の省略やイメージの中で行われる運動によるその補完についても意図的にトレーニングする必要がある。

また，決勝場面では競走相手の存在がさまざまな心的負荷を生む可能性がある。競走相手に並ばれ緊張過多で思うように走ることができなかったり，他者のリズムに惑わされて自分本来の動きができなくなったりする事態は，よく知られている。他方で，競走相手の存在は，追い越すべき目標という形での達成目標の具体化や「○○に勝つ」という動機づけから引き出される最適な興奮状態などを介して好成績の要因となることもある。したがって，競技者は，競技経験を蓄積するとともに，トレーニング場面でさまざまな競争を経験することによって，競走相手の存在が自身のパフォーマンスに及ぼす影響に十分に慣れ親しむべきである。

さらに，たとえば上位競技会への出場権の獲得や当該競技会での連覇など，結果として得られる競技成績が重要な意味をもつ競走に際しては，競走相手の存在によるものとは別の心的負荷が競技

者に与えられる。この負荷が勝利への動機づけを高めることもあれば，競技力発揮の妨げとなることもある。人は一定の外的刺激と向き合うことも，それを受け流すこともできる。みずからの特性を知り，自己に適した対処方法を見つけてそれに習熟することも心的能力の中核的なトレーニングと見なされる。

3. フィールド競技における心的能力のトレーニング

　フィールド競技は，その競技進行の仕方の違いにもとづいて，跳躍種目における「鉛直跳躍種目」と，それ以外の跳躍種目および投てき種目からなる「長さの種目」に大別することができる。以下では，主に鉛直跳躍種目で求められる心的能力のトレーニングについて述べる。

(1) 鉛直跳躍種目のための心的能力のトレーニング

　鉛直跳躍種目では，無効試技をできる限り少なくしながらより高い記録を達成することが求められる。この課題を達成するために，選手は余裕のある高さから試技を開始し，試技を繰り返しながら動きを仕上げていく。このような競技過程において，選手には「最初の高さをクリアするために必要な動きを組み立てる能力」「試技を重ね動きに必要な修正を加える能力」そして「勝負どころで自己の最高の試技を成功させる能力」が求められる。以下ではそれらの心的能力のトレーニングについて述べる。

①最初の高さをクリアするために必要な動きを組み立てる能力

　最初の高さをクリアできる動きを組み立て試技を重ねる中でそれを仕上げる能力の欠損は，コーチから選手に与えられる指示によって補われることがある。しかし，選手の心的能力の欠損がコーチの指示によってすべて補われることは避けられるべきである。鉛直跳躍種目で求められる心的能力のトレーニングについて検討するために，ここ

では教育場面からその能力に欠損が認められた典型事例を取り上げる。

　渡辺（2017）は，大学生を対象とした陸上競技の授業で背面跳びの段階指導を試み，そこで認められた次のようなつまずきを報告している。

　背面跳びの学習経験のない学生が教師の指導の下で背面跳びの粗形態を達成した。また，この学生は段階学習の方法についての知識を有してもいた。しかし，のちの授業で課せられた，学習段階をみずから復習し記録会に備えるという学習課題に取り組むなかで，この学生は意図をもって学習段階をみずからアレンジし，結果的に背面跳びの動きを組み立てることに失敗した。なお，この学生は，のちに仲間と段階学習の復習を行い直し，記録会では背面跳びでそれまでの自己記録を更新した。

　この事例は，背面跳びを達成するための体力は十分整い，しかも他者の助けを借りて段階学習を辿る中では背面跳びを達成できる技術力を有していたにもかかわらず，記憶にとどめた背面跳びの学習段階に関する知識を活用して背面跳びの動きをみずから組み立てる心的能力に欠損を示した典型例である。

　トレーニング場面では，まずは競技参加に必要な動きを獲得することがめざされ，その動きが達成されると，今度はよりよい記録の達成を可能にする発展段階の動きを達成することが重視される。しかし，先を急げば競技者の心的能力による課題達成をコーチの事こまかな指示で肩代わりすることが必要となる。

　競技参加に必要な動きを初心者に初めて習得させる場合には，段階学習の方法を用いながら，各学習段階で見本となる動きを呈示する，助走のスタートマークや着地位置，あるいは助走コースなどを設定する，その都度の試行に際して成功に必要なリズムの掛け声をかける，さらに試行の成否についてのフィードバックを行うなど，コーチがその動きの達成に向けたさまざまな支援を行うこ

とが多い。このため，最初の高さをクリアするために必要な動きを組み立てるための心的能力のトレーニングでは，まずはこのような支援なしでその動きをみずから組み立てられるようにする必要がある。

　このような能力を身につけるための1つの手立てとして，次のようなものが考えられる。まず，コーチによるリードのもとで学習段階をたどり，運動経験を蓄積しながら自身の動きの良し悪しを把握できるようにする。同時に，同等の習熟段階にある仲間の試行を数多く観察し，コーチによるその都度の動きの成否判断を参考にしながら他者の動きの良し悪しを評価する経験を積む。さらに，自身や他者の学習過程を事後的に振り返り，個々の学習段階の具体的内容やコーチから与えられた1つ1つの指示，さらには自分自身や他者の学習過程を文字や絵で記録し同時に記憶にとどめる。そして，トレーニングを繰り返すなかで，今度はコーチによるスーパーバイズを受けながらも仲間とともに練習段階をみずからたどり直し，学習段階やかつてコーチから与えられた指示，さらには各種の補助手段を自分のものにしていく。このような手続きを踏むことにより，競技者にはみずから動きを組み立てる能力が少しずつ身についていくものと考えられる。現に渡辺（2017）は，すでに述べた教育場面でこのような心的能力の習得に成功した学習者が存在したことを報告している。

　実際の競技会では，特別な手立てを講じた学習段階を踏むことはできない。また，最初の高さや競技前に許される試技の回数，さらには試技間の時間間隔もトレーニング場面のように自由に設定できるわけではない。しかも，最初の高さであっても失敗すれば競技成績を左右することから，選手には心的負荷も与えられる。したがって，トレーニング場面で最初の高さをクリアする動きを組み立てる能力を身につけることができたら，まずはいくつかの練習段階を省略しながら，省略した練習段階を実際の試行ではなくピットで実施可能な部分練習や現実の運動をともなわないイメージのなかで行われる運動で補完できるようにする。

続いて，省略された練習段階を踏みながらはじめの高さをクリアするために必要な動きを組み立てる能力を身につけたら，今度は，心的負荷を受けながら試技を成功させられるようにすることも意図的にトレーニングする必要がある。

②試技を重ね動きに必要な修正を加える能力

　競技の進行にともない，バーは最初の高さから徐々に引き上げられる。それにともない，選手は徐々に助走スピードを増し，より高い跳躍を実現する。そのこと自体は，筆者の経験から言えば，初心者であっても達成することができる。他方で，次の高さをクリアするのに必要なだけ助走スピードを高めても，踏切がバーに対して近くならないように，初心者自身で事前に必要なだけスタートマークを後方へと移動させることは難しく，競技経験を積んだ選手でもマークの調整にコーチの支援を受けることは少なくない。

　助走のマークをみずから調整できるようにするトレーニングに際しては，一方で，意図的に最適距離よりもやや近い，あるいはやや遠い地点から助走を行うなかで，「やや近い」あるいは「やや遠い」ことを感じとることができるようにすることが必要である。また他方では，同時に，このように「やや近い」あるいは「やや遠い」と感じながらも，助走のリズムやコースなどを微妙に変化させ，多少の助走距離の誤差にもかかわらず，跳躍を成立させられる対応力を身につけることが必要である。こうして，試技の成功条件に一定の遊び幅をもたせながらも，よりよい試技からのずれを感じとることができるようになれば，最適な助走のスタート位置を試行錯誤することが可能になる。そしてその延長線上で，まだ試みていない次の高さの成功に向けて，その成功に必要な助走スピードを選び，同時にそれに最適なスタート位置を選ぶことができるようになる。

　さらに，より高いバーをクリアするために，競技過程で課題達成の仕方そのものにも修正を加える必要が生じることもある。このことは，助走マークの位置を調整することと比較して選手によ

り高度な心的能力を要求する。

競技過程で課題達成の仕方を修正できる心的能力を身につけるには，最初の高さをクリアするために必要な動きを組み立てる能力を身につけた後で，個々の部分動作に修正を加えることを試みるとともに，その動きの修正がひとまとまりの動きの良し悪しや達成記録にどのような影響を及ぼしたのかをその都度振り返る経験を数多く積む必要がある。

課題達成に必要な動きの粗形態を習得した後で，当該種目の技術体系を参照しながら運動学習に取り組み，その課題達成の動きを精形態へと仕上げていくことは技術力のトレーニングの中核をなす。そして，その過程ではたしかにコーチの助けを借りることが効果的であるが，心的能力の向上という観点から見れば，コーチのその都度の動きの修正にかかわる指示を単に鵜呑みにすべきではない。そうではなくて，競技者自身で技術体系における自らの課題達成の仕方の位置づけを理解し，コーチからその都度与えられるよりよい動きについての指示の意味内容を的確に把握するとともに，動きの修正に自律的に取り組み，みずからの動きと向き合うべきである。そうすることで，競技過程で課題達成の仕方を修正できる心的能力が少しずつ獲得されていく。

なお，陸上競技の競技者は同等の課題達成の動きを数多く反復することから，その動きが高度に定着し，ほとんど無意識のうちのその動きを再現できるようになる。そして今度は，動きに修正を加えようとしても，元の動きから逃れられなくなるという困難に直面する。この困難の解消は陸上競技に特徴的なトレーニング課題である。しかし，紙面の都合上，ここでは関連する先行研究の紹介にとどめたい（渡辺・守田，2012；渡辺，2014）。

③勝負どころで自己の最高の試技を成功させる能力

勝負どころの高さで競争相手と順位を争う心的負荷に打ち勝ちながら最高試技を成功させる心的能力については，みずからの決断によってスタートを切るという点でトラック競技との相違が認め

られるものの，すでに述べた「決勝での実力発揮に向けた心的能力のトレーニング」と類似の内容をもつと考えられる。このため，ここでは記述の重複を見送ることとする。

なお，鉛直跳躍種目における高い競技水準の競技実践では，以上の心的能力に加えて，パスを適切に活用する心的能力も求められる。しかし，本節では紙面の関係でこうした内容については割愛する（パスを適切に活用する心的能力を含めた走高跳における心的能力のトレーニングについての詳細は渡辺（2019b）を参照）。

(2) 長さの種目のための心的能力のトレーニング

長さの競技では，はじめ3回の予選試技を行い，それから上位8名の競技者が3回の決勝試技を追加して，計6試技で達成記録を競い合う。

このように，限られた試技の中で選手が実力を発揮するには，3回もしくは6回の試技の中で動きを仕上げつつ，他方ではプレッシャーに打ち克ちながらその試技を成功させなければならない。

試技を重ねる中で動きを仕上げる心的能力と勝負どころで実力を発揮する心的能力のいずれについてもすでに述べたが，長さの競技に特有の心的能力のトレーニングはそれらを組み合わせた内容をもつと考えられるため，ここでは記述の重複を見送ることとする。

4. おわりに

陸上競技における心的能力のトレーニング論は現時点では十分に確立されているとは言いがたい（渡辺，2019a）。それゆえ今後は，陸上競技における心的能力のトレーニングに関する実践研究がまずは蓄積されるべきである。競技指導にあたる指導者は，日々の実践において，心的能力のトレーニング論の確立に向けた研究の最前線に立っている。こうした立場からの実践報告が蓄積され，トレーニング論へと統合される必要がある。

（渡辺輝也）

●文献

* 阿江通良・藤井範久（2002）スポーツバイオメカニクス20講. 朝倉書店.
* 阿江通良・宮下憲・横井孝志（1986）機械的パワーからみた疾走における下肢筋群の機能および貢献度. 筑波大学体育科学系紀要, 9：pp.229-239.
* 阿江通良・永原隆・大島雄治・小山宏之・高本恵美・柴山一仁（2010）第11回世界陸上男子走高跳上位入賞者の跳躍動作のバイオメカニクス的分析. 日本陸上競技連盟, 世界一流陸上競技者のパフォーマンスと技術, pp.165-170.
* 朝岡正雄（2016）競技力とは何か. 日本コーチング学会編, コーチング学への招待. 大修館書店, pp.66-71.
* 崔鳥淵・高橋英幸・板井悠二・高松薫（1998）「パワーアップ型」と「バルクアップ型」筋力トレーニング手段のトレーニング効果の相違：筋断面積, 筋力, 無気的パワーおよび無気的持久力に着目して. 体力科学, 7（1）：pp.119-129.
* Enomoto, Y., Suzuki, Y., Yokozawa, T. and Okada, H.（2011）Running economy and gastrocnemius muscle length during running for Kenyan and Japanese elite distance runners. In：Vilas-Boas, Machado, Kim, Veloso（Eds.）Proceedings of the 29th International Conference of Biomechanics in Sports：pp.483-485.
* 深代千代（1990）跳ぶ科学. 大修館書店.
* 深代千之（1990）跳ぶ科学. 大修館書店, pp.82-89.
* 後藤一成・高松薫（2002）高強度と低強度の運動を組み合わせた新しい筋力トレーニング運動. バイオメカニクス研究, 6（3）：pp.240-245.
* 長谷川裕（2016）トレーニング計画とその実際. 日本体育協会編, 公認スポーツ指導者養成テキスト共通科目Ⅲ. 日本体育協会, pp.118-127.
* 飯干明・阿江通良・結城匡啓・高松潤二・長沢光雄・湯海鵬（1994）走高跳のバイオメカニクス的分析. 佐々木秀幸ほか監修, 世界一流陸上競技者の技術. ベースボール・マガジン社, pp.169-184.
* 猪飼道夫（1968）生理学からみた体力と技術. 体育の科学, 5：pp.291-294.
* 伊藤章・市川博啓・斉藤昌久・佐川和則・伊藤道郎・小林寛道（1998）100m中間疾走局面における疾走動作と速度との関係. 体育学研究, 43：pp.260-273.
* 伊藤信之・新井健之・深代千代・阿江通良（1994）水平跳躍種目（走幅跳及び三段跳）の助走分析. 佐々木秀幸ほか監修, 世界一流陸上競技者の技術. ベースボール・マガジン社.
* ケルン：朝岡正雄ほか監訳（1998）スポーツの戦術入門. 大修館書店.
* 門野洋介・阿江通良・榎本靖士・杉田正明・森丘保典（2008）記録水準の異なる800m走者のレースパターン. 体育学研究, 53：pp.247-263.
* 門野洋介（2015）800m走のレースパターンの分析・モデル化・評価と改善. バイオメカニズム学会誌, 39（1）：pp.11-16.
* 金高宏文・淵本隆文・阿江通良（1994）世界一流棒高跳選手の助走におけるポール操作とピッチの関係. 佐々木秀幸ほか監修, 世界一流陸上競技者の技術. ベースボール・マガジン社.
* 小林寛道（2001）ランニングパフォーマンスを高めるスポーツ動作の創造. 杏林書院, pp.16-19.
* 小山宏之（2010）走幅跳の技術トレーニング手段に関するバイオメカニクス的研究. 筑波大学博士論文.
* 小山宏之・村木有也・吉原礼・永原隆・柴山一仁・大島雄治・高本恵美・阿江通良（2010）走幅跳のバイオメカニクス的分析. 日本陸上競技連盟, 世界一流陸上競技者のパフォーマンスと技術, pp.154-164.
* Maemura, H., Suzuki, Y., Mukai, N. and Takamatsu, K.（2004）Factors influencing excessCO$_2$ output during and after short duration-intensive exercise: Focusing on skeletal muscle characteristics. Int. J. Sport Health Sci, 2：pp.129-135.
* マイネル：金子明友訳（1981）マイネル・スポーツ運動学. 大修館書店.
* 宮村実晴・矢部京之助（1986）体力トレーニング－運動生理学的基礎と応用－. 真興交易医書出版部, p.129.
* 宮西智久・桜井伸二・若山章信・富樫時子・川村卓（1998）アジア一流競技者における円盤投の角運動量の3次元解析. バイオメカニクス研究, 2（1）：pp.10-18.
* 森丘保典・品田貴恵子・門野洋介・青野博・安住文子・鍋倉賢治・伊藤静夫（2011）陸上競技・中距離選手のトレーニング負荷の変化がパフォーマンスおよび生理学的指標に及ぼす影響について－走行距離と強度に注目して－. コーチング学研究, 24：pp.153-162.
* 森丘保典（2013）心技体の"予習"としての高強度トレーニング－トレーニング負荷の本質とは－. 体育の科学, 63：pp.712-718.
* 村木征人（1994）スポーツトレーニング理論. ブックハウス・エイチディ.
* 村木征人（1995）助走跳躍における運動抑制減少の運動方法論的解釈とコーチング. スポーツ方法学研究, 8：pp.129-138.
* 鍋倉賢治（2014）中谷敏昭編, 体力学. 化学同人, pp.173-174.
* 中込四郎（1992）陸上競技とメンタルトレーニング. 日本陸上競技連盟編, 陸上競技指導教本：基礎理論編. 大修館書店, pp.73-84.
* 中村, K. K.（2016）Rio 2016 Review: Winner's Comment. 月刊陸上競技, 50（11）：pp.144-167.
* 日本スポーツ心理学会編（2016）スポーツメンタルトレーニング教本（三訂版）. 大修館書店.
* 尾縣貢（2017）体力トレーニング. 日本コーチング学会編, コーチング学への招待. 大修館書店, pp.149-152.
* 尾縣貢・安井年文・大山下圭悟・山崎一彦・苅部俊二・高本恵美・伊藤穣・森田正利・関岡康雄（2000）一流400mランナーにおける体力特性とレースパターンとの関係. 体育学研究, 45：pp.422-432.
* Ohyama Byun, K., Fujii, H., Murakami, M., Endo, T., Takesako, H., Gomi, K., Tauchi, K.,（2008）A biomechanical analysis of the men's

shot put at the 2007 World Championships in Athletics. New Studies in Athletics, 23：pp.53-62.

＊鷲森勇誠・渡辺輝也（2017）男子大学生短距離走競技者におけるラウンド戦術達成力の習得過程．陸上競技研究，109：pp.36-46.

＊杉原隆（2008）運動学習の理論的背景−運動学習の法則−．新版 運動指導の心理学，大修館書店，pp.26-49.

＊高嶋香苗・渡辺輝也・周東和好（2017）競走相手との駆け引きを学ぶ長距離走の新しい学習指導過程の提案．体育学研究，62（1）：pp.49-70.

＊田内健二（2018）日本スプリント学会編，スプリント学ハンドブック，西村書店，pp.117-129.

＊田内健二・高松薫・土江寛裕・礒繁雄（2006）槍投げ競技者における上肢の伸張−短縮サイクル運動の遂行能力の評価．スポーツ科学研究，3：pp.104-112.

＊梅垣浩二・室伏広治・藤井宏明・桜井伸二・田内健二（2010）第11回世界陸上大阪大会の男・女ハンマー投上位入賞者のバイオメカニクス的特徴．日本陸上競技連盟．世界一流陸上競技者のパフォーマンスと技術，pp.201-211.

＊渡辺輝也（2014）背面跳びの踏切を遠くするための新しい方法論的アプローチの提案．体育学研究，59（1）：pp.297-314.

＊渡辺輝也（2017）保健体育教職課程における実技指導力養成に向けた取り組みの成果と課題：専門実技における走り高跳びの学習指導を対象とした事例的検討．第30回スポーツ運動学会大会大会抄録集，日本スポーツ運動学会，pp. 27-34.

＊渡辺輝也（2019a）走高跳における心的能力のトレーニングに関する研究動向の批判的検討．陸上競技研究，116：pp.12-22.

＊渡辺輝也（2019b）走高跳における心的能力の新しいトレーニング論の提案．陸上競技研究，117：印刷中.

＊渡辺輝也・守田俊啓（2012）走高跳の技術トレーニングに関する運動学的一考察：男子大学生選手における技術修正プロセスの1例を対象として．体育学研究，57（2）：pp.683-698.

＊渡辺良夫（2017）技術トレーニング．日本コーチング学会編，コーチング学への招待．大修館書店，p.109.

＊山元康平・宮代賢治・内藤景・木越清信・谷川聡・大山下圭悟・宮下憲・尾縣貢（2014）陸上競技男子400m走におけるレースパターンとパフォーマンスとの関係．体育学研究，59：pp.159-173.

＊山西哲郎（2008）創造性とスポーツトレーニング．体育の科学，58：pp.111-116.

＊安井年文（2018）日本スプリント学会編，スプリント学ハンドブック，西村書店，pp.51-53.

＊図子浩二（2014）コーチングモデルと体育系大学で行うべき一般コーチング学の内容．コーチング学研究，27：pp.149-161.

＊図子浩二（2016）トレーニング理論と方法論．日本体育協会編，公認スポーツ指導者養成テキスト共通科目Ⅲ．日本体育協会，pp.104-177.

第 4 章

陸上競技の競技会

第1節
競技会の特性

　本章のめざすところは，陸上競技の競技会の特性を知ることである。これによって，競技者がさらされる客観的なストレスの種類を知ることが可能になり，目的とする競技会に向けた適切な事前準備を検討する際に役立つものと考えられる。このような理由により，陸上競技にたずさわるコーチは，陸上競技における競技会の構造を分析し，その特性を明らかにする力が要求される。本章では，その一般論について検討したい。

　陸上競技における競技会の構造を分析する際に，陸上競技における競技会の分類について理解する必要がある。たとえば，テスト競技会，予選競技会，重要競技会に分類することができる。これは，当該競技会のマクロサイクルにおける位置づけや，それぞれの競技会におけるチャンピオン選抜システムの特徴，つまり競技会におけるラウンド（予選，準決勝，決勝など）の数や，上位ラウンドに進出するために獲得するべき順位などが分類の基準となっていると言える。

　まず，マクロサイクルにおける位置づけとして，大きく分けて，その競技会がその競技者のマクロ計画における最重要競技会である場合，その最重要競技会に出場する権利を取得する予選競技会である場合，または単なるテスト競技会である場合が考えられる。

　次に，単一の競技会における順位決定のプロセスに加えて，最重要競技会に出場する権利を取得するための予選競技会を含む一連のプロセスである。昨今の陸上競技の短距離レースでは，準決勝を3組にする場合が多く，これにより準決勝の各組2着＋記録上位者2名が決勝に進出する場合が多い。一方，準決勝がない競技会もあり，その場合は，予選の組数によっては，予選各組1着＋記録上位者数名が決勝に進出する。

　さらに，その最重要競技会に出場する権利の獲得方式も，競技会によって異なる。これは，主に，①定められた参加標準記録を突破したものに出場権利を与える方式，②地方単位で実施される競技会において決勝順位上位者に出場権利を与える方式（地方の競技会がいもづる式に数回行われる場合も含む），③ある決められた期限までのランキング上位競技者に出場権利を与える方式，さらに④これらが複数含まれる方式がある。なお，2020年東京オリンピックから，標準記録方式と世界ランキング方式が併用されることが決まっている。

　このように，競技会の構造を分析しようとした際，当該競技会のマクロサイクルにおける位置づけ，それぞれの競技会におけるチャンピオン選抜システムの特徴を把握する必要がある。

　一方で，同じ競技会であっても，その競技会における自身の相対的な競技力によって，その競技者ごとに競技会の構造は異なるものと推察される。つまり，トラックレースの予選の組においてほかの競技者と比較して相当に高い競技力を有している場合と，そうではない場合とでは，相対的に大きく異なると言える。

　加えて，競技会において競技者がさらされる環境要因によっても競技会の構造は異なる。これは，レース時の天候（気温，湿度，風向・風速を含む），レースの時間などである。昨今，陸上競技場はサッカーとの併用を可能にした競技場が多く，多くの観客を収容することができる大きなスタンドを有する競技場が多くなってきた。これにともない，競技場に吹き込む風向と風速が，競技場の場所によって大きく異なることもある。これは，直線走路さらには走幅跳および三段跳用助走路のフィールド側とスタンド側とでも異なる場合もある。また，近年，極端な気象が増えているとの報道が見られるように，暑熱環境または寒冷環境において競技会を行わざるを得ないこともある。競技会の

主催者が，このような環境においても競技者の安全を確保するための方策を講ずることは当然のこととして，このような環境条件も競技会の構造の一要因であるとの認識およびそれらの環境条件への事前適応も必要であろう。

ただ，このような環境要因も，競技会における競技者の相対的な競技レベルによって異なるであろう。風向および風速のパフォーマンスへの直接的・力学的な影響は，全競技者に等しく作用するが，間接的・精神的な影響は一様ではなく，競技会における競技者の相対的な競技レベルによって異なる。したがって，競技会の構造を分析する際には，出場する競技会における事前の戦力分析も不可欠であろう。

陸上競技のコーチが，競技会の構造を分析しそれを理解することの意味は，競技会の構造を理解することなくして，適したトレーニング計画，出場競技会計画，競技会時行動計画，レースにおける戦術・戦略を立案することは不可能であるためである。これに加えて，その種目の構造分析が必要であると考えられることから，競技会の構造分析および種目の構造分析なくして，コーチ業は成立しないのである。この意味で，競技会の構造を分析しそれを理解することは，コーチにとって必要不可欠な営みであると言える。

ここまで競技会の構造について検討してきたが，これらを理解すると厳密な意味でまったく同じ構造的特徴を有した競技会はありえないと感じる。毎年同じ会場で，同じ時期に，ほぼ同じタイムテーブルで行われる競技会に同一競技者が出場する場合であっても，天候などが異なることなどは言うに及ばず，そもそも出場する競技者が加齢によって経年的に変化するので，競技者にとってまったく同じ構造を有した競技会というものはあり得ない。つまり，競技会の特異性を完全に反映した練習というものはあり得ない。このように考え

ると，競技会こそが最高の練習であるとの認識が必要ではないかとの結論に至る。村木（1994）は，競技会の配置について，専攻する競技の競技会システムの構造的理解と最重要競技会へ向けての必要な選抜手順・段階への布石，並びにタイミングよくピーク・パフォーマンスを発現するための適正なトレーニング構成のもとで選択され，組み込まれたものであるかどうかが重要としながらも，競技会そのものをトレーニングの一環とする考え方もあるとしている。また，一般的には考えられない間隔でレースに出続ける川内優輝氏のような戦略は一理あると言わざるを得ない。一方で，同一の負荷が身体にかかり続けることには弊害もある。それは，各種障害のリスクであろう。ある1ヶ所に同じ種類の応力がかかり続けることは金属疲労的な障害発生のリスクが高まる。また，過度な精神的なストレスに晒されることによるメンタル面への影響も懸念される。これらのリスクは，世代によっても異なるものと考えられ，1年間の適切な競技会数を発育段階ごとに把握しようとする試みも必要であろう。この競技会の配置計画について，村木（1994）は，競技会日程の立案に際して基本的に考慮すべき条件として，競技会の数および間隔は，競技者の競技能力の回復と改善・向上に十分なものとすることなど，9つの条件を挙げている。陸上競技における競技会の適正配置モデルを示すことは，現時点では困難な課題であるが，今後，多くの競技者の競技会参加数，およびその密度などの実践的なデータ，さらにこれらと競技会における成績や競技会直前のコントロールテストの結果，または傷害の発生などの特筆すべき事項とをリンクさせて，実践的なデータを蓄積することによって，発育段階ごとの競技会数および競技会密度に関するガイドラインを制定する必要もあろう。

（木越清信）

第2節
競技会カレンダー

トレーニングは適切な目標を設定することから開始される（図子, 2014）。そして，その目標とは，競技会における成績であろう。したがってトレーニング計画は，出場する競技会配置に左右される。しかし，綿密にトレーニング計画，および出場競技会の計画を立てたとしても，主要な競技会が連続する場合や，出場できる競技会自体がない場合があることから，競技者によって競技会計画が異なる可能性がある。

また，2018年12月現在，主要国際大会の出場権獲得方式として，標準記録制からワールドランキング制に移行することが検討されている。この制度は，競技会での競技成績をポイント化し，その上位5競技会の平均ポイントで世界ランキングを競うものである。競技会のレベルに応じて付与されるポイントが異なり，より高いレベルの競技会では高いポイントが付与されることから，競技者の競技レベルによっては，出場する競技会を戦略的に選択する必要がある。

以上のことから，国内外における競技会カレンダーの実態を把握し，それらが内包する諸問題について理解とその解決策を探ることが必要である。そこで，いくつかの具体的な例を挙げながら，競技会カレンダーについて論じる。

1. 陸上競技の競技会カレンダー

表4-1は，2018年度における日本，ヨーロッパ，アメリカ，IAAF（国際陸連）におけるシニア，中学・高等学校の主要競技会を示した競技会カレンダーである。ここでは，スタジアムで行う種目に限定する。

国または地域，さらには競技レベルによって競技会カレンダーは異なるが，陸上競技では主に年二重周期システム（村木, 1994）と呼ばれるシステムを採用している場合が多い。たとえば，日本におけるシニアの競技会カレンダーを見ると，冬季の準備期を経て，4月の下旬から主要競技会がはじまり，6月下旬の日本選手権で春の競技会シーズンを終える。その後，夏季の準備期を経て，9月の上旬から10月下旬までで秋の競技会シーズンを終える。このように，年2期の競技会シーズンを有するシステムが年二重周期システムである。

なお，IAAFのカレンダーは，陸上競技先進国であるヨーロッパ諸国のカレンダーに準じていて，1月から2月下旬にかけての屋内競技会シーズンと6月から8月下旬にかけての屋外競技会シーズンに分けられる。IAAFのカレンダーも，ヨーロッパのカレンダーも日本と同様の二重周期システムであるが，屋内競技会シーズンの有無において異なる。

次に競技会カレンダーに関する諸問題について論じていきたい。1つ目の問題は，国際的な競技力を有する競技者が，国内競技会に加えて，ヨーロッパまたはIAAF主要競技会に出場する場合に見られる問題点である。これまで，日本選手権とIAAF主催の国際競技会との日程がバッティングすることがあったが，近年は，日本選手権をヨーロッパ諸国の国内選手権が行われる時期に合わせたことにより，このような事態はおおむね回避されている。一方で，日本国内では屋内競技会がほとんど開催されていないことから，IAAFおよびヨーロッパ諸国の競技会カレンダーと日本の競技会カレンダーとは，同じ二重周期システムを採用していたとしても，両者は必ずしも合致しない。これによっていくつかの不都合が生じている。それは，日本人競技者が，ヨーロッパ諸国の屋内競技会に出場することで，はからずも年三重周期システムの様相を呈してしまい，競技会過多に陥る可能性があることである。

表4-1●日本，ヨーロッパ，アメリカ，IAAF（国際陸上競技連盟）におけるシニア，中学・高等学校の主要競技会を示した競技会カレンダー

月	日本		ヨーロッパ		アメリカ		IAAF・その他競技会	
	シニア	ジュニア・ユース	シニア	ジュニア・ユース	シニア	ジュニア・ユース	シニア	ジュニア・ユース
1月			各国室内選手権	各国U20,U18室内選手権	各州室内競技会			
2月		U20日本室内陸上競技大阪大会					世界室内陸上競技選手権	
3月			欧州室内陸上競技選手権		全米室内陸上競技選手権 大学室内選手権（Division ⅠⅡⅢ）			
4月	金栗記念選抜陸上中長距離大会 TOKYO Combined Events Meet 兵庫リレーカーニバル 吉岡隆徳記念出雲陸上競技大会 織田幹雄記念国際陸上競技大会		各国屋外選手権	各国U18,20屋外選手権				アジアユース陸上競技選手権
5月	静国際陸上 水戸招待陸上 ゴールデンゲームズinのべおか 木南道孝記念陸上競技大会 ゴールデングランプリ 地方実業団陸上競技選手権大会（中国・関西・東日本・北陸・九州）	地区学生陸上競技対抗選手権 都道府県高体連主催 高等学校総合体育大会	欧州選手権クラブカップA 欧州選手権クラブカップB		大学屋外選手権（Division Ⅰ：東西予選，ⅡⅢ）		ダイヤモンドリーグ ワールドチャレンジミーティング	
6月	田嶋直人記念陸上競技大会 布勢スプリント 日本陸上競技選手権	日本学生陸上競技個人選手権 全日本中学通信陸上大会 各地区高等学校総合体育大会	各国屋外選手権		全米選手権 大学屋外選手権（Division Ⅰ：決勝戦）	全米ジュニア選手権大会 全米ユース選手権大会		アジアジュニア陸上競技選手権
7月	南部忠平記念陸上競技大会 実業団・学生対抗陸上競技大会	都道府県中学総合体育大会		U18欧州陸上競技選手権				U20世界陸上競技選手権 世界ユース陸上競技選手権
8月		全日本中学校陸上競技大会 全国高等学校陸上競技対抗選手権 日・中・韓ジュニア交流競技会	欧州陸上競技選手権	各国U23,U17選手権	北中米・カリブ陸上競技選手権		オリンピック競技大会（4年ごと） 世界陸上競技選手権（2年ごと） ユニバーシアード（2年ごと）	
9月	全日本実業団陸上競技選手権	日本学生陸上競技対抗選手権		U20欧州選手権クラブカップA U20欧州選手権クラブカップB				
10月	国民体育大会 北九州陸上カーニバル	U20・U18日本選手権 ジュニアオリンピック陸上競技大会						ユースオリンピック
11月								
12月								

　2つ目の問題は，日本における近年の競技会カレンダーに見られる問題である。それは，日本における競技会カレンダーが年1周期システムに近づいていることである。日本の学年暦は4月から始まり4月から新学年になることから，4月の第1週目から新しいシーズンの競技会が開催される。しかし，競技会を探せば，沖縄県や南半球では3月でも屋外競技会が開催されていることから，これらの競技会に出場する競技者も見受けられる。これに加えて，7月および8月にも競技会が開催される傾向が見られ，さらには11月に入ってからも競技会が開催される地域もある。このように，

3月の中旬から11月中旬までほぼ9ヶ月間にわたる年1周期システムといえる競技会カレンダーになりつつある。

　これらの問題は、いずれも競技者の競技会過多に関する問題である。競技会過多は、競技者の傷害発生、さらには競技人生を短くさせる可能性があることから避ける必要がある。このようなことを防ぐためにも、競技者およびそのコーチには、競技会カレンダーに関する深い洞察が必要である。

　本節で適切な競技会配置や競技会密度について論じることはできないが、競技会カレンダーの在り方については、競技者の特性（年齢、競技歴、競技レベル）に応じて、競技者とコミュニケーションをとりながら、慎重に検討される必要があり、コーチには傷害発生を未然に防ぐこと、さらには競技人生を伸ばすことが求められる。

2. ジュニアおよびユース世代における競技会カレンダー

　前述のとおり、陸上競技の競技会カレンダーは年二重周期システムを採用している場合が多い。しかし、U20・U18・U16世代、つまり高校生や中学生競技者を対象とした競技会カレンダーは、必ずしもこの限りではなく、年1周期システムに近いと言える。それは、8月に主要競技会である全国高等学校総合体育大会陸上競技大会（全国高校総体。通称「インターハイ」）、全国高等学校陸上競技選抜大会、さらに全国中学校体育大会における全国中学校陸上競技選手権大会（全中陸上）が配置されているためであろう。特に高い競技力を有する高校生競技者では、4月から競技会シーズンが始まり、5月の中旬に都道府県総体、6月中旬に地区総体、8月初旬に高校総体に出場し、これにU20世代またはU18世代における国際競技会、さらに日本陸連の主要競技会（国際大会の選考競技会）に出場することが求められる。**表4-2**には、国際的な競技力を有するある女子走幅跳競技者の出場競技会実績を示した。このように、9ヶ月にわたって毎月、競技会に出場していることがわかる。特に、6月は3週連続で競技会に出場

し、高体連関係の競技会、日本陸連主要競技会、国際競技会が入り乱れている。結果として大きな傷害が発生したとの報道はないものの、その疲労は察するに余りある。日本陸連によってまとめられた競技者育成指針（日本陸上競技連盟、2018）によれば、世界歴代上位競技者の生涯記録達成年齢は、日本歴代上位競技者と比較して遅く、このような差を生み出している原因として、競技会カレンダーの問題を挙げていて、具体的には、競技会の時期、回数およびレース数、競技会の早期高度化などが示されている。このことを考慮すると、上述した競技者の競技会出場密度や数は、問題視されるべきであろう。例示した競技者は跳躍種目を専門とする競技者であったことから、1回の競技会での試технは最大で6本あるが、短距離競技者では、個人種目を兼ねて出場することやリレーに出場することも想定され、さらにラウンド（予選、準決勝、決勝）を重ねることを考えれば、競技者育成指針が示す問題は、短距離競技者にとっては切実な問題である。また、女子は発育が男子と比較して早いことが知られていて、国際大会代表選手にU20世代の競技者が選出されることが散見される。このように考えると、国際的な競技力を有する高校生や大学生の女子競技者は、競技会の過多にさらされる可能性が高く、このことが日本の女子競技者の競技力停滞の遠因になっている可能性すら否定できない。

　これらの問題の解決策として、競技者の実態に即した競技会カレンダーを作成することが挙げられる。現在、全国高校総体への出場権獲得方式は、勝ち上がり方式であるが、一部種目では自己記録上位者にインターハイを付与したり、国際的な競技会と都道府県大会もしくは地区大会の日程が重なった場合に、都道府県大会を免除したりと、例外措置が取られる場合がある。しかし、あくまで一部の種目、または都道府県大会の免除であり、地区大会を免除された例は、これまでに見当たらない。少なくとも、高体連や学生連合と日本陸連との間で競技会カレンダーの調整を行うことは急務で、適切な対応が求められる。

月	競技会日	LJ	100mH	100m	競技会
2月	2月9日	6.12			NSWJuniorChampionships
3月	3月4日	5.78			記録会
	3月18日		14.70		記録会
4月	4月8日	5.64			記録会
	4月14日	5.89	15.04		記録会
	4月22日	6.17			GP兵庫リレーカーニバル
5月	5月3日		14.34		兵庫県民体育大会
6月	6月2日	5.91			記録会
	6月9日	6.44			アジアジュニア選手権
	6月16日	6.05	13.79		近畿高校総体
	6月22日	6.22			日本選手権
7月	7月13日	6.37			U20世界選手権（予選6.17）
8月	8月4日	6.14	14.24		全国高校総体
	8月26日	6.07			日・韓・中ジュニア交流競技会
9月	9月1日			12.62	近畿選手権
10月	10月7日	5.65			国体
			14.20		国体
	10月21日	6.29			U20日本選手権
シーズンベスト		6.44	13.79		
シーズン平均		6.05	14.39		

表4-2●国際的な競技力を有するある女子走幅跳競技者の1年間の出場競技会実績

3. おわりに

　ここまで，国内外における競技会カレンダーについて概観し，それらが内包する問題を提起してきた。これらの問題を解決するために，競技者およびコーチが競技会カレンダーに関する深い洞察力を有すること，または競技者を統括する団体による競技会カレンダーの適正化への取り組みが挙げられる。上述した問題が解決されることによって，日本がかかえる競技力に関する問題のいくつかは解決する可能性すらある。特に，その競技者を統括する団体の影響力は大きいと言える。それは，競技会カレンダーの作成はそれらの団体が担い，競技者およびコーチの育成の一翼を担っているためである。

　本節の冒頭で述べたとおり，トレーニングは競技会における成績に関する適切な目標を設定することから開始される。このことを考えれば，競技者が適切に競技できる環境整備，その一部である競技会カレンダーの適正化は，競技者の生活のすべて，さらには競技人生に影響を及ぼすと言え，まさに競技の核であると言える。

　　　　　　　　　　　　　　　　（図子あまね）

第3節

競技会におけるコーチングの実態
①トラック競技

1. 競技会に向けての戦術・戦略

　まず，各競技種目におけるラウンド数や競技間隔といった競技手順を理解する必要がある。**表4-3**はトラック競技における競技方式およびカテゴリー別に見た競技手順を示している。

　インターハイなどのジュニアクラスでは，1日3本のラウンドがあり，その日のうちに決勝種目があるケースが大半である。一方，世界陸上やオリンピッククラスの競技会では，上記クラスとは異なり，決勝までの選抜段階が増大し，競技日程も2日以上に長引くのが特徴である。これらの内容にしたがって，最重要競技会での競技会準備行動および競技会行動に対する直接的準備過程でのトレーニングの実践的なモデル化を行う必要がある。

　たとえば，トラック競技の中でも最も過酷な競技の1つである400m走を取り上げてみよう。ジュニアクラスでは，上述のように，1日3本のレースをこなさなければならいため，3本走りきるための体力はもちろんのこと，各ラウンドでの戦術・戦略が大きく勝敗を左右することとなる。一方，世界クラスの競技会では，予選から決勝まで1日1レースずつ，3日間にわたって集中力を持続させる必要があることや，日をまたぐことから，疲労回復手段の選択，さらには，1日1本のレースでみずからのパフォーマンスを最大限に高めるための準備が必要となってくる。

　次に，各競技種目におけるパフォーマンス構造を理解したうえで，自分の特性（体力・形態特性など）に合った戦術・戦略を選択する必要がある。たとえば，800m走には，筋力や絶対的なスピードに関与する無酸素性能力，呼吸循環能力や筋の酸化能力に関与する有酸素性能力といった体力的要因が高いレベルで求められるが，競技者は，無

表4-3 ●トラック競技における競技方式およびカテゴリー別に見た競技手順

種目		短距離・障害			（中）長距離		
競技方法		セパレート・コース			オープン・コース		
競技手順		Day1	Day2	Day3	Day1	Day2	Day3
カテゴリー	ジュニア	予選 準決勝 決勝			予選	決勝	
	シニア	予選 準決勝	決勝		予選 （準決勝）	決勝	
	世界	予選	準決勝	決勝	予選	（準決勝）	決勝

酸素型タイプの競技者と有酸素型タイプの競技者のいずれかに分類されることが多い。このタイプの違いにより日々のトレーニング計画を変えることは当然必要となってくるが、競技会においても、まずは自分がどのタイプなのかを理解したうえで、その特性にあったレースのプランニングを決定することが重要である。また、体力的な特性だけでなく、身長や筋量といった形態的な特性も考慮した戦術・戦略を考えることも、さらなるパフォーマンスの向上につながるものと考えられる。

　最後に、環境的要因（天候・気温・風）を配慮し、それに応じた準備（トレーニング）および戦略を選択する必要もある。400m ハードル走を例に考えてみよう。400m ハードル走は、スタートから1台目までのアプローチ（45m）と、最終ハードルである10台目ランイン（40m）を除き、35m のインターバルが9区間ある。このインターバル間は競技者自身のもつ自然なステップ長とピッチで走ることが理想であるが、400m すべてを理想的なステップ長とピッチで走り切ることは困難である。そのため、インターバルごとにそれらを調整することが必要となってくるが、競技会当日は、環境的要因、特に風を考慮した戦略・戦術がきわめて重要になってくる。たとえば、通常5台目までを13歩、5台目から7台目までを14歩、

7台目から10台目までを15歩で走る競技者がいるとしよう。バックストレートが強い追い風のときは、13歩の歩数を6台目まで伸ばす、またはバックストレートが強い向かい風のときは、13歩の歩数を3台目までにするなど、コーチは、競技会当日の風の状況を考慮し、戦略・戦術を的確に競技者に指示することが必要となってくる。この際注意すべきポイントは、ウォームアップ時にその戦略・戦術でリハーサルすることができるかどうかである。コーチは、メイン競技場とウォームアップ場での風の状況を確認し、その環境下で新たな戦術をチェックし、競技者に自信をもって競技会に送り出すことが必要である。

2. 競技会当日の行動戦略

　競技会において高いパフォーマンスを発揮するためには、競技会当日の行動戦略はきわめて重要となる。図4-1は、トラック競技における競技会当日の競技会準備および競技会行動の模式図である（村木、1994より改変）。

　このような競技会準備および競技会行動を行うことで、競技者は心理的に余裕をもった状態で競技会にのぞめるため、コーチは入念な事前準備を行わなければならない。特に、待機場所の確保と

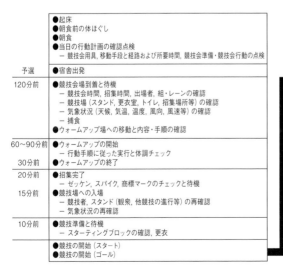
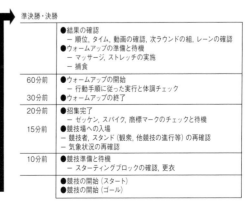

図4-1●トラック競技における競技会当日の競技会準備・競技会行動の模式図　（村木、1994より改変）

設営は，競技者がストレスなく競技を遂行するために重要である。ウォームアップ前のリラックスできる環境づくりやラウンド間の疲労を取り除くための環境づくりなど，ウォームアップ場や招集所との動線も考慮した待機場所の確保と設営は重要である。また，大会の規模によっては，招集時間や招集方法も異なってくる。さらには，大きな規模の大会になると，商標マークの問題やトラックに入場する方法など，通常の大会とは異なるケースがあるため，コーチは事前にこれらの内容について把握し，競技者の負担を軽減することにも努力する必要がある。また，ウォームアップ前やラウンド間に摂る補食の内容や量，さらには気象状況によっては摂取する飲み物の中身まで注意を払う必要があるため，コーチはスポーツ栄養学の知識も身につけ，競技者が最高のパフォーマンスを発揮できるための準備を怠ってはならない。

　なお，競技会当日のウォームアップについては，行動手順に従った実行が必要となるが，当日の天候や体調を見きわめながら行うことが重要である。特に，海外の競技会では，ウォームアップ場が日本とは異なるケースが多くあるため，通常のルーティーンでのウォームアップが実施できないこともある。そういう場合，競技者は精神的に不安定になりやすいが，臨機応変に対応するための引き出しを前もって準備しておく必要がある。

は，競技者の発達段階を見きわめ，それぞれの発達段階および競技レベルに応じたコーチングを遂行することが重要である。具体的には，初心者段階では，基本となる技術や戦術，基礎的な動きや体力の指導に主眼を置いた「指導型コーチングスタイル」を選択する必要があり，中級者段階では，育成行動と指導行動の両方を最大限に高めた「指導・育成型コーチングスタイル」を選択すべきであろう。ジュニア競技者の多くは，この第2ステージで競技を終了することとなるが，シニアでも競技を続ける場合には，第3ステージの「育成型コーチングスタイル」に移行する。この時期は，指導行動をなるべく控え，競技者の自主性を尊重した育成型のコーチングスタイルを選択することが理想的であるが，競技者の性格などを考慮したうえで慎重に選択する必要があろう。また，最終ステージとなるトップアスリートは，高い競技力はもちろんのこと，安定したメンタリティー，高い人間性をもった競技者に成長していることから，育成行動を指導行動の両方を控えた「パートナーシップ型コーチングスタイル」を選択すべきであろう。これらのことを考慮したうえで，ウォームアップも含めた競技会におけるコーチングでは，競技者との距離感や声かけの内容など，適切に選択する必要があろう。

（前村公彦）

3.　競技会におけるコーチング

　競技会におけるコーチングについては，競技者の発達段階および競技レベルに応じたコーチングスタイルを用いる必要がある。**図4-2**は，図子（2014）の指摘にもとづいて競技者の発達段階および競技レベルとコーチングスタイルとの関係をまとめたものである。

　これは，競技力を高める専門的な知識を指導する「指導行動の基軸」を横軸に，自分で考えて行動できるような人間力を高める指導である「育成行動の基軸」を縦軸に取り，4つのステージに分けて考えるというモデルである。競技会において

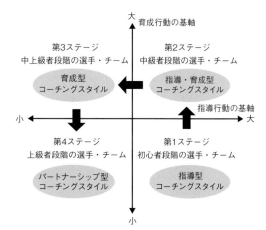

図4-2●競技者の発達過程とコーチングスタイルの関係　（図子，2014より改変）

表4-4●陸上競技棒高跳における競技会当日の行動の模式図　（村木，1994より改変）

	○前日 　　　競技会当日の行動計画を確認 　　　　　　ホテルから競技場までの移動経路と所要時間の確認 　　　　　　ウォームアップの内容確認 　　　競技場の下見 　　　　　　ウォームアップエリアから招集所までの動線確認 　　　　　　棒高跳では，事前に送ったポールの到着の受け取り 　　　当日の食事および飲み物の用意
	○朝の散歩
	○朝食
	○宿舎を出発 　　　競技用具の最終確認
招集完了90分〜120分前	○競技場到着 　　　棒高跳では競技エリアへのポール搬入 　　　気象状況の確認（天候，気温，湿度，風向，風速）
招集完了45分〜60分前	○ウォームアップ場への移動
	○ウォームアップの開始 　　　事前に予定していた手順に従って行う 　　　体調の確認
招集完了15分前	○招集場へ移動
競技開始90分前	○招集完了 　　　ナンバーカード，スパイク，商標のチェック
	○競技場への入場 　　　コーチの所在確認 　　　最終コール 　　　助走マークのセット
競技開始45分前	○公式練習試技 　　　試技開始の高さの申告 　　　アップライトの申告
競技開始	○競技開始 　　　競技進行状況の確認 　　　試技間の待機，試技への準備 　　　適時，水分補給と栄養補給

第4節
競技会におけるパフォーマンス分析

トレーニングを効果的に推進するうえで有効とされるトレーニングサイクルモデル（図子，2014）において，競技会におけるパフォーマンス分析は，「トレーニングアセスメント論」に含まれ，トレーニングサイクルの最終段階であると同時に，次のトレーニングを行ううえでの出発点である。また，青山（2017）は，「試合の分析と評価は，競技力を向上させていくうえで必要不可欠な作業である。競技者とコーチによる試合の分析・評価は，適切なトレーニング課題の設定に大きな影響を与える」と述べている。したがって，競技会のパフォーマンスを適切に分析することは，効果的なスポーツコーチングを行ううえで中核をなすきわめて重要な取り組みであると言える。

本節では，競技会におけるパフォーマンス分析について，①記録の分析，②競技者の内省の分析，③科学的データを用いた分析とその活用，という点から論じる。各項においては，①分析方法，②現在示されている評価の基準等，③今後さらに検討されるべき課題について述べる。

1. 記録の分析

客観的計測スポーツである陸上競技において，記録がパフォーマンスの総合的かつ絶対的な評価指標であることに疑いの余地はない。そして，すべての競技者が，出場する競技会に対して目標となる記録をもって出場し，自己最高記録，年度最高記録など，なんらかの記録の更新を試みるものであろう。しかし，年齢や競技力が高まるにつれ，記録の更新が困難となることは想像に難くない。誰もが最高業績をめざすオリンピックや世界選手権においても，自己最高記録の更新確率は30％以下であるという報告もこれを裏づけるものである（村木，2013）。したがって，自己記録の更新

や目標記録の達成の有無のみならず，一定の基準をもとに記録を客観的に評価することが必要になる。

記録の評価指標として最も代表的なものは，年間最高記録を100％とした当該競技会の記録達成率である（村木，2013）。年間最高記録達成率は，－2％レベル（達成率98％）が「競技的状態」の判定基準として提案されている（村木，2013）。さらに，運動形式および競技会形式に鑑み，トラック競技では－2％レベル，跳躍種目では－3％レベル，投てき種目では－4％レベルを，それぞれ判定基準とすることが提案されている（村木，1994）。また，年度最高記録は，当該シーズン終了後に明らかになるものであることから，達成率の分析は事後的なものとなり，競技会シーズンが進行するなかで個々の競技会の記録をそのつど評価することができない。そのため，前年までの自己最高記録に対する達成率の有用性も指摘されており，短距離種目では－2％，跳躍種目では－4％が判定基準として提案されている（藤川ほか，2007；村木，2013；佐久間ほか，2007）。当該競技会における記録の達成率が，これらの基準に照らしてどのレベルにあるかを評価することが必要であり，達成率がこれらの基準を下回る場合，トレーニングの進行状況の吟味や，心身のトラブル（あがりや故障等）の影響について検討する必要がある。また，風や気温，雨などといった気象条件等の外的コンディションが記録に及ぼす影響も当然考慮に入れる必要がある。

このように，個々の競技会の記録は，年間最高記録や前年度までの自己最高記録に対する達成率によって評価を行うことが可能である。しかしながら，これらの達成率の評価基準は，種目特性，記録が著しく向上するジュニア段階，性別，世界選手権やオリンピックといった重要競技会の有無

などのシーズンによる違いなど，さまざまな状況に応じて設定されることが望ましいと考えられ（村木，2013），今後さらなる調査が求められる。

2. 競技者の内省の分析

青山（2017）は，競技会の分析および評価法の1つとして，コーチやほかの専門家による「自由観察法」を中心とした主観的・質的分析・評価を挙げている。この方法では，コーチ等によって競技会における競技者やチームの行動が観察されることで情報が収集され，主観的な方法を用いて質的に評価される。さらに，このような観察者の情報のみならず，競技者自身の内省も重要な手がかりとなる。すなわち，競技者の内省を競技者自身が分析する「自己観察」とコーチの「他者観察」によって競技会のパフォーマンスを分析することが重要になる。

競技者およびコーチの観察によるパフォーマンスの主観的な分析は，特別な機材などを必要とせず，誰もが一般的に行っているものであると考えられる。そこでは主に，当該競技会における技術および戦術について，運動の欠点の確認と，その欠点が生じる原因の解明が試みられる（グロッサー・イノマイヤー，1995）。このとき競技者は，通常のトレーニングからもっている運動意識の内容，技術的関心をもとにパフォーマンスを判断していると考えられる（青山ほか，2009）。このとき留意したいのは，競技者の自己観察内容，コーチからの他者観察内容および後述する科学的分析データは，必ずしも一致しないことである（青山ほか，2007，2009）。走幅跳を対象とした，競技者の自己観察内容とコーチの他者観察内容との関係についての検討では，試技の成功または失敗の判断が，コーチと競技者との間で一致したのは全体の55%にとどまったことが報告されている（青山ほか，2007）。そのため，競技者とコーチの観察内容に関する議論（運動感覚のすりあわせ）が非常に重要になる。競技者とコーチ，コーチングスタッフの議論を深めるうえでは，映像情報や後述する科学的分析データなども助けとなる。このような競技者およびコーチの主観的な観察，それをもとにした議論によって行われた質的な分析によって，欠点となる技術を抽出し，その原因について吟味したうえで，次のトレーニングに向けて課題を設定していくことが必要になる。

競技者の内省分析，コーチの観察内容に関する質的分析については，競技者やコーチの回顧録や事例的な報告などが断片的に残されているものの，有効な分析方法の提案および分析方法の体系化は実現されていないのが現状である。近年，コーチング学分野では「語り」を手がかりとした質的研究や事例研究の重要性が指摘されており（會田，2014），今後こうした競技会の質的分析の事例が蓄積され，方法論が体系化されていくことが期待される。

3. 科学的データを用いた分析と その活用

青山（2017）は，もう1つの競技会の分析・評価法として，ビデオ分析を通して行われるゲーム分析などに代表される「客観的・量的分析・評価」を挙げており，ここでは科学的データを用いた分析が行われる。また窪（2017）は，科学的データは，コーチングのなかでもパフォーマンス構造の理解，トレーニング目標の設定および競技会の成果の評価に貢献できると述べている。表4-5は，陸上競技の競技会において測定可能なデータの例を示したものである。近年，デジタルビデオカメラやスマートフォンなどの映像機器およびそれを分析するソフトウェア，アプリケーションの飛躍的な発達により，研究者のみならず，コーチやチームスタッフが競技会において科学的データを取得することが可能となってきている。これに加えて，詳細な専門的分析を行うためには，専門的な機材および測定技術が必要になる。

比較的容易に収集可能な科学的分析データとして，走種目では通過タイムや走スピード，歩数，ピッチ，ストライドなどが，跳躍種目（走高跳を除く）では助走スピードがある。投てき種目にお

いては，リリースパラメータと言われる投てき物の初速度，投射角度，投射高などが測定されるが，精度の高い分析のためには専用の分析方法および分析ソフトが必要になる。同様に，各種目の動作分析にも専用の分析ツールが必要になるが，映像から連続写真等を作成することで簡易的な動作の分析の手がかりとなる。

データを測定したのちに重要なことは，データのもつ意味を評価・解釈することである。評価の方法として，個人間の評価（横断的評価）と個人内の評価（縦断的評価）が挙げられる。

個人間の評価では，当該競技者のデータをほかの競技者と比較することで，競技者のもつ特徴や課題を把握する。その際，競技レベルやタイプごとのモデルデータと比較することが有効である。このような比較に利用できるさまざまな種目のモデルデータがこれまでに報告されている（100m：松尾, 2009；宮代ほか, 2013, **表4-6**；400m：山元, 2017；800m：門野, 2015；100mH：川上ほか, 2004, **表4-7**；110mH：宮下, 1993；400mH：森丘, 2006；走幅跳：小山ほか, 2011, **表4-8**）。当該競技会における分析データを，これらのモデルデータと比較することで，目標とするパフォーマンスに対して劣っている点や優れている点，競技者がもつ個性などを把握することが可能になる。具体的には，現状のパフォーマンスレベルより高いレベルのデータと比較することで，現在の欠点や課題が明らかとなるであろう。一方，高いレベルのデータと比較すると短所ばかりが目立ち，何が長所なのかをとらえにくいため，同じパフォーマンスレベルのデータと比較することで，現在の長所や短所などの競技者がもつ個性を把握しやすくなる（谷川・内藤, 2014）。走種目を例に挙げれば，ピッチ型かストライド型か（宮代ほか，

2013；内藤ほか, 2013），前半型か後半型か（門野, 2015；山元, 2017）などの判断が可能になる。

また，個人内の比較では，当該競技者の過去の分析データと比較することで，パフォーマンスの変遷過程や個人のパフォーマンスに影響を及ぼす因子を把握する。**図4-3**は，日本の一流男子400mハードル競技者のレース分析データを示したものである（森丘, 2016）。当該競技会における分析データと，直近の競技会や過去の代表的な競技会（自己最高記録を達成した競技会など）のデータとを比較することで，当該競技会のパフォーマンスの特徴や，課題としてきた取り組みの成果について確認することができる。**図4-4**は，日本の一流100m走競技者の複数レースにおけるレースの平均ピッチおよびストライドを示したものである（土江, 2004）。このように，過去の複数の競技会におけるパフォーマンス分析データと競技会記録との関係について検討することで，個々人のパフォーマンスに影響する要因を探索することができるであろう。

科学的データは，分析するだけでなく，そのデータのもつ意味を評価・解釈することがきわめて重要であり，そのためには横断的，縦断的な知見および具体的な評価基準が必要不可欠である。たとえば，100m走においては，最高走スピードがパフォーマンスと密接に関係することはよく知られているが（松尾, 2009），最高走スピードに至るまでの時間は，パフォーマンスレベルにかかわらずほぼ一定であることも，横断的研究から明らかとなっている（天野, 2012；小木曽ほか, 1997）。このような基礎的な知見を有していなければ，レース分析結果の解釈を誤る危険性が危惧される。わが国の競技会の科学的なパフォーマンス分析は，インターハイ，日本選手権，国体など

表4-5 ●種目別の分析項目

走種目	通過タイム	走スピード	歩数	ピッチ	ストライド	動作
跳躍種目	助走スピード	踏切パラメータ	動作			
投擲種目	リリースパラメータ	動作				

表4-6 ●100m のモデルデータ （松尾ほか，2009；宮代ほか，2013より作成）

記録	最高スピード	通過タイム			身長1m65cm		身長1m75cm		身長1m85cm	
100m		30m	50m	60m	ピッチ	ストライド	ピッチ	ストライド	ピッチ	ストライド
（秒）	（m／秒）	（秒）	（秒）	（秒）	（歩／秒）	（m）	（歩／秒）	（m）	（歩／秒）	（m）
9.50	12.39	3.62	5.37	6.19	5.37	2.24	5.07	2.38	4.76	2.53
9.75	12.03	3.72	5.48	6.33	5.30	2.20	5.01	2.34	4.71	2.48
10.00	11.67	3.81	5.60	6.47	5.25	2.17	4.96	2.30	4.67	2.44
10.25	11.31	3.90	5.72	6.61	5.20	2.14	4.92	2.27	4.64	2.41
10.50	10.95	4.00	5.84	6.75	5.14	2.11	4.87	2.23	4.59	2.36
10.75	10.59	4.09	5.96	6.88	5.10	2.08	4.84	2.20	4.56	2.33
11.00	10.23	4.18	6.07	7.02	5.04	2.05	4.78	2.16	4.52	2.29
11.25	9.87	4.28	6.19	7.16	5.00	2.02	4.75	2.13	4.49	2.25
11.50	9.51	4.37	6.31	7.30	4.95	1.99	4.70	2.09	4.45	2.21
11.75	9.15	4.46	6.43	7.44	4.90	1.96	4.66	2.06	4.42	2.18
12.00	8.79	4.56	6.54	7.57	4.87	1.93	4.63	2.03	4.39	2.15

ピッチ・ストライドはトップスピード区間（30-60m）の値

表4-7 ●100mH のモデルタッチダウン （川上ほか，2004より作成）

	1H	2H	3H	4H	5H	6H	7H	8H	9H	10H
12.5	2.58	3.57	4.56	5.54	6.49	7.46	8.44	9.41	10.40	11.42
13.0	2.64	3.68	4.71	5.71	6.71	7.72	8.74	9.75	10.80	11.83
13.5	2.68	3.76	4.83	5.88	6.92	7.98	9.03	10.10	11.19	12.28
14.0	2.74	3.85	4.96	6.06	7.15	8.24	9.34	10.45	11.59	12.73
14.5	2.79	3.94	5.08	6.22	7.35	8.50	9.64	10.80	12.00	13.20
15.0	2.86	4.04	5.22	6.40	7.59	8.77	9.97	11.18	12.40	13.65
15.5	2.90	4.11	5.33	6.54	7.77	8.99	1025	11.51	12.79	14.09
16.0	2.91	4.15	5.42	6.70	8.00	9.28	10.58	11.91	13.22	14.57
16.5	2.94	4.21	5.50	6.82	8.15	9.48	10.83	12.20	13.58	15.00
17.0	2.97	4.26	5.59	6.93	8.30	9.68	11.08	12.50	13.94	15.43

表4-8 ●走幅跳のモデルデータ （小山ほか，2012より作成）

			跳躍距離（m）							
			5.00	5.50	6.00	6.50	7.00	7.50	8.00	8.50
男子	最高スピード	（m／秒）	8.46	8.79	9.12	9.45	9.78	10.11	10.44	10.77
	踏切前20mタイム	（秒）	2.37	2.30	2.23	2.16	2.09	2.03	1.96	1.89
女子	最高スピード	（m／秒）	8.16	8.54	8.91	9.29	9.67	10.05		
	踏切前20mタイム	（秒）	2.43	2.35	2.28	2.20	2.12	2.04		

	ハードル区間	S-H1	H1-2	H2-3	H3-4	H4-5	H5-6	H6-7	H7-8	H8-9	H9-10	H10-F
1996年 国体	区間時間	6.18	3.74	3.84	3.87	4.00	4.24	4.27	4.57	4.60	4.64	5.14
	通過時間		9.92	13.76	17.63	21.63	25.87	30.14	34.71	39.31	43.95	49.09
	歩数		13	13	13	13	14	14	15	15	15	
1998年 国体	区間時間	5.95	3.65	3.80	3.92	4.07	4.32	4.42	4.60	4.62	4.63	5.21
	通過時間		9.60	13.40	17.32	21.39	25.71	30.13	34.73	39.35	43.98	49.19
	歩数		13	13	13	13	14	14	15	15	15	
2000年 Super陸上	区間時間	5.80	3.67	3.73	3.87	4.03	4.07	4.20	4.36	4.60	4.67	5.47
	通過時間		9.47	13.20	17.07	21.10	25.17	29.37	3.37	38.33	43.00	48.47
	歩数		13	13	13	13	14	14	15	15	15	
2001年 世界選手権	区間時間	5.85	3.65	3.72	3.82	3.90	4.00	4.15	4.33	4.47	4.67	5.33
	通過時間		9.50	13.22	17.04	20.94	24.94	29.09	33.42	37.89	42.56	47.89
	歩数		13	13	13	13	14	14	15	15	15	

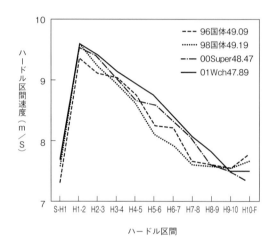

図4-3 ●日本一流400mH競技者のレースパターンの変遷　（森丘，2016より改変）

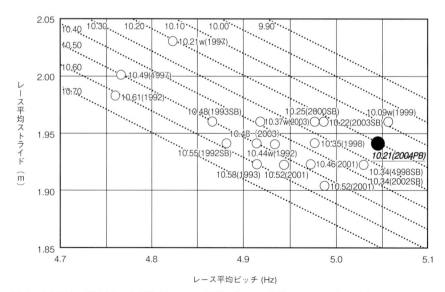

図4-4 ●日本一流100m走競技者のレース平均ピッチと平均ストライドの関係　（土江，2004より改変）
（PB：自己最高記録，SB：年度最高記録，記録の後のwは追い風参考記録を表す）

において継続的に行われており，世界的にも分析データは充実した量を誇るものと思われる。今後はこれらの分析データを集約し，さまざまな評価指標およびパフォーマンスの発達モデルを作成していくことが必要であろう。

これまでの評価基準に関する研究は，日本の男性トップレベル競技者を対象としたものが多いが，世界トップレベルや発達段階にあるジュニアレベル，女性競技者など，さまざまな競技者を対象としたモデルを作成する必要がある。さらに，同一個人のパフォーマンスが向上していく過程について，多数の事例からパフォーマンスの縦断的な発達モデルを作成することで，パフォーマンスの発達段階から見た現状のパフォーマンスの適切な評価およびトレーニング計画作成への活用が可能になると考えられる。また，科学的データを用いた分析と前項で述べた主観的・質的分析・評価と相互に補完し合うことで，当該競技会におけるパフォーマンスを適切に評価することができると考えられる。

4. おわりに

競技会のパフォーマンス分析は，トレーニングサイクルの最終段階であると同時に，次のトレーニングサイクルの方向性を決定する第1段階であり，コーチング活動の中核であるといえる。しかし，近年出版された「コーチング学のわが国初の一般理論書」である日本コーチング学会編集『コーチング学への招待』（日本コーチング学会，2017）においても，該当する内容は，第6章第5節「試合分析と試合評価」および第8章「スポーツ医・科学，情報によるコーチング支援」の数ページ足らずにとどまり，方法論や評価基準が体系化されているとは言い難いのが現状である。本節では陸上競技における競技会のパフォーマンス分析について，記録の分析，内省の分析，科学的データの分析とその利用法の観点から論じた（**図4-5**）。いずれの分析においても，①評価指標を明確にすること，②評価基準を設定すること，③実践事例を蓄積しコーチングへの利用モデルを確立することが必要であると考えられる。これらの分野について，研究および実践の両面から理論の体系化が図られることが望まれる。

（山元康平）

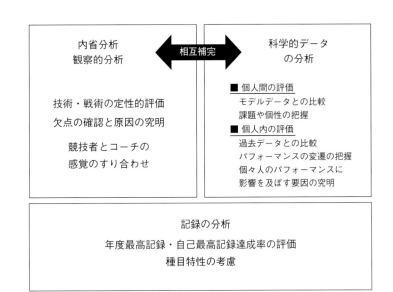

図4-5 ●陸上競技の競技会におけるパフォーマンス分析の概略

●文献

＊會田宏（2014）コーチの学びに役立つ実践報告と事例研究のまとめ方．コーチング学研究，27（2）：pp.163-167.

＊天野秀哉（2012）100m 走の疾走速度変化と局面構造によるレース分析．宮下憲編，スプリント＆ハードル．陸上競技社，pp.41-46.

＊青山清英・越川一紀・青木和浩・森長正樹・吉田孝久・尾縣貢（2007）走幅跳における選手の自己観察内容とコーチの他者観察内容の関係に関する研究．陸上競技研究，71：pp.13-28.

＊青山清英・越川一紀・青木和浩・森長正樹・吉田孝久・尾縣貢（2009）国内一流走幅跳選手におけるパフォーマンスに影響を与える質的要因と量的要因の関係に関する事例的研究－選手の自己観察内容とバイオメカニクス的分析結果の関係から－．体育学研究，54：pp.197-212.

＊青山清英（2017）試合分析と試合評価．日本コーチング学会編，コーチング学への招待．大修館書店，pp.256-258.

＊藤川健司・佐久間康太・谷川聡・河合季信・村木征人（2007）陸上競技跳躍種目における競技的状態の判定ゾーンの再検討．日本スポーツ方法学会第18回大会号，p.54.

＊グロッサー・イノマイヤー：朝岡正雄ほか訳（1995）スポーツ技術のトレーニング．大修館書店．

＊門野洋介（2015）800m 走のレースパターンの分析・モデル化・評価と改善．バイオメカニズム学会誌，39：pp.11-16.

＊川上小百合・宮下憲・志賀充・谷川聡（2004）女子100m ハードル走のモデルタッチダウンタイムに関する研究．陸上競技紀要，17：pp.3-11.

＊小山宏之・阿江通良・藤井範久・宮下憲（2011）競技レベル別に見た走幅跳の助走スピードの定量化－トレーニングで簡便に利用できる指標の提案－．筑波大学体育系紀要，34：pp.169-173.

＊窪康之（2017）スポーツ医・科学によるコーチング支援の現状と課題．日本コーチング学会編，コーチング学への招待．大修館書店，pp.330-334.

＊松尾彰文（2009）レーザー方式による100m レースのスピード評価の試み．日本トレーニング科学会編，スプリントトレーニング－速く走る・泳ぐ・滑るを科学する－．朝倉書店，pp.83-95.

＊宮代賢治・山元康平・内藤景・谷川聡・西嶋尚彦（2013）男子100m 走における身長別モデルステップ変数．スプリント研究，22：pp.57-76.

＊宮下憲（1993）110m ハードルレースに於けるモデルタッチダウンタイムに関する研究．陸上競技研究，14：pp.10-20.

＊森丘保典（2006）男子400m ハードルにおけるタイプ別モデルタッチダウンタイムについて．月刊陸上競技，40（12）：pp.176-178.

＊森丘保典（2016）陸上競技の普及・育成・強化の連続性について考える－最適種目選択のためのタレントトランスファーに向けて－．スプリント研究，25：pp.7-14.

＊村木征人（1994）スポーツ・トレーニング理論．ブックハウス・エイチディ．

＊村木征人（2013）年間トレーニング構成のための標準モデルとしての期分け論．陸上競技研究紀要，10：pp.10-26.

＊内藤景・苅山靖・宮代賢治・山元康平・尾縣貢・谷川聡（2013）短距離走競技者のステップタイプに応じた100m レース中の加速局面の疾走動態．体育学研究，58，pp.523-538.

＊日本コーチング学会（2017）コーチング学への招待．大修館書店．

＊日本陸上競技連盟（2018）競技者育成指針．http://www.jaaf.or.jp/development/model/

＊小木曽一之・串間敦郎・安井年文・青山清英（1997）全力疾走時にみられる疾走スピードの変化特性．体育学研究，41：pp.449-462.

＊佐久間康太・藤川健司・谷川聡・河合季信・村木征人（2007）陸上競技短距離・障害種目における競技的状態判定基準ゾーンの再検討．日本スポーツ方法学会第18回大会号，p.53.

＊Salo, A. I. T., Bezodis, I. N., Batterham, A. M., and Kerwin D. G.（2011）Elite Sprinting: are athletes individually step-frequency or step-length reliant?. Med. Sci. Sports Exerc., 43（6）：pp.1055-1062.

＊谷川聡・内藤景（2014）スプリント・ハードルトレーニングのためのバイオメカニクス知見の活かし方．バイオメカニクス研究，18（3）：pp.157-169.

＊土江寛裕（2004）アテネオリンピックに向けての「走りの改革」の取り組み．スポーツ科学研究，1：pp.10-17.

＊山元康平（2017）陸上競技男子400m 走におけるレースパターンの特性．陸上競技研究，110：pp.2-12.

＊図子浩二（2014）コーチングモデルと体育系大学で行うべき一般コーチング学の内容．コーチング学研究，27（2）：pp.149-161.
　2018年大会一覧．日本陸上競技連盟公式サイト．https://www.jaaf.or.jp/competition/list/?year =2018&month=10，（参照日2018年9月1日）.

＊European Athletics. http://www.european-athletics.org/index.html，（accessed 2018-9-1）

＊USA Track & Field. http://www.usatf.org，（accessed 2018-9-1）.

トレーニング計画と競技会への準備

第1節
トレーニング計画立案の意義

1. トレーニング計画とは

「目標競技会における最高の競技成績達成」。これは競技スポーツにおける多くの競技者に共通するトレーニングの目的である。しかし，これを実現させることは決して容易なことではない。なぜなら，トレーニングの成果は決して偶然に生み出されるものではなく（ボンパ，2006），また，1日ごとのトレーニングで完結されるものでもないからである。

競技を行うために必要な競技者の能力，すなわち競技力とは，体力や技術力など競技者の各能力の単なる集合体ではなく，それら多くの能力が，競技を行うために1つのまとまりとして機能する総合的な能力である。そこで，最高の競技成績を達成するためには，目標とする競技会その瞬間にそれら競技者の能力を1つのまとまりとして最高の状態に仕上げることが必要となる。したがって，シーズン中に開催される複数の競技会への無計画な出場は，目標競技会に向けての適切な競技力形成を阻む要因ともなる。競技会には，競技力を比較して競い合うこと以外にもさまざまな機能がある。たとえば，競技力の現在値を確認することや，競技力をまとまりとして複合的にトレーニングすることができる絶好の機会にもなり得る（青山清，2017）。

近年の研究では，このような競技会の機能を効果的に利用することの重要性が明らかとなり，トレーニング活動と競技会活動が適正に行われるために必要な競技会数が，年間8～10競技会であることも示されている（Платонов，2013）。したがって目標とする競技会で最高の競技成績を達成するためには，適切な競技会選択も重要な要素となり得る。

このように，目標競技会に向けて競技力を適切に形成させるためには，さまざまな知識を正確に理解するだけではなく，競技者個々の状況に応じて必要な要素を選択的に取り入れていくことが求められることから，トレーニング計画は非常に複雑なプロセスとなる。

トレーニング計画とは，目標とする競技会に向けて適切に競技力を形成するための理想モデルであり，複雑なプロセスを進んでいくための道標となる重要な役割を果たすものである。しかし，これはあくまでも理想モデルであるため，すべて予定どおりに進行するとは限らない。したがって，トレーニングを実施するなかで，各時点における競技力の状態を確認し，必要に応じて適宜計画の修正を行わなければ，最終的な成果につながらないということを理解しておかなければならない（青山亜，2017）。

2. トレーニング計画立案のプロセス

一般的にトレーニング計画を立案する際，「トレーニング課題」や「トレーニング手段に用いる運動」など，トレーニングを構成する具体的な内容に関心の目が向いてしまうことが多い。そして，それらを検討するためには，守らなければならない原則（表5-1）や，考慮しなければならない多くの要素（表5-2）があるということについては，すでに多くの指導書等に示されている。しかし，このようなトレーニング構成の具体的な内容を検討する前に，個々の競技者によって明確にしておくべき重要なポイントがある。

前述したように競技スポーツにおけるトレーニングの目的は，目標とする競技会その瞬間に競技者の競技力をまとまりとして機能させ，最高の競技成績を達成することにある。

表5-1 ●トレーニング計画立案の原則

最高成績への志向性と専門化	個々の種目における最高の競技成績達成には「種目の専門化」が必要となる。「種目の専門化」は「最高成績への志向性」の重要な前提となり，これによってトレーニングの方向性・課題が示されることとなる。
一般的トレーニングと専門的トレーニングの相補的関係	高度な専門化は多面的・全面的な発達を土台に成り立つ。競技力を適切に向上させるためには，一般的トレーニングと専門的トレーニングが相互に補い合って機能することが絶対条件となる。
トレーニングプロセスの連続性	競技力の形成は多年にわたりかつ年間を通して計画的に行うプロセスである。したがって競技スポーツのトレーニングは，競技力の構成要素に脱適応の状態が生じないよう，連続的なプロセスである必要がある。
トレーニングにおける負荷増大の二面性「漸進性と最大負荷」	競技力向上のためには，用いる負荷を増大させること，そして自己の限界に近い最大負荷を用いることが要求される。漸進的に負荷を増大させることによってはじめて最大負荷を用いる基礎がつくられる。
トレーニング負荷の波状変動	トレーニング負荷を波上に調節する方法を用いることにより，負荷の増減を自在に組み合わせることが可能となるため，オーバートレーニングに陥ることなく，大きな負荷を用いたトレーニング実施が可能となる。
トレーニングプロセスの周期性	トレーニングの目的は，最重要競技会での最高成績達成にある。したがって，トレーニングを構成している各サイクルは，競技力向上のためのトレーニングプロセス全体の一部として，次のサイクルへと有機的にかかわり合いながら機能し最終成果へと統合されていく。

(青山ほか，2017より作表)

表5-2 ●トレーニング計画立案の前提

競技目標の設定	適切な目標を設定するためには以下の点を考慮する必要がある。 ・競技歴，年齢，種目（ポジション含む） ・達成までの期間 ・実現の可能性 ・具体的かつ明確な目標 ・単年次だけではなく多年次の目標
トレーニング課題の抽出	適切な課題を抽出するためには，現状を把握し目標との比較することが必要である。そのうえで，以下の点を考慮して検討する。 ・トレーニングの一般性と専門性 ・競技力についての正確な理解 ・各競技種目の特徴に応じたトレーニング要素の配分
トレーニング手段としての運動の選択	トレーニング手段として用いる運動は，各種目の競技会で行われている運動との構造的類縁性にもとづいて以下の3つに大別されるため，各種目の競技会で行われている運動の構造的特性を明確にしておく必要がある。 ①競技会運動 ②専門的トレーニング運動 ③一般的トレーニング運動
運動の実施方法の選択	運動の課題や目的は，運動の実践方法によって変化する。 トレーニング課題にあった運動の実践方法を選択する必要がある。

(青山ほか，2017より作表)

しかし，高度に発展した現代の競技スポーツでは，出場する競技会の選択や最重要競技会の位置づけ等が多様化し，各競技者によってさまざまな戦い方が見られるようになったことから，個々の目標に応じた最適な競技力形成の戦略を立てる必要性が生じている。

たとえば，陸上競技において国際的なトップレベルに位置する競技者が大学生の場合，オリンピ

ックでの最高成績達成のみをめざす競技者もいれば，地区インカレ・日本インカレでのよい成績をめざすとともに，オリンピックでの最高成績達成を目標とする競技者もいる。前者の場合，年間トレーニングプロセスのすべてを，オリンピックという1つの最重要競技会のために集中させることが可能となるが，後者の場合は複数の競技会にピークをつくっていかなければならない。すなわち，両者の競技力形成の方向性は必然的に異なり，各競技者が目標を達成するためには個々の状況に応じた最適な戦略を立てることが必要となる。

　トレーニング計画とは，目標とする競技会に向けて適切に競技力を形成するための理想モデルであることはすでに述べた。したがって，トレーニング計画を立案する際にまず考えなければならないことは，「何をめざし，どのように戦っていくのか」という，競技力形成の大きな枠組みとなるフレームワークを決定することである。どのように競技力を形成していけばよいのか，ある程度の方向性が定まることによって，はじめて個々の状況に応じたトレーニングの具体的な内容を詳細に検討することが可能となる。

（青山亜紀）

現代の競技スポーツにおける トレーニングピリオダイゼーション理論

1. トレーニングピリオダイゼーションとは何か

　トレーニングピリオダイゼーションとは，「一定のサイクルでトレーニングの構成と内容を合目的的に周期的に変化させること」と旧ソ連の研究者マトヴェイエフは定義している（Matwejew, 1972）。

　わが国においてこの用語は「トレーニング期分け」として広く認知されており，実際のトレーニング現場やさまざまな種目の指導書においても，トレーニングプロセスを「準備期・競技会期・移行期」の3つの期間に区分して各期のトレーニング内容が示されている。

　このように，トレーニングピリオダイゼーションが，トレーニング計画を立案するための基盤となる重要な理論であるということは一般的に理解されていると考えられるが，トレーニングプロセスが「何にもとづいて区分されているのか」という，ピリオダイゼーションの原理がどこまで理解されているかは疑問である。個々の状況に応じた競技力形成の理想モデルとしてのトレーニング計画を立案するためには，この点を十分に理解しておかなければならない。

　前述したようにトレーニング計画立案の最初のプロセスは，トレーニング計画のフレームワークを決定することであり，このことは「競技力形成の方向性を明確にすること」を意味する。そして，この競技力形成の方向性を明確にする方法論的原理が，トレーニングピリオダイゼーションなのである。したがって「何にもとづいて用いられるピリオダイゼーションなのか」ということによって競技力形成の方向性が定まってしまう。

　現代の競技スポーツでは，ピリオダイゼーションの原理の違いにより，複数のトレーニングピリオダイゼーション理論が存在しており，ピリオダイゼーションごとに「競技力形成の方向性」が異なる。したがって，個々の状況に応じたトレーニング計画を立案するには，各理論の特徴を正確に理解したうえで適切なピリオダイゼーションを戦略的に選択する必要性がある。

　本節では，トレーニングピリオダイゼーション研究の分野における代表的な研究者であるマトヴェイエフ（Матвеев），イスリン（Issurin），プラトーノフ（Платонов）によるトレーニングピリオダイゼーション理論の特徴を述べ，各理論にもとづくトレーニング計画モデルについての陸上競技における適用例を示す。

2. マトヴェイエフによる伝統的なピリオダイゼーション理論

(1) 理論の特徴

　1960年代に体系化された旧ソ連の研究者マトヴェイエフによるトレーニングピリオダイゼーション理論は，季節・気候的条件にもとづきトレーニングプロセスを期分けしていたそれまでの理論とは一線を画し，「競技力の全体性」をふまえて検討された理論である。この理論の特徴は，競技者が競技会でよい成績を生み出す根拠を，競技者自身に関わるさまざまな現象を帰納的にとらえて明らかにしたことにある（青山⊞，2018）。

　この理論誕生の背景には，第二次世界大戦後の社会情勢が大きく影響している。東欧圏の国々を中心に推し進められたエリートスポーツ政策では，オリンピックで多くのメダリストを輩出することが最大の目的であった。そのために，トレーニングを科学研究の対象として分析する必要性が生じ

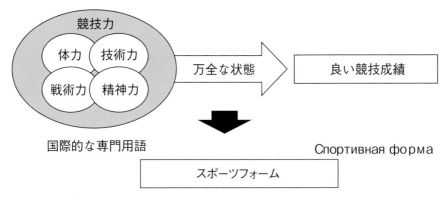

図5-1●スポーツフォーム

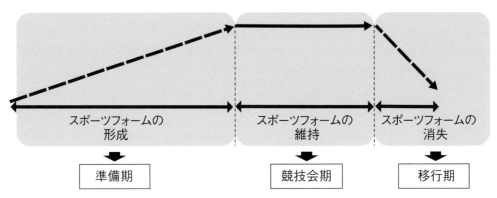

図5-2●「スポーツフォーム」の発達周期特性にもとづいたスポーツトレーニングの周期的構造

たのである。さまざまな分野の研究が行われるなか，マトヴェイエフは，多くのトップ競技者の競技成績の変動について詳細な分析を実施した。その結果，競技者が競技会で最高の競技成績を達成するためには，競技力を構成するすべての要素が単独で機能するのではなく相互に作用し，総合的なまとまりとしてとして機能することが必要であることを明らかにした。マトヴェイエフはこの競技力の状態を「スポーツフォーム（спортивная форма）」と名付け，「スポーツトレーニングの各マクロサイクルにおいて合理的なトレーニングを行い，最高の記録を出し得る程度に身につけた，競技者の身体的・技術的・戦術的・精神的要素が包括された，総合的な最高の準備状態」と定義した（マトヴェイエフ，1985）（**図5-1**）。すなわち，競技者は「スポーツフォーム」を獲得していなけ

れば最高の競技成績を達成することはできないのである。

またマトヴェイエフは，以下に示すようにスポーツフォームの発達には一定の周期があることを見出した。①「スポーツフォーム」が形成されるまでには非常に時間がかかること，そして，②一旦獲得された「スポーツフォーム」はある程度の期間維持することが可能であること，③さらに「スポーツフォーム」は必ず失われる期間があること。このような現象の存在は，競技者がよい競技成績を達成するための「万全な状態」をつくり上げるためには長期間かかり，そして競技者の「万全な状態」は長くは継続しないことを意味する。スポーツフォームの現象にもとづいてマトヴェイエフは，**図5-2**に示したようにトレーニングの期間を「準備期・競技会期・移行期」に区分

した。準備期は「スポーツフォーム」の前提条件をつくり上げる一般的準備期と，スポーツフォームの完成をめざす専門的準備期から構成される。そして，完成された「スポーツフォーム」を維持する競技会期において競技会に出場し，移行期ではトレーニングと競技会によって蓄積された疲労を回復させる期間とした（マトヴェイエフ，1985）。

　以上のように，マトヴェイエフによる伝統的なピリオダイゼーション理論は，目標とする最重要競技会に向けて最高の競技成績を達成するための競技力形成の方法として導き出されたものであり，その特徴は，「長い準備期・競技会期・移行期」から構成され，長期的プロセスで競技者の最高の競技力の状態をつくり上げるシングル・ダブルサイクルのトレーニング計画を基本としている。この理論は，体系化された1960年代から現在に至るまで最も広く認知されているトレーニングピリオダイゼーションである（村木，1994）。

(2) マトヴェイエフ理論にもとづく
　　トレーニング計画モデル
　　──陸上競技における適用例

　1990年代以降，競技スポーツの発展にともない，トップ競技者が年間に出場する競技会数が劇的に増加した。このような現代の競技会システムへの不適応さ等が批判されながらも，実際の現場では，長期的なプロセスで競技力を形成するマトヴェイエフ理論にもとづくトレーニング計画モデルに対しての注目が集まっている。そして，実際にさまざまな競技種目においてオリンピックをめざす多くのトップ競技者のトレーニング計画にこのモデルが適用されている。伝統的なシングル・ダブルサイクルのトレーニング計画をそのままトップ競技者に適用し，大きな成果を上げている例も見られるが，それには競技者がそのトレーニングを実施するのに適した競技キャリアの段階にあることが前提となる（Платонов，2009）。なぜならマトヴェイエフ理論は，高強度による専門的なトレーニングを実施することが可能な競技キャリアの段

階にあるトップ競技者のために体系化されたものであるからだ。したがって，伝統的なシングル・ダブルサイクルのトレーニング計画をトップ競技者以外の競技キャリアの競技者に適応させるためには，その段階におけるトレーニングの目的や特徴，種目の特性などを考慮する必要性がある（Платонов，2009）。

　陸上競技においてもこの伝統的なトレーニング計画モデルを，種目や競技キャリアに応じてアレンジして用いられている例が見られる。**図5-3**は「最高の競技力を達成するための準備段階」にある若い女子走幅跳競技者のために推奨されたシングルサイクルのトレーニング計画モデルである。この場合，トップ競技者のシングルサイクルのトレーニング計画をそのまま適用させるのではなく，トレーニング負荷量を比較的少なめにし，少ない競技会を目標に最高の競技力を発揮することに主眼を置くことを考慮している。この例では，年間に複数の競技会出場が見込まれているが，実際には7月後半の主要競技会をめざしたもので，そのほかのすべての競技会はテスト競技会および練習競技会の機能を果たすよう計画されている。

　また，**図5-4**は，「最高の競技力を発揮する段階」にある男子砲丸投トップ競技者に推奨されたダブルサイクルのトレーニング計画である（Платонов，2013）。

3. イスリンによるブロック・ピリオダイゼーション

(1) 理論の特徴

　1990年代以降，競技スポーツの発展にともなってトップ競技者の年間出場競技会数が劇的に増加したため，年間に1つあるいは2つのピークをつくり上げるマトヴェイエフ理論では現代の競技スポーツの実情にはそぐわないとの批判が生じた。このような状況から，ブロック・ピリオダイゼーションは，高度化した競技スポーツのトップ競技者の要求に応じるように，目標とする複数の競技会に合わせて競技力を形成していく方法として導

週	1–12	13–15	16–21	22–32	33–36	37–39	40–46	47–52
競技会		○○	○○		○	○○○	○○○○	
重要度		4 3	2		4 4	3 3 2	3 3 1 3 2	

マクロサイクル

期	準備期				競技会期			移行期
段階	一般的準備		専門的準備		競技会前	競技会		
メゾサイクル	第1	第2	第3	第4	第5	第6	第7	第8	第9

	第1	第2	第3	第4	第5	第6	第7	第8	第9
技術的準備	跳躍局面の改善	踏切の合理的な技術の形成	全助走の技術の形成	助走と踏切の連結の改善	助走の安定	質の高い正確な助走	全体的な技術の安定	計画された成果の達成	計画された成果の達成
戦術的準備	—	—	競技会活動のシミュレーション	踏切のためのコーチマークの選択	複雑な条件の作成	競技会参加の分析	必要に応じて	必要に応じて	必要に応じて
身体的準備	一般的持久力の発達	最大筋力の発達	最大筋力と加速力の発達	爆発的筋力とスピードの発達	爆発的筋力と最大スピードの発達	最大スピードと爆発的筋力の発達	バランスの維持	テーパリングに身体的準備のレベルを維持	身体的準備のレベルを維持
精神的準備	競技会出場の目標設定	準備プロセスにおけるモチベーションの形成	競技会前後の集中	踏切におけるエネルギーの集中	競技会前の平常心を保つ	競技会前の平常心を保つ	最終調整に焦点をあてる	競技会プロセスに焦点をあてる	負荷軽減

ミクロサイクル 1–52

トレーニング負荷（量、強度）

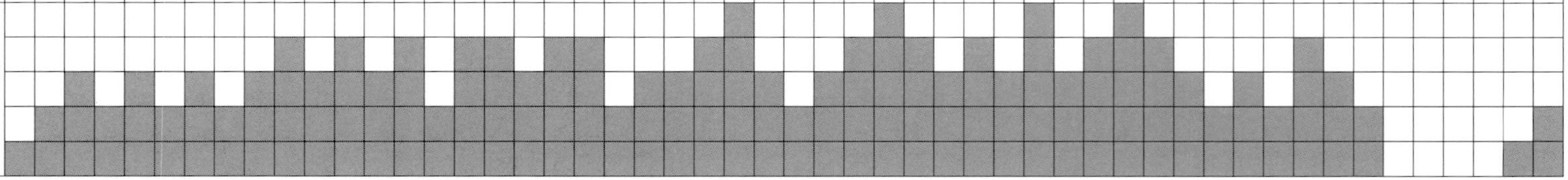

○ 重要度の低い競技会 2, 1　　○ 主要競技会 4, 3

図5-3 ●最高の競技力を達成するための走幅跳選手のシングルサイクルの年間トレーニング計画モデル

(Платонов.В.Н. (2013) Периодизация спортивной тренировки. Общая теория и её практическое применение. Олимпийская литература. p.431 より転載)

週	1	2	3	4	5	6	7	8	9	10	11	12	13	14	15	16	17	18	19	20	21	22	23	24	25	26	27	28	29	30	31	32	33	34	35	36	37	38	39	40	41	42	43	44	45	46	47	48	49	50	51	52
競技会																◯	◯			◯		◯														◯	◯			◯	◯	◯	◯			◯	◯					
重要度																4	3			2		2													4	4		3		3	3	3	2			1	3	2				

マクロサイクル

	第1	第2

期 / 段階 / メゾサイクル

メゾサイクル	第1	第2	第3	第4	第5	第6	第7	第8	第9
期	第1準備期		第1競技会期		第2準備期			第2競技会期	
段階	一般的準備1	専門的準備1	競技会前1	競技会1	一般的準備2	専門的準備2		競技会前2	競技会2
技術的準備	グライド投法から回転投法への移行	技術的改善にとりくむ	競技会技術の選択	リズムの選択	回転に焦点をあてる	パワーの安定	投げの安定	全加速力の調整	リズムの選択
戦術的準備	—	—	競技会活動のシミュレーション	必要に応じて	—	競技会活動のシミュレーション	複雑な条件の作成	競技会参加の分析	必要に応じて
身体的準備	最大筋力	スピード／爆発的筋力	力／パワー	スピード／パワー	最大筋力	スピード	スピード／爆発的筋力	パワー	爆発的筋力
精神的準備	競技会出場の目標設定	集中力のコントロール	イメージの作成	競技会に焦点をあてる	必要に応じて	競技会前の平常心を保つ	競技会前の平常心のシミュレーション	自己調整	競技会プロセスに焦点をあてる

ミクロサイクル　1 2 3 4 5 6 7 8 9 10 11 12 13 14 15 16 17 18 19 20 21 22 23 24 25 26 27 28 29 30 31 32 33 34 35 36 37 38 39 40 41 42 43 44 45 46 47 48 49 50 51 52

トレーニング負荷（量、強度）

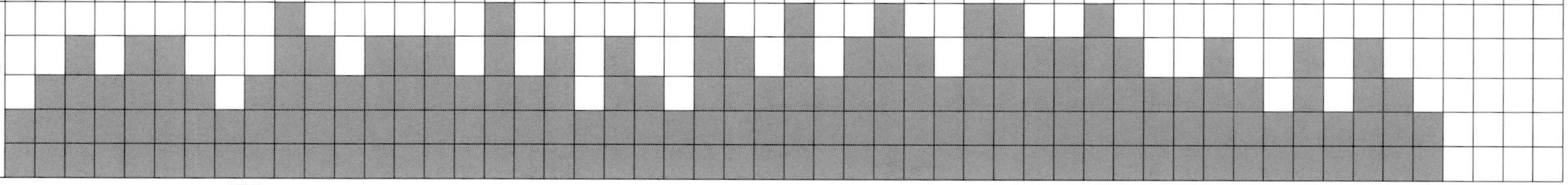

凡例：◯ 重要度の低い競技会　◯ 主要競技会 4、3　◯ 主要競技会 2、1

図5-4●個人の最高の競技力を発揮する段階にある砲丸投選手のダブルサイクルの年間トレーニング計画モデル

（Платонов.В.Н.（2013）Периодизация спортивной тренировки. Общая теория её практическое применение. Олимпийская литература. p.431 より転載）

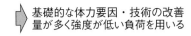

蓄積（Accumulation）ブロック	⇨	基礎的な体力要因・技術の改善 量が多く強度が低い負荷を用いる
転換（Transmutation）ブロック	⇨	向上した一般的運動能力を 専門的な競技の準備に転換する
現実化（Realization）ブロック	⇨	ピーキング 完全回復や最大スピードの獲得， 各種目の専門的な準備も含む

図5-5 ●ブロック・ピリオダイゼーションの３つのブロック
(Issurin, 2008a より作図)

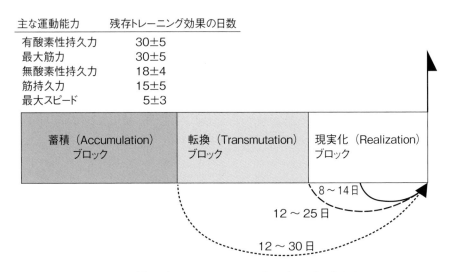

図5-6 ●残存トレーニング効果（Residual training effects）の重ね合わせ
(Issurin, 2008a より改変)

き出された（Issurin, 2008a）。

その構造は，**図5-5**に示したように非常にシンプルなものであり，３つのブロックを基本単位としている。

イスリン（2008a）は，多くのトレーニング刺激に対し，身体は同時に対応することに限界があることを指摘し，各ブロックにおいてトレーニングのターゲットにする運動能力の数を最小にし，残存トレーニング効果を合理的に利用することを基礎とした。

このような原理にもとづきブロック・ピリオダイゼーションは，次のような方法を用いて構成されている。

①単一のブロックの期間は，過度の疲労の蓄積なしに生化学的・形態的な望ましい変化を引き起こすことができる２～４週間とする。

②３つのブロックが連結し１つのトレーニングステージを構成する（約２ヶ月）。

③各トレーニングステージの最後に競技会（テスト競技会も含む）を配置する。

④プレシーズンのトレーニングステージは長くなり（約３ヶ月），重要な競技会が頻繁となるシーズン後半では短くなる（25日程度）。

⑤年間サイクルにおけるトレーニングステージの総数は４～７つまでと変化に富む。

このように年間サイクルは，各競技会に合わせた複数のトレーニングステージの連続からなる短期的なプロセスを繰り返すものとなる。

(2) ブロック・ピリオダイゼーションのトレーニング計画モデル——陸上競技における適用例

ブロック・ピリオダイゼーションはマトヴェイエフ理論との間に根本的な違いが存在する。それは「何にもとづくピリオダイゼーションなのか」という点である。マトヴェイエフ理論は，「競技者の最高の準備状態をつくり上げる長期的プロセス」にもとづいたピリオダイゼーションであることはすでに述べた。これに対しブロック・ピリオダイゼーションの特徴は，「年間にわたる複数の競技会に焦点を当て短期的プロセスを繰り返す」という点にある。実際のトレーニング現場では，このようなブロック・ピリオダイゼーションにもとづくトレーニング計画によって，複数の競技会

2013年10月	2013年11月	2013年12月	2014年１月	2014年２月	2014年３月	2014年４月	2014年５月	2014年６月
1　蓄積(1)	1	1	1	1　ドイツ室内	1	1	1	1　Götzis
2	2	2	2	2　ドイツ室内	2	2	2	2
3	3	3	3	3　蓄積(3)	3	3	3	3
4	4	4	4	4	4	4	4	4
5	5	5	5	5	5	5	5　現実化(4)	5
6	6	6	6	6	6	6	6	6
7	7	7	7	7	7	7	7	7
8	8	8	8	8	8	8	8	8
9	9	9	9	9	9	9	9	9
10	10	10	10	10	10	10	10	10
11	11 現実化(1)	11	11	11	11	11	11	11
12	12	12	12 現実化(2)	12	12	12	12	12
13	13	13	13	13	13	13	13	13
14	14	14	14	14	14	14　転換(4)	14	14
15	15	15	15	15	15	15	15	15
16	16	16　転換(2)	16	16	16	16	16	16
17	17	17	17	17	17　現実化(3)	17	17	17
18	18	18	18 地域選手権	18	18	18	18	18
19	19	19	19 地域選手権	19	19	19	19	19
20	20	20	20	20	20	20	20	20
21　転換(1)	21	21	21	21	21	21	21	21
22	22	22	22	22	22	22	22	22
23	23	23	23	23	23	23	23	23
24	24	24　再生	24	24　転換(3)	24	24	24	24
25	25　蓄積(2)	25	25	25	25	25	25	25
26	26	26	26	26	26	26	26	26
27	27	27	27	27	27	27	27	27
28	28	28	28	28	28	28	28	28
29	29	29	29		29	29	29	29
30	30	30	30		30	30	30	30
31		31	31		31　蓄積(4)		31　Götzis	

図5-7●年間のトレーニングブロックの配分例（４トレーニングステージ）
（Müller and Schrader，2013より改変）

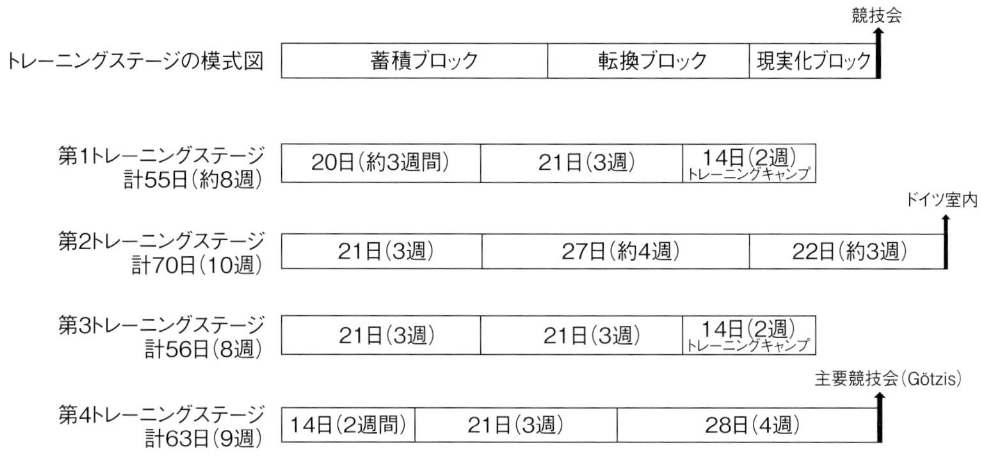

図5-8●４つのトレーニングステージのブロックの配分　（Müller and Schrader，2013より作図）

で成果を上げている報告も見られる（Issurin, 2008a）。

しかしマトヴェイエフは，「最重要競技会での最高の競技成績達成」という点においては，ブロック・ピリオダイゼーションに重大な問題点があることを指摘している。ブロック・ピリオダイゼーションによる競技力形成の方法は，各競技会に合わせた短期的プロセスの繰り返しであるため，競技者の最高の準備状態（スポーツフォーム）は未完成のまま競技会へ出場することとなる。そのため，各競技会での競技力は最大下レベルの状態が繰り返されることとなり，最重要競技会での最高の競技成績達成は困難となることは避けられない（マトヴェイエフ，1985）。

このように，最重要競技会での競技成績については大きな問題点があるものの，陸上競技においてブロック・ピリオダイゼーションの適応可能性はまったくないとは言えない。図5-7は，2014年のシーズン最初の最重要競技会に向けた混成競技の競技者に実際に適用されたブロック・ピリオダイゼーションにもとづくトレーニング計画モデルである。また図5-8は，このモデルにおける各トレーニングステージのブロックの配分と具体的な期間を示したものである（Müller and Schrader, 2013）。

2つの図から，このモデルにおける競技力形成のプロセスが，最重要試合に向けて短期的なプロセスの繰り返しであることが明確に見て取れる。混成競技は複合種目のため，複数種目のトレーニングを実施しなくてはならない。そのためそれらのすべての種目について，単独種目と同様の内容でのトレーニングを実施することは物理的に不可能である。

したがって，このような種目における競技力形成の方法について，トレーニングのターゲットとする運動能力をできるだけ少なくし，残存トレーニング効果を合理的に利用する原理にもとづくブロック・ピリオダイゼーションを適用することは有効である可能性が示唆される。

表5-3には，各ブロックの1週間のトレーニングのモデルプランを示した。このプランでは，跳躍力，スプリントスピード，スプリントパワー，砲丸投，走高跳を優先的にトレーニングしている。蓄積ブロックでは基本的な体力・技術的要素の向上および改善を目的にトレーニングを行っている。転換ブロックでは，各競技種目の技術向上を目的として，漸進的に強度を増加させている。そして最後の現実化ブロックでは，競技会に向けての専門的な準備を行っていく（Müller and Schrader, 2013）。

このように，マトヴェイエフ理論とブロック・ピリオダイゼーションでは競技力形成の方向性がまったく異なることを十分に理解し，適用の可能性を検討することが必要となる。

4. プラトーノフによるピリオダイゼーション理論

(1) 理論の特徴

プラトーノフのピリオダイゼーション理論は，マトヴェイエフの伝統的なピリオダイゼーション理論をベースに，現代の競技スポーツの実情に適応するように発展させたものである。プラトーノフ（Платонов，2013）は，最重要競技会に向けた競技力の形成に関して，マトヴェイエフ理論の主要概念である「スポーツフォーム発達の法則性」の重要性を再三にわたり強調している。この理由は「スポーツフォーム発達の法則性」は，トレーニングを実施する対象が人間であるならば，たとえどんなに時代が変化しても必ず存在し続けるものであるため，この法則性に反した方法でトレーニングを実施すると，最重要競技会での競技成績達成に大きなリスクが生じる可能性が避けられないからである（マトヴェイエフ，1985；2003）。しかし，今日の競技スポーツにおける競技会システムでは，多数の競技会出場は不可避であり，マトヴェイエフ理論と同様の方法をとることは困難である。

プラトーノフ（Платонов，2009）は，このような現代の競技スポーツに存在している大きな矛

表5-3 ● 3つのブロックの1週間のトレーニングモデル

蓄積ブロックの週間プラン

月	火	水	木	金	土	日
・パワー ・各種スプリント（最大下で行う）	・60minエルゴメーター/ゲーム/持久力トレーニング ・補強運動等 ・快調走（100mまで） ・メディシンボールプログラム	・下り坂スプリント（技術志向/100mまで） ・スプリントスピードのための専門的筋力トレーニング	・60minエルゴメーター/ゲーム/持久力トレーニング ・水泳 ・快調走（100mまで） ・メディシンボールプログラム	・パワー ・スプリントスピード（たとえば、牽引走など）	・フリー	・30min　持久走 ・補強運動等 ・メディシンボールプログラム
・走高跳（技術的要素） ・水平跳躍（砂場で）		・垂直跳躍 ・体操		・走高跳（技術的要素） ・水平跳躍（下り坂）		

転換ブロックの週間プラン

月	火	水	木	金	土	日
・走高跳 ・体操	・軽いメディシンボールプログラム/砲丸 ・60minエルゴメーター/ゲーム/持久力トレーニング ・球技等（100mまで）	・走高跳	・砲丸 ・60minエルゴメーター/ゲーム ・テンポ走（800m/1500m） ・快調走（100mまで）	・走高跳 ・体操	・フリー	・フリー
・パワー ・各種スプリント ・スプリントスピードのための専門的筋力トレーニング		・片脚ジャンプ（30m） ・下り坂走		・牽引走 ・スプリントスピードのための専門的筋力トレーニング	・スピード持久力	

現実化ブロックの週間プラン

月	火	水	木	金	土	日
・テスト競技会（走高跳）	・スプリントテスト：30mクラウチングスタート 40mスタンディングスタート	・ゲーム（再生）	・フリー	・テスト競技会（走高跳）	・スプリントテスト：30mクラウチングスタート 30m加速走	・30min持久走 ・補強運動等 ・ストレッチング（再生）
・テスト競技会（砲丸投） ・砲丸投の前方後方投げ ・30min持久走	・テスト競技会（やり投）			・テスト競技会（砲丸投） ・砲丸投の前方後方投げ ・30min持久走（軽めに）	・テスト（5段跳） ・テスト（30m片脚ジャンプ）	・再生

（Müller and Schrader, 2013 より改変）

盾を解消するために，競技力形成のプロセスについて多面的・重層的に検討した。そして，競技会に向けた競技力の形成においては2つのプロセスが存在し，それらの関連性について正確に理解する必要性があるとの見解に至った。

　1つ目のプロセスは，「競技会に向けた競技者の準備度合い」を形成するプロセスである。これは，競技者の競技力のさまざまな要素を長期間にわたり向上させることにより，安定的で急激に変化しない性質をつくり上げる，いわゆる「スポーツフォームの土台を形成する」プロセスである。

　そして2つ目は，「競技会に向けた準備プロセス」である。この部分は，高いレベルの「準備度合い」をベースに比較的迅速に形成されるプロセスである。このプロセスは，競技者の体力的，技術・戦術的，精神的準備のさまざまな要素を，実際の競技会の状況と有機的に結びつける短期的なプロセスであり，多くの要因に影響を受けやすく不安定な性質をもっている。

　競技会に向けた競技力形成のプロセスは，この2つが個々に機能するとともに，相互に関連することによって構成されていることを理解しておかなくてはならない。

　この原理にもとづき，プラトーノフのピリオダイゼーションは，年間の最重要競技会での最高の競技成績達成を目標に，基礎的・専門的要素の準備度合いを計画的に形成していくなかで，競技会に向けた準備の原則にもとづいて組み立てられた，比較的独立したマクロサイクルを年間数回配置することを基準としている。この方法をとることで，独立したマクロサイクルを複数配置したとしても，伝統的なピリオダイゼーションにおける競技力形成の法則性を逸脱することなく，年間に7つまでのマルチサイクル構造をもつトレーニング計画を構成することが可能となる（Платонов，2009）。

　しかし実際には，年間に配置するマクロサイクルの数とそれに応じた競技会数が多いほど，年間における最重要競技会での最高の競技成績を達成する確率が低下することは避けられない。この点を十分に考慮したうえで，競技者個々の目的や状況に応じたマルチサイクルのトレーニング計画を立案することが必要となる。

　また，どのようなタイプのトレーニング計画モデルであっても，年間における最重要競技会が配置されている最後のマクロサイクルが最も重要であると考えられている。このプロセスは「直接的競技会準備」と呼ばれ，年間に出場する多くの試合の準備とは別に，最重要競技会のための特別な準備プロセスとして位置づけられている。主要な選抜競技会終了後，最重要競技会が開始されるまでに組み込まれるものであり，近年の研究では5～8週間がその最適期間として示されている（П

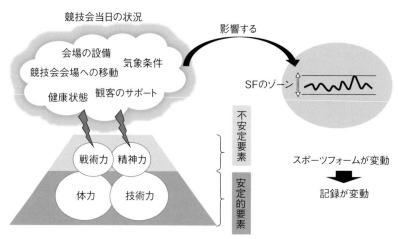

図5-9●競技力の構成要素の模式図

日数	曜日	行事	課題	目的	強度	トレーニング内要
40	月		一般的準備の形成	筋力・jumpパワー		台上ジャンプ, ミックスバウンディング, WT（最大筋力）
39	火			スピード		負荷ドリル, ビルドアップ50m×3×3, 80m×3
38	水			スピード持久力		動き作, テンポ150×3（90%）, 2000×2（80%）, 補強
37	木			休養		REST
36	金			筋力・jumpパワー		台上ジャンプ, ミックスバウンディング, WT（最大筋力）
35	土			調整		A・REST
34	日		専門的準備, 競技会前準備の強化, 臨戦状態のテスト	跳躍		競技会形式の跳躍（5m30・50・65）+心的負荷（50）
33	月			休養		REST
32	火			バランス		体幹補強
31	水			筋力・jumpパワー		負荷付きスキッピング, WT（最大筋力）
30	木			スピード		ポールドリル, ポール走（追い風+向かい風）
29	金			休養		REST
28	土			跳躍		競技会形式の跳躍（30・50・65）+心的負荷（50）
27	日			筋力・jumpパワー		台上ジャンプ, ミックスバウンディング, WT（最大筋力）
26	月			休養		REST
25	火			バランス		体幹補強
24	水			筋力・jumpパワー		負荷付きスキッピング, WT（最大筋力）
23	木			スピード		ポールドリル, ポール走（追い風+向かい風）
22	金			休養		REST
21	土			スピード		ミニハードル
20	日		ピークスポーツフォーム形成における変動要素に対する自信	跳躍		競技会負荷跳躍
19	月			休養		REST
18	火	合宿		スピード		負荷ドリル, ビルドアップ50m×3, ポール走
17	水			筋力・jumpパワー		WT（最大筋力）, パワープレート上での補強
16	木			休養		REST
15	金			跳躍		競技会形式の跳躍+心的負荷
14	土			筋力・jumpパワー		ミニハードル, WT（最大筋力）
13	日			休養		REST
12	月			休養		REST
11	火			スピード		ポールドリル, ポール走（追い風+向かい風）
10	水		リラックスした臨戦態勢でのピークスポーツフォームの実現	筋力調整		WT Big3（90-95-100%×2～3）
9	木			休養		REST
8	金			軽運動		
7	土			最終跳躍		技術の最終確認
6	日			休養		REST
5	月			刺激		スピード系コンディショニング
4	火			休養		REST
3	水			刺激		助走確認
2	木			休養		REST
1	金			刺激		コンディショニング
競技会	土	最重要競技会	臨戦	最高成績達成の実現		精神力/戦術力の充実

図5-10●上級棒高跳選手の最重要競技会に向けた6週間のアプローチモデル

ЛАТОНОВ, 2009）。

　すでに1970年代に, 旧ソ連・旧東ドイツにおいて「直接的競技会準備」の重要性が指摘され, さまざまな試みが検討されてきたにもかかわらず, 今日に至ってもなお, 最重要競技会での最高の競技成績を達成する競技者の確率は低いままである（Платонов, 2009）。その理由は, この特別な準備プロセスの内容が, 競技会に向けての完全回復やトレーニングの遅延効果を引き出す生体の条件を整えるだけでなく, 競技会に向けての競技者の準備のすべての要素を総合的にまとめ上げる機能を果たさなければならず, 非常に個別的かつ複合的な要素が含まれるからである。

　図5-10には, 最重要競技会に向けた約6週間の直接的競技会準備モデルを示した。日本における陸上競技の競技会カレンダーでは, オリンピックや世界選手権の代表選手を選抜する日本選手権は, 本戦の約6週間前に配置されており, 競技会に向けて競技者の準備のすべての要素を総合的にまとめ上げるために最適な期間となっている。この例では, 最重要競技会までの約6週間を4つの局面とし, それぞれの課題を「一般的準備の形成」「専門的準備, 競技会前準備の強化, 臨戦状態のテスト」「ピークスポーツフォーム形成における変動要素に対する自信」「リラックスした臨戦態勢でのピークスポーツフォームの実現」として最重要競技会へのぞんでいる。

　競技者の準備度合いがどんなに高いレベルであっても, この「直接的競技会準備」の出来ばえ如何で最重要競技会での成果が左右されるため, 最

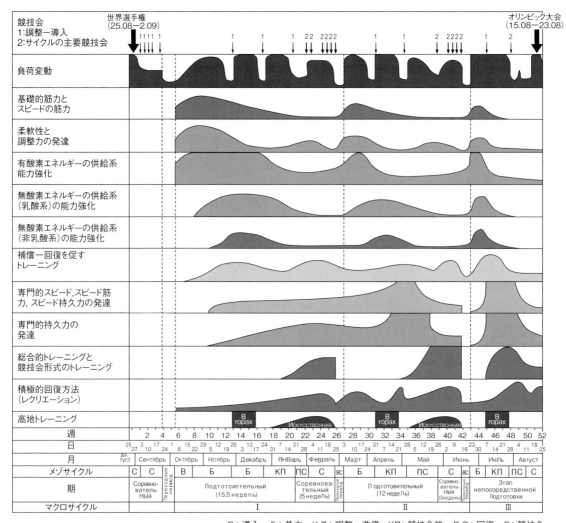

図5-11●2008年オリンピックに向けたウクライナ1500m走選手の年間トレーニング計画のモデル
（Платонов, 2013より転載）

高の競技成績達成のためにはこのプロセスを個々の状況に応じて詳細に検討することが必要不可欠となる。

(2) プラトーノフのピリオダイゼーション理論にもとづくトレーニング計画モデル ——陸上競技における適用例

　現代の高度化した競技スポーツの競技会システムでは複数の競技会出場は不可避である。陸上競技における競技会カレンダーでも，オリンピックや世界選手権などの重要競技会の前には，その出場権を得るための選抜競技会が配置される。また，同一シーズンに重要度の高い競技会が複数配置されることが通常となっている。プラトーノフによるピリオダイゼーション理論は，シングル・ダブルサイクルのトレーニング構造を基本とした伝統的なピリオダイゼーション理論でのスポーツフォーム形成に関わる法則性を守りつつ，比較的独立したマクロサイクルを年間にわたり複数配置することが可能な，マルチサイクル構造もつものであることはすでに述べた。しかし，年間に配置するマクロサイクルの数とそれに応じた競技会数

表5-4 ●中距離走（1500m）選手のためのオリンピックサイクル最終年の年間トレーニングのピリオダイゼーションモデル（各マクロサイクルのトレーニング要素の割合）　　　　　　　　　　　　　　　　　　　　（Платонов, 2013より作表）

	第1マクロサイクル	第2マクロサイクル	第3マクロサイクル
期　間	2007年10月5日〜2008年3月2日	2008年3月3日〜6月22日	2008年6月23日〜8月23日
日　数	150日	112日	61日
総トレーニング時間	660時間	500時間	240時間
総トレーニング課業数	276課業	200課業	90課業
各トレーニング要素の総時間数（　）内はその割合			
1　基礎的筋力とスピード筋力	70時間（10.6%）	25時間（5.0%）	13時間（5.4%）
2　柔軟性と調整能力の向上	70時間（10.6%）	25時間（5.0%）	10時間（4.2%）
3　有酸素エネルギー供給システム能力の向上	200時間（30.3%）	115時間（23.0%）	40時間（16.7%）
4　乳酸性無酸素性エネルギー供給システム能力の向上	50時間（7.6%）	35時間（7.0%）	14時間（5.8%）
5　非乳酸性エネルギー供給システム能力の向上	25時間（3.8%）	25時間（5.0%）	8時間（3.3%）
6　補償―回復	60時間（9.0%）	50時間（10%）	30時間（12.5%）
7　専門的スピードとスピード筋力のトレーニング　スピード持久力の発達	45時間（6.8%）	45時間（9.0%）	24時間（10.0%）
8　専門的持久力の発達	60時間（9.1%）	70時間（14.0%）	40時間（16.7%）
9　総合的トレーニングと競技会形式のトレーニング	30時間（4.5%）	50時間（10%）	31時間（12.9%）
10　レクリエーション的回復方法	50時間（7.6%）	60時間（12.0%）	30時間（12.5%）

が多いほど，年間における最重要競技会での最高の競技成績を達成する確率が低下する（Платонов, 2009）ことから，特にオリンピックをめざすトップ競技者の場合，オリンピックサイクルの最終年には，マクロサイクルの数が多いタイプのマルチサイクル構造のトレーニング計画を用いるべきではないことは明らかである。プラトーノフ（Платонов, 2013）は，このような場合に最適なタイプとして，伝統的なシングルサイクルの特徴と，ダブル・トリプルサイクルの特徴の2つの機能をあわせもつ中間型のトレーニング計画モデルを推奨している。その一例として，**図5-11**および**表5-4**に，オリンピックをめざすウクライナの中距離種目のトップ競技者に推奨された年間トレーニング計画のモデルを示した。このトレーニング計画は，一見すると3つの競技会に合わせてピークを形成するトリプルサイクルのトレーニング計画のように見受けられるが，先行する2つのサイクルの競技会に向けたトレーニングの効果を有効に活用しながら，最終的にオリンピックで

の最高の競技力に到達するように1つのまとまりとして機能させることに大きな特徴がある。具体的な内容として，約5ヶ月の第1マクロサイクルでは，ほかのマクロサイクルと比較し準備期が最も長く，一般的準備の性質をもったトレーニングを大量に実施している。そして競技会期に出場する競技会では，競技会負荷をかけることを課題とし，競技会結果は重視しないことに注意が必要となる。第2マクロサイクルは約4ヶ月で構成されており，第1マクロサイクルの結果を基礎として最後のマクロサイクルを合理的にするための下地をつくる機能をもつ。競技会期は7週間にわたり，競技会形式を幅広く利用して効果的な準備を心がける。そして最後のマクロサイクルは，オリンピックに向けた「直接的競技会準備」に該当している。約2ヶ月間にわたり競技力の状態をまとまりとして引き上げ最適な準備状態をつくり上げることを課題とした重要な役割を果たしている。

（青山亜紀）

第3節
多年次のトレーニングピリオダイゼーション戦略モデル

　陸上競技に限らず，現代の競技スポーツでは最重要競技会に向けた準備の重要性について認識され，各種目においてさまざまな試みが行われている。しかしながら，最重要競技会において最高の競技成績達成を実現できる競技者は非常に少なく，この現象はマトヴェイエフによって研究が着手された時代より大きな変化は見られていない（村木，1994）。

　このような状況から，現代の競技スポーツのトレーニング現場では，最重要競技会における最高の競技成績達成のための方法論はいまだ確立されていないと指摘できる。とりわけ，オリンピックをめざしているトップ競技者やコーチにとって，オリンピックに向けて適切に競技力を形成していく方法論は，重大な関心事となるだろう。単年次に限らず，多年次においても競技力形成の方向性を明確にしなければトレーニングの方向性を見失い，最終的な成果につながらない。したがって，オリンピックをはじめとした多年次のトレーニング計画立案においても，トレーニングピリオダイゼーションを戦略的に検討することが必要となる。

　プラトーノフ（Платонов，2013）は，多年次のピリオダイゼーション戦略について，標準的なピリオダイゼーションを繰り返すことにより，競技者の適応能力が狭められることを指摘し，各年次にさまざまなタイプのトレーニング計画を用いる必要性を述べている。そうすることによって，トレーニングプロセスに変化が生じ，効果を高める可能性につながること，さらに，選手生命を伸ばすための有効な手段にもなり得ると述べている。

　これらのことをふまえ，多年次のサイクルプランを検討したうえで，各年次に配当する適切なピリオダイゼーションを選択することが必要であるとしている。

　ボンパ（2006）は，多年次のサイクルには2つのプランが存在するとしている。1つ目は「単周期のアプローチ」，そして2つ目は「二重周期のアプローチである（**図5-12**）。

　「単周期のアプローチ」とは，トレーニングに関する要因と構成を年次ごとに漸増させていく方法である。基本的にこの方法は，まだ専門化が進んでいない競技キャリアの段階にある競技者に推奨されている。なぜならこの競技キャリアの段階にある競技者には，さまざまな競技力の要素を継

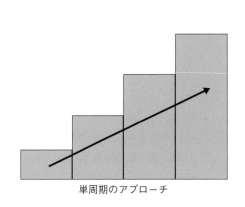
単周期のアプローチ

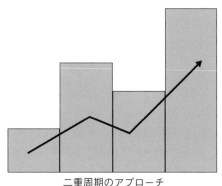
二重周期のアプローチ

図5-12●多年次のサイクルのプラン　（ボンパ，2006より改変）

続的に発達させることが必要となるからである。また，最高の競技力を発揮する段階にあるオリンピックをめざすトップ競技者においても，オリンピックサイクルの期間中に世界選手権等の重要な競技会が毎年ある場合に「単周期のアプローチ」が適用される場合がある。しかしこの場合，非常に疲労が蓄積しやすいため，十分注意が必要となる。

「二重周期のアプローチ」は，波状にトレーニング負荷を配置する方法で，専門の競技に最適な競技キャリアの段階にある競技者の，オリンピックなどの最重要競技会に向けたプランとして推奨されている方法である。各年次の課題は以下のとおりである。1年次は，2年次に実施される強度の高いトレーニングのための基礎づくりをする。2年次は，競技会での高いレベルの競技成績に到達する。3年次は，1年次より高い負荷を用いて翌年のオリンピックの準備を行うため，ストレスのかかる競技会数を減少する。4年次，つまりオリンピック開催年は，オリンピックでの最高の競技力を導き出す。

　以上のように，オリンピックサイクルに代表されるような多年次のトレーニングピリオダイゼーション戦略を検討する際には，今日展開されている各ピリオダイゼーション理論の特徴について，正確に理解することが必要不可欠である。それにもとづき，競技者個々のさまざまな状況をふまえて，多年次のサイクルプランを検討し，各年次の課題に適応したピリオダイゼーションを適切に選択できるか否かで，最終的な成果が決定する。しかし，再三にわたり述べてきたように，トレーニング計画とはあくまでも競技力形成の理想モデルに過ぎない。そのため，すべてが完全に当てはまることは不可能に近い。したがって，理想のモデルにどこまで近づけることが可能なのか，あるいはどの程度の妥協をするのかという判断をするためにも，トレーニング計画立案に関わる多くの知を得ておくことが望まれる。

（青山亜紀）

●文献

＊青山亜紀（2017）競技トレーニングの計画．日本コーチング学会編，コーチング学への招待．大修館書店，pp.233-236.

＊青山亜紀（2018）ロシア語圏におけるスポーツトレーニングのピリオダイゼーション理論の展開．スポーツ科学研究，2：pp.3-13.

＊青山清英（2017）試合への準備．日本コーチング学会編，コーチング学への招待．大修館書店，pp.240-241.

＊ボンパ：尾縣貢・青山清英監訳（2006）競技力向上のトレーニング戦略．大修館書店，pp.142-238.

＊Issurin , V.（2008a）Block periodization versus traditional theory：a review．Journal of Sports Medicine and Physical Fitness, 48（1）：pp.65-75.

＊Issurin , V.（2008b）Block periodization Ⅱ.Ultimate Athlete Concepts：Michigan, p.170.

＊Kazikov, I.B.（2004）ЭТАП НЕПОСРЕДСТВЕННОЙ ПОДГОТОВКИ К ИГРАМ ОЛИМПИАД И ЕГО МОДЕЛИРОВАНИЕ. Теория и практика физической культуры. 4：pp.36-38.

＊Matwejew,L.P.（1972）Periodisierung des Sportlichen Trainings. Bartals & Wernitz, p.38.

＊マトヴェイエフ：江上修代訳（1985）ソビエトスポーツトレーニングの原理．白帝社，pp.316-345.

＊マトヴェイエフ：渡邊謙監訳・魚住廣信訳（2003）スポーツ競技学．ナップ，pp.260-272.

＊村木征人（1994）スポーツトレーニング理論．ブックハウス・エイチディ，pp.62-74，pp.84-92.

＊Müller, F and Schrader,A（2013）Zyklisierung des Trainings in Blöcken. Leichtathletiktraining, 9・10：pp.22-27.

＊Платонов, В. Н.（2009）Теория периодизации спортивной трениро в кивтечение года：история вопроса, состояние, дискуссии, пути модернизации. Теория и практика физической культуры. 9：pp.18-34.

＊Платонов, В.Н.（2013）Периодизация спортивной тренировки. Общая теория и её практическое применение. Олимпийская литература：Киев, pp.375-382, p.382, pp.430-434.

第 6 章

トレーニングにおけるコーチング

第1節
陸上競技におけるコーチング

1. コーチング

コーチングは,〈Coach〉の語源「馬車」を意味し,対象となる人が望むところまで送り届けるという役割を担っている。陸上競技におけるコーチングとは,目標の競技会において最高のパフォーマンス（記録や順位）が達成できるように日々のトレーニングのなかで指導していくことと言える。

一般的に,トレーニングとは,日本語で練習や訓練,鍛錬などと言われ,人間の身体機能に対して運動刺激を与えることにより,身体機能の強化や発達をさせることである。

村木（1988）は,陸上競技の競技者のトレーニングを①精神面に作用する教育的な方向,②技術・戦術面の改善に作用する習熟的（学習的）方向,③体力面の発達改善に作用する強化的方向の3つの方向を示している。これらは,独立して発達させるものではなく,それぞれが運動そのものに内在する要素・側面として相互関連し,同時に運動とトレーニングの本質的な特徴から,相互規定し合う関係にあるとしている。

このように陸上競技のトレーニングは,単に運動刺激を加えて身体機能を強化するというものではなく,技術力,戦術力,体力,心的・知的能力など,さまざまな要素がある。競技者の育成において,コーチは,教育的側面を兼ね備えながら技術面と体力面の融合を図るため,多様な能力が求められると言える。

わが国では,トレーニング方法の代表的な手法として「反復練習」という方法が昔から用いられている。現在も多くの指導現場で用いられており,主運動を繰り返すことで,安定した技術の習得ができるという利点がある。その反面,同じ動作を繰り返し行うことによって起こるステレオタイプの動作や思考になるという点が憂慮されるという一面も考えられる。

ステレオタイプ化は,競技会当日の競技パフォーマンスの再現性という点では優位性を示すが,環境や対人などさまざまな要因が変化していく競技会環境の中で,実力を発揮していくという際に不適応の現象が起こりうる可能性も秘めている。具体的な例として,トラックレースでの相手との競り合いや駆け引き,レースペースの変動への対応や,フィールド競技においては3本までの試技の内容（無効試技,ファール）ないし6本の試技内容など,さらに海外の競技会での競技会運びなど,戦術的側面において,臨機応変な対応ができないという側面も考えられる。

このような状況もふまえると,「反復練習」だけではなく,トレーニングのなかでコーチングを行うことが重要であると言える。トレーニングにおいても,実際の競技場面を想定したトレーニングや技術系トレーニング（専門的トレーニング）として用いられている「全習法」や「分習法」など,さまざまなトレーニングによって,ステレオタイプ化せずに動作習得や対応能力などの獲得が可能となるであろう。したがって,トレーニングの質と量をふまえた内容や,技術レベルに応じたコーチングが重要である。

2. 運動抑制現象と問題の特徴

朝岡（1989）は,スポーツにおける学習位相（一般的に学習段階や学習ステップと同義語で用いられている）について,運動の基礎図式の獲得がめざされる「粗形成段階」,精密図式が獲得される「精形成段階」,より精密な図式が獲得される「最高精形成段階」に区別し,それぞれの段階におい

て「準備―試行―練習―定着―応用」というプロセスを示している。

　陸上競技におけるトレーニングにおいても，同様に形成のレベルに応じ，準備から応用までのプロセスを経ながら技術をはじめ実際のコーチングが行われていると言える。すなわち，運動課題である技術が簡単なものなのか，難しいものか，という形成レベルに応じて，前述した複合的な運動や専門練習などを実施し，定着していくという過程となる。この際に重要なことは，運動課題がどの形成レベルであるのかということを理解しておくことであり，そのためには，対象種目の運動構造を理解し，どの局面にアプローチしていくのかという指針を立てることが重要となる。

　また，競技場面における問題として，競技会本番に最良のパフォーマンスを阻害する要素として「運動抑制現象」が見られることがある。前日練習や競技会当日のサブトラックでは好調だったが，競技会場に入ったら別人になったなどという話はよく耳にすることである。競技場面で思うように身体が動かないことや自身の力のコントロールが不能になる理由は，どこにあるのか？単なる心理面の問題なのか？それとも競技会までに至るトレーニング内容に問題があったのか？どこに問題点があるのかを理解することがトレーニングにおけるコーチングのなかで重要な視点と言える。

　これらの問題への対処法として考えられることは，運動構造を理解したうえで，各種運動の運動経過についても理解しておくことである。これらの理解をすることによって，問題点を全体と部分に分けてコーチングすることができる。また，運動経過の観点からは，科学的データを用いたより客観性をもったデータによるコーチングが可能となり，運動構造においてもバイオメカニクス的な分析などを用いて動きを数量化することが可能となる。しかしながら，実際のコーチング現場においては，必ずしも客観的データでは解決できない現象も存在している。特に運動抑制現象の回避や

動作の習得には，データには現れない「主観的な意識」や「運動のリズム」「客観と主観のすりあわせ」などがポイントとなってくると考えられる。

　これらのポイントは，日々のトレーニングのなかで，競技者とコーチが試行錯誤していきながらお互いの「主観のチャンネル」を合わせていくことによって，技術の習得や修正をしていくことが可能になると言える。トレーニングにおけるコーチングのなかでは，この問題の所在と問題への対処法を明確にして，競技者に対し適正なコーチングや修正コーチングを提供することが重要である。

　本章では，短距離・長距離・跳躍・投てき種目において，日本を代表するコーチが執筆している。特に実践事例を重視し，指導現場における実例を挙げ，トレーニングにおけるコーチングに関する問題点や対処方法等も説明している。前述したように客観的な指標はもとより，トレーニングにおけるコーチングの数字では見えない部分までも言及し，いわゆる「コツ・カン」といった主観的な要素も取り上げている。本章の事例が，現場のコーチに有益な情報を提供できることを期待している。

　最後に，図子・苅山（2017）は，コーチングにおけるトレーニング実践の位置づけのなかで，コーチングにおける目的と行動は主に2つに分類でき，1つは，競技力の向上を目的とした指導行動，もう1つは，人間としてのライフスキル（人間力）の向上を目的とした育成行動であり，このダブルゴールを設定し，アスリートファーストの精神をもつことが必要になるとしている。

　したがって，トレーニングにおけるコーチングとは，日々のトレーニングのなかで競技者とコーチとが共に同じ目標に向けて，共に歩んでいく過程であり，お互いが尊重し合い，競技力の向上もさることながら，人間力の育成をめざしていくことがコーチングの本質であることを述べておきたい。

（青木和浩）

短距離種目におけるコーチング

1. 運動局面

　短距離走は人間の基本的身体運動である，「歩く，走る，跳ぶ，投げる」の中でも最も基礎的な歩行動作に続いて起こる「走る」運動である。また，その中でも，最も全力かつ高い速度で行う動作である。このような競走競技は，ある一定の距離をあらかじめ決められている中で，可能な限り短時間で走りきることによって勝敗を決すると決められている。これはほかのスポーツ種目の中にも部分的に内包する運動であり，この能力が高いことによって，種々のスポーツにおいても秀でたパフォーマンスを発揮することが，しばしば見受けられるものである。また，短距離走のトレーニングにおいてのみならず，種々のスポーツにおいても，トレーニングの要素の中に必ず「走る」または「短距離走」（短い距離でのダッシュ動作など）を取り入れて実践することは多々あり，基本運動の中核としてとらえることができる。

　短距離走（ハードル走を含む）や中長距離走は，陸上競技の種目の中でも，他者による外的な一斉の合図によってスタートしていくものと規定され，動き始めるスタートの判断を自分で決められない種目である。この動作は，ほかの陸上競技の種目である，跳躍種目や投てき種目に見られる自発的スタート（厳密に言うと，制限時間内でみずから始動する）ではない性質のものである。さらに，1人ずつ試技を繰り返し行うことによって，勝敗決定のスポーツシーンが不連続に起こるそれらの種目と違い，一瞬にして，もしくは一斉にかつ連続的に勝敗や順位が決定していくという特性をもつ。また，決められたレーン上を一斉にスタートしていくものであり，ルール上は身体的接触の影響の少ない隔離型の競技であるといえる。

　この一斉かつ一瞬の様相の中で勝敗が決していくために，戦術や戦略もほかの種目と違い，種々の要因のわずかな相違や巧拙によって勝敗と記録という2つのパフォーマンスが決定づけられていくものであり，老若男女，またはどのスポーツ種目と比較しても，最も勝敗のわかりやすい種目であると言える。

（1）運動経過

　短距離走やハードル走は，短時間で完結する全力遂行動作の典型的な種目としてとらえられている。その種目の最初から最後まで絶え間なく全力を出し切る動作であることは，広義的には合致しているといえる。しかし，これをスピードという指標で俯瞰してみると，弛まず超高速な速度にはなっていない。一例として短距離走の典型的なスピード曲線を示した（**図6-1**）。これに明示されるように速度「ゼロ」からスタートして100m走の最高の疾走速度は約6秒間で11〜12m/sec（時速では約45km）にまで加速していき，速度を維持する局面があって，その後は減速していくといった様相を呈する。このような現象は一般的に行われる陸上競技の短距離走種目において変化量の程度の差はあるものの，弛まず全力を出し続けてい

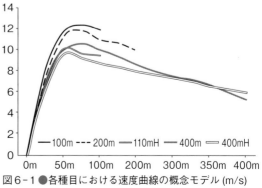

図6-1 ●各種目における速度曲線の概念モデル (m/s)
（宮下，2012より抜粋，加筆）

る種目でありながら，すべからく同様な様相を示す。しかし，「最大疾走スピードが高い」≒「短距離走が速い」という事実は，これまでの多くの研究で実証されている。

　代表的な例として，男子100mの世界記録保持者のウサイン・ボルト選手や日本の一流競技者の疾走スピードの変化を**図6-2**に示した。

　また，100mと200mの記録の関係において100mと200mの記録を**表6-1**に示している。スタートの局面がそれぞれの種目にあるため，単純に100mの記録を2倍するとそのタイムになるとは考えにくい。しかし，世界記録では100mに対して200mでほぼ2倍の2.003倍である。これを日本記録で見ると2.007倍であることから，世界と日本のレベル差をわずかなものとして同等と見るか，大きな差と見るかによって，その課題の検討

の仕方も相違してくるであろう。唯一言えることとして，日本のレベルが世界で最上位ではないという厳然たる事実が存在している。また，400mにおいてはその差に加え，比率においても世界との差が大きなものとなっている。

(2) 基本的運動構造

　短距離走を含むランニングの基本的要因として俯瞰できるものとして，**図6-3**（Hay, 2011）に示される。競走種目であり，それは同時にタイムを競うものでもあるため，タイムが大きな命題となる。そして，それにほぼ換言できるのが平均スピードであり，それに密接に関連する2つの大きな要因がストライドとピッチである。このストライドの下位因子として踏切距離，滞空距離，着地距離が挙げられ，ピッチにおいてはピッチ時間

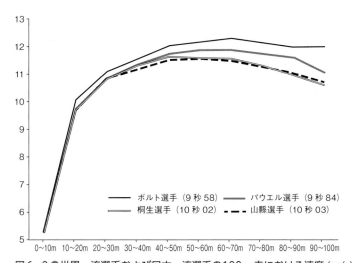

図6-2 ●世界一流選手および日本一流選手の100m走における速度（m/s）

表6-1 ●短距離走における世界記録と日本記録の差（2018年時点）

	世界記録	100m記録に対する比率	日本記録	100m記録に対する比率	世界と日本の差
100m	9"58	−	9"98	−	0"40
	（ウサイン・ボルト）		（桐生祥秀）		
200m	19"19	2.003倍	20"03	2.007倍	0"84
	（ウサイン・ボルト）		（末續慎吾）		
400m	43"03	4.492倍	44"78	4.487倍	1"75
	（ウェイド・バンニーキルク）		（高野進）		

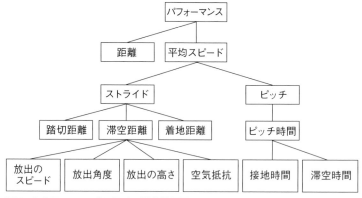

図6-3 ●ランニングにおける基本的要因 （Hay, 2011より抜粋, 加筆）

が挙げられる。

　スタートの静止した状態から動き始め, 加速, 速度維持, 減速, ゴールという運動構造は短距離走のすべての種目において共通していることである。しかし, 実際にこまかく見れば, 1歩ごとに加速, 減速を繰り返しながら疾走している。これはハードル走においては, さらにハードルを越えるたびにさらにその動作を行っていくことで大きな減速をともなうといった, より複合的な加速と減速の交互連関をともなっている。

　運動として左右の脚を交互に接地しながら前進していく循環動作であるが, 基本的には1歩のストライド（歩幅）×1歩のピッチ（速さ）でスピードは決定されていく。このストライドとピッチの関係は相反する関係であり, ストライドを大きくすればピッチは低下し, その逆のパターンも合わせもつ関係であり, どちらかに優位性のあるものではないと考えられている。たとえば100m走の日本トップレベルにおけるストライドの平均値は2m30～40cm, ピッチで4.5～5.0Hz/secと言われている。100m世界記録保持者のウサイン・ボルト選手では, ストライド2m75cm, ピッチ4.48Hz/secで世界記録を出している。

　さらにストライドは3つの局面での距離の総和としてとらえられている。

＊踏切距離：地面を離れる瞬間における踏切足のつま先と身体重心の水平距離

＊滞空距離：空中で身体重心が移動する水平距離

＊着地距離：競技者が着地した瞬間における着地足のつま先と身体重心の水平距離

2. 種目の全体・各局面におけるポイント（留意点）

　短距離走やハードル走におけるポイントは, その特性に応じたキネマティックな外面やキネティックな内面までも, その合理的な身体運動になるような原理原則にもとづいて浮き彫りにしていく必要がある。短距離走は連続した循環運動であり, 1回性の全力発揮運動であるが, その制御となるものは種々の局面から異なるとらえ方が存在する。それぞれの局面からその要因や理由を明示しながらその遂行上のポイントを述べていく。

◎短距離走における疾走フォームの変化と諸要因のパフォーマンスへの影響

　疾走の要因はピッチ×ストライドの構図から離れることはできない。したがってこの大きな2要因は, 必ず疾走に因果するものである。その2大要因に寄与する下位因子は, ピッチにおいては各時間的因子により, そしてストライドにおいては各距離的因子によって惹起してくる。

　100mの疾走フォームは全力疾走の代名詞的に用いられるが, 実際は加速局面, 最高速度出現局面, 速度維持局面, 減速局面といった局面が推移していくなかで, エネルギーが枯渇することによる疲労によって, 最高速度を発揮した後に再度,

最高速度を発揮することはないとされる。全力疾走（100m）の後半で速度が落ちるのは、以下の原因が今までは考えられている。人間の全力運動はエネルギーの代謝の関係から約5〜7秒までが最も大きな力を出すことができるとされている。したがって、100m走は最も速く疾走しても9秒以上の全力運動をしなくてはならず、そのATP-PCr系エネルギーが後半の部分では残っていないとも考えられる。その後のエネルギー供給が解糖系および有酸素系を中心に補完されていくことをふまえたトレーニングによって、その速度の逓減を極力抑えることはできるようになる。

◎全力疾走中の効果的なキック動作について

推進力を生み出すためには、地面を後方に効率よくキックすることが不可欠である。しかしそのキック動作は疾走という繰り返し行われる循環運動のなかで合理的でなければならない。そして地面に足が接地している局面は地面に接地する衝撃によって起こる疾走速度の逓減を極力抑えること、さらには後方へのキック動作による加速動作が相まっているということも欠くことができない。

◎疾走中の腕振りの影響について

腕自体の重量は体幹や脚と比較すると軽量であるが、疾走に直接的に関係する脚の効果的な動作を導き出し、疾走スピードを増加させるうえで重要な役割を果たしていると考えられる。簡単な差の検証ではあるが、腕を身体の後ろで組んで走った場合と、通常の疾走で比べると、100mで約0.7秒の相違があったとしている研究（岡野・渡部,1979）もある。直接的に大きな推進力に寄与するものではないが地面反力の増大や、すばやく力強い下肢の動きのためのバランス保持、または大きな推進力を引き出すトリガーとしての役割も担っていると言えよう。

◎発育発達による走り方の変容について

新生児から1歳児あたりで直立するようになり、歩く動作に移っていき、2歳児くらいで初めて走る動作に変わっていくとされている。しかし、その特徴は、ストライド（歩幅）が小さく、ピッチも小さいとされている。2歳児以降で走動作は十分にキックするようになり、6〜7歳あたりではピッチがすでに成人の90%を示すようになると言われている。神経機能がこの頃すでに成人の90%を形成しているということもその裏付けとされている。ストライドは身長の伸びと連動し、腕の振り方や脚の動かし方も大きくなる。発育発達によって神経—筋の協調がはかられながらストライド、ピッチの増加が見られるが、両面が同時に向上することもあり、ストライド、ピッチのどちらかが向上し、それに続いてもう一方も向上する現象も見られる。環境的および人為的な因子によってその現象は個人差がある。

◎短距離走におけるペース配分（例：男子400m）

100mのように最も短時間で全力を出し続ける種目と相違している短距離走種目の200mや400mは、短時間で全力発揮をするとはいえ、一部ではその距離に対してのペースが存在している。とりわけ400mは男子で約45〜50秒前後の最大下運動であり、全力を長い時間、出し続けるものであることから、その運動自体はとても過酷である。それはエネルギーの供給においてもATP-PCr系のエネルギー供給可能時間を超えた運動であることから、解糖系および有酸素的なエネルギーの動員の割合も増加していくことで、そのペース配分を考えなければならない。100m走では無酸素系（ATP-PCr系＋解糖系）のエネルギー供給割合が約80%であるのに対して400mでは約50%になり、有酸素系のエネルギーの供給割合が高いことからその能力を高めておく必要がある。

パフォーマンスレベルの相違によって差があるが、最初の100mをベストタイムに0.5秒足したタイムにし、最初の200mは200mのベストタイムに1秒足したタイムが目安となると言われている。また、300m地点のタイムが400mのパフォーマンスの70〜72%のタイムが目安となると言われている。トレーニングの過程でその幅からはみ出

した範囲のタイムを試行することでパフォーマンスの向上が図られるとも考えられる。

3. トレーニングにおける コーチング

　短距離走において，各種目の特性を考慮しながらパフォーマンス向上につながるポイントをトレーニングにおいて実践していく課題に落とし込むと，その具体的な課題はパフォーマンス向上への必須的なトレーニング要素としてとらえることができる。

　特にトレーニングにおいて技術・技能を習得する経過として①やさしいもの→難しいもの，②可能なもの→不可能なもの，③荒削りなもの→洗練されたもの，④その場で行うもの→移動しながら行うもの，⑤ゆっくりとしたもの→すばやいもの，⑥単純なもの→複雑なもの，⑦強調的なもの→協調的なもの，といった段階を経て，その効果を高めていく必要がある。

(1) 個別問題への対処法

　ここでは具体的かつ固有的であり，代表的な問題の例を挙げ，その対処法を述べていく。

◎疾走中に腰が落ちてしまう現象について

　この現象は腰の位置が低いことによる接地衝撃から，前方推進に対する大きなブレーキ動作が生まれることでパフォーマンスが高まらないという状態になることを指す。基礎的な歩行やジョギングなどで，腰が落ちすぎないような動作を習慣づけることがまず肝要である。そして疾走フォームの矯正に必要なことは，最初に全力運動のなかで変えようとしないことである。基本的には全力の70〜80％程度でその矯正や修正を試みることがよいとされている。地面をキックする動作や振り下ろしてくる足の接地するタイミングなどを繰り返して練習していくことが必要である。

　これらの動作を修正，矯正していくためには，相応の筋力も必要なことから，それに関連したトレーニングも不可欠である。

◎疾走中に足が流れる現象について

　俗に「足が流れている」という現象は地面をキックした後，脚全体が後方に残っている割合が大きく，前方に引き戻すことが遅れてくることで続いて行う振り下ろし動作をともなうキック動作が小さく，その力も小さくなることを指し示す。この現象は初心者によく見受けられる現象であり，疾走スピードを上げようとするために，よりストライドを伸ばそうとしたり，キックのアクセントが足を後方かつ上方に蹴り上げようとすることによって引き起こされるとされている。

　この問題についてはキックする脚をキックしたすぐ後に膝関節を曲げるようにして前方に引き戻してくることを練習することで改善されていく。さらにその動きを練習する際のスピードも全力の60〜70％程度のなかで繰り返し練習することで，よりスムーズに習得できるとされている。

◎力んで走ってしまう現象について

　力むという現象は，ネガティブな考え方ばかりではなく，大きな力を出すために力まなければいけないことはごく当たり前のことである。ただし，あくまでも力みすぎないということが重要であると考えられる。大きく力を入れることばかりではなく，リラックスする局面をつくり，筋や心の緊張感も弱めたり，強くしたりといった，その特徴とされる部分を壊さないようにすることでパフォーマンスを高めることができると言えよう。

◎スタート時の出遅れについて

　スタートで出遅れるという現象は，いくつかの原因が考えられる。1つは反応速度が遅いということである。これはピストルなどの合図に反応よく動きだす練習を繰り返していくことが第一であろう。もう1つは，スタート反応した後に効率よくキックができないことが挙げられる。スターティングセットを押す力が弱かったり，その後の身体が起き上がりすぎていたりということが関係してくる。

　スターティングセットの方法は大まかに3種類

（バンチ，ミディアム，エロンゲーテッド）あり，自分に合ったスターティングセットのセット位置と，それに対して効率的なキックを加えるための構えや姿勢を構築することが必要である。ブロックを押すことを強調するやり方と，後ろの脚をすばやく引きつけるやり方があるが，個人に合うやり方を選択して繰り返し練習をしていく必要がある。

(2) 専門的運動

◎トレーニング手段としての短距離走練習の種類について

基礎的なトレーニングの種類として，以下の項目が挙げられる。

①疾走局面ごとの本質を強調するスプリントドリル（接地期前半，接地期後半，回復期前半，回復期後半）

②スタート練習（セッティングブロックを用いたものを含めた静止した状態から60mまでのスタートダッシュ）

③スピード練習（最高疾走速度をめざして行う加速走，助走つきも含める，**表6-2**参照）

④スピード持久練習（スピードレベルが90%を超える，ほぼ全力を出して無酸素的持久力な運動で用いられる距離は80m以上になる，**表6-2**参照）

表6-2●疾走トレーニング強度表　（安井, 2002より抜粋）

距離	ベスト記録	強度T 50-70%	強度3 85%	強度2 92%	強度1 97%
80m	8.8		9.6	9.1	8.6
	9.0		9.8	9.3	8.8
	9.2		10.0	9.5	9.0
	9.4		10.2	9.7	9.2
	9.6		10.4	9.9	9.4
	9.8		10.7	10.1	9.6
	10.0		11.0	10.4	9.9
	10.2		11.2	10.6	10.1
	10.4		11.5	10.8	10.3
100m	10.8	15.6-13.5	11.7	11.0	10.5
	11.0	15.9-13.8	12.2	11.4	10.9
	11.2	16.2-14.0	12.4	11.6	11.1
	11.4	16.5-14.3	12.7	11.8	11.3
	11.6	16.8-14.6	12.9	12.0	11.5
	11.8	17.1-14.8	13.1	12.2	11.7
	12.0	17.4-15.1	13.3	12.4	11.9
	12.2	17.7-15.3	13.6	12.6	12.1
	12.4	18.0-15.5	13.9	12.8	12.3
120m	13.2	18.9-16.4	14.5	13.6	13.0
	13.6	19.5-16.9	14.9	14.0	13.4
	14.0	20.1-17.4	15.4	14.5	13.8
	14.4	20.7-17.9	15.9	14.9	14.2
	14.8	21.3-18.6	16.3	15.2	14.6
	15.2	21.9-19.0	16.8	15.7	15.0
	15.6	22.5-19.5	17.3	16.2	15.4
	16.0	23.1-20.0	17.8	16.7	15.9
150m	16.2	23.4-20.3	17.9	16.9	16.1
	16.6	24.0-20.8	18.4	17.3	16.5
	17.0	24.6-21.3	18.9	17.7	16.9
	17.4	25.2-21.8	19.3	18.1	17.3
	17.8	25.8-22.4	19.8	18.6	17.7
	18.2	26.4-22.8	20.2	19.0	18.1
	18.6	27.0-23.3	20.7	19.4	18.5
	19.0	27.6-23.9	21.2	19.9	18.9
	19.4	28.1-24.4	21.6	20.3	19.3
	19.6	28.5-24.7	21.9	20.5	19.6
180m	19.4	28.1-24.4	21.6	20.3	19.3
	19.8	28.8-25.0	22.1	20.7	19.8
	20.2	29.4-25.5	22.5	21.2	20.2
	20.6	30.0-26.0	23.0	21.6	20.6
	21.0	30.6-26.5	23.5	22.0	21.0
	21.4	31.1-27.0	23.9	22.5	21.4
	21.8	31.7-27.6	24.4	23.0	21.8
	22.2	32.3-28.2	24.9	23.4	22.2
	22.6	32.9-28.6	25.3	23.8	22.6
	23.0	33.5-29.1	25.7	24.2	23.0
	23.4	34.1-29.6	26.1	24.6	23.4
	23.8	34.7-30.1	26.7	25.0	23.9
	24.2	35.3-30.7	27.1	25.5	24.3
200m	21.4	31.1-27.0	23.9	22.5	21.4
	21.8	31.7-27.6	24.4	23.0	21.8
	22.2	32.3-28.2	24.9	23.4	22.2
	22.6	32.9-28.6	25.3	23.8	22.6
	23.0	33.5-29.1	25.7	24.2	23.0
	23.4	34.1-29.6	26.2	24.6	23.4
	23.8	34.7-30.1	26.7	25.0	23.9
	24.2	35.3-30.7	27.1	25.5	24.3
	24.6	36.0-31.2	27.6	26.0	24.7
	25.0	36.6-31.9	28.1	26.4	25.1
	25.4	37.2-32.6	28.5	26.8	25.5

⑤無酸素的持久力（テンポ持久力とも言われ，運動強度が70%以上で段階ごとにねらいに合わせて活用していく。**表6-2**参照）

⑥筋力（最大筋力を高めることから発展的にパワーを含めたスピード筋力へ最終的に移行）

⑦筋持久力（最大筋力やスピード筋力をより長時間発揮することができるようにする）

⑧有酸素的能力（一般的な体力の主要な要素でありトレーニングをしていくうえで第一に必要とされる）

◎400m走におけるレース後半のスピード低下を抑制するには

　400m走は短距離走の種目の中でも最も長い距離を走るものであり，多くのエネルギーを必要とする。全力運動の継続時間が45〜50秒かかることから，筋肉中に含まれるグリコーゲンをエネルギーとして使用するだけではまかないきれない。したがって，そのエネルギーを補完するために最終的には乳酸，酸素を使ってエネルギーに変えていくため，疾走後に大きな酸素需要量を償却していく。

　このような運動形態から，400mの後半は血中乳酸濃度の高まりなどによって手足や脚部が思うように動かせなくなる。特に下肢の筋持久力が重要であり，なかでも脚を前に引き出す股関節屈曲の持久力，接地中の足関節底屈筋力の持久力が大きく関与していると言われている。したがってそれら特有の高い速度かつ，その速度と力発揮を維持する筋力トレーニングを行わなければならない。乳酸発揮を高くし，筋肉のグリコーゲンを多く使うトレーニング内容でなければならない。

◎曲走路の走り方について

　陸上競技の100m走は直走路を走り，その記録と順位を競うが，200m，400m走は直走路に加えて曲走路での走りが必要とされる。したがって曲走路においての疾走は身体を内側に傾けて走らなければならない。そこには曲走路の疾走の技術を必要とし，左回りの疾走が必要となるため，内傾することで身体重心の鉛直下向き方向では左足がその線上に位置することから左足での推進キック力の強さが疾走パフォーマンスに影響しているとされている。さらにレーンの幅は1m22cmであり，そのレーンの内側と外側では距離的に有利不利が生起するため，400mトラックを1周走ると約2mの差が生じるとされている。したがって，左足を基点にしながら曲走路を走る練習を繰り返す必要がある。

(3) 模倣的運動

　主に技術的な改善をはかるうえでドリルを行い，その運動を正確に着実に身につけるために，まずその手本となる映像やイメージを頭の中に入れることが重要である。めざすフォームへの改善に向けて，それらのイメージを具体化するためには，国際的および国内主要競技会等で直接的に動きを見ること，その動きに感覚的もしくは感動することも，その動機づけになる。ある動作が上達するにつれ，その動作の言語化が進むので，コーチはその発せられた言葉にもとづいて，次のステップの課題を提示することができるようになる。これら一連のコーチングはこまかな技術の分習法から始めていき，ある部分や局面の全習法を行う。そしてそれらが複合され，最終的には試合やレースの分習法から全習法といった流れの中でトータル的にコーチングしていくものである。

（安井年文）

第3節
長距離種目（駅伝）におけるコーチング

1. 運動局面

(1) 運動経過

　長距離走は，長い距離（一般的には3000m以上）において，いかに速く走るかという競技である。また別の言い方をすれば，自分の身体をいかに効率よく長い距離を速く運べるかということになる。よって，短時間で勝敗が決する短距離走などと違い，長距離走においては長時間，一定レベル以上の動き（走ること）を継続することが必要となる。

　長距離走はスタートからゴールまで，すべて最大出力で走り切ることはできない。走る距離に応じてあらかじめペース配分をし，大幅なペースダウンをすることなく力を発揮していくことが必要である。そして他者と競い合う中では，さまざまな局面でレースに対応していく力を身につけておくことが必要となる。たとえば，スタート直後にどの位置を走るかという局面（位置取り），集団のペースに合わせ一定のペースを保ちながら走る局面（中間走），他者のペースアップまたはペースダウンに無理なく合わせて勝負のタイミングを見きわめていく局面（かけひき），みずからがレースの主導権を握り一気にペースアップする局面（スパート）など，レース中にはさまざまな局面がある。

　これらの局面において冷静に状況を判断し，どのようなレース展開においてもうまく対応し力を発揮していくためには，体力や筋力，またはメンタル面など，長距離競技者として必要な能力を総合的に高めていくことが必要となってくる。

(2) 基本的運動構造

　長距離は多くの技術を必要としない反面，生理学的要素をより高いレベルに引き上げることが競技力向上につながっていく。特に最大酸素摂取量，乳酸性作業閾値（いきち），ランニングエコノミーは長距離競技者のパフォーマンスを左右する大きな要因となる。

◎最大酸素摂取量

　長時間にわたり走り続けると，息が苦しくなってくる。これは走り続けるために必要なエネルギーの生産に酸素の供給が間に合わなくなった状態である。最大酸素摂取量の値が高い競技者は，長時間エネルギーを供給し続けることが可能となるため，高いパフォーマンスが得られることになる。

　また3000m以上の距離ではどれくらいの酸素摂取水準（最大酸素摂取量の何％の水準か）で走ることが可能かということがポイントになる。一般にエリート競技者は，5000mでは90〜95％，10000mでは85〜90％であると言われている。近年では高地トレーニングが最大酸素摂取量の改善に効果があるとされ，長距離競技者のトレーニングの主流となっている。

◎乳酸性作業閾値

　ランニングスピードが上がっていくと，急激に血中乳酸濃度が上昇し，抑制機能がはたらき始めるポイントがある。これが乳酸性作業閾値である。競技力の高い競技者ほどこのポイントが高いところにある。したがって低い競技者に比べ，速いペースでのランニングを継続することが可能となる。乳酸性作業閾値を高めるためには，このポイント付近でペース走などを繰り返すことが効果的

であるとされている。

◎ランニングエコノミー

　同じスピードで走っていても，消費するエネルギー量は人によって違いがある。長距離走においては，限られたエネルギーを効率よく使い，より長い時間，質の高い走りを続けることが必要となってくる。長距離競技者としての理想的な体形を維持することや，無駄のないランニングフォームを身につけることで，ランニングエコノミーを向上させることにつながっていく。そのためには，補強運動，筋力トレーニング，動きづくりなど，年間を通じて継続的に実施していく必要がある。

2. 種目の全体・各局面における ポイント（留意点）

(1) 競技者のコンディショニングに 関すること

　前項で述べたように，長距離走におけるパフォーマンス向上には，有酸素能力を中心とした生理的機能を改善していくことが大きなテーマとなる。しかしながらその遂行にあたり，十分に留意しておかなければならないポイントがあるので，いくつか示しておきたい。

◎長距離競技者の体重について

　長距離競技者のパフォーマンス向上は，身体組成との相関が非常に高い。一般的には体重が軽く，体脂肪率が低い身体がよいとされている。しかしそれだけでなく，体重，体脂肪率に合わせ，筋肉量，四肢・体幹の筋肉バランスも重要視していくことが必要である。男子競技者に比べ，女子競技者ではそのコントロールは非常に難しい。適正なウエイトコントロールができるかどうかは，競技者自身の意識の度合いによるところが大きいが，長距離競技者がみずからコントロールしなくてはならない課題として，しっかり認識させる必要がある。

◎長距離走における故障とオーバートレーニングについて

　長距離走のトレーニングでは競技の特性上，走る距離が長くなり，走る時間も長くなる。またロードシーズンに入れば，硬い路面を走ることが多くなる。よって故障のリスクは高くなる。脛の障害（シンスプリント，疲労骨折），膝の障害（腸脛靱帯炎），足の障害（疲労骨折，足底筋膜炎）が多く発症する。

　トレーニングを効果的にパフォーマンス向上につなげていくためには，故障なくトレーニングを継続することが望ましい。したがって，できる限り故障のリスクを抑える取り組みが重要となる。また，女子長距離競技者は，月経異常，摂食障害，骨粗鬆症，貧血の発症率が他種目の女性競技者に比べて高いことが指摘されている。特に月経異常については，疲労性骨折発症のリスクを高めるとされているので，十分に配慮する必要がある。

　またトレーニングにおいて，十分な休養を取らずに，体力が回復していないにもかかわらず，さらにトレーニングを積み重ねると，オーバートレーニング症候群に陥る原因となるので，十分に注意したい。起床時の脈拍を毎日測ることで，体調の変化を把握することができる。

◎長距離競技者の貧血対策について

　長距離競技者で好発し，健康管理，コンディショニングの重要な課題となるのが鉄欠乏性貧血である（豊岡，2003）。定期的にメディカルチェックを行い，Hb，Hct値，網状赤血球数，血清鉄，フェリチン濃度等を測定しておくことが望ましい。また近年は，非観血的に末梢血管の分光画像からHb濃度を測定できる装置も開発されており，毎日簡易的に測定することも可能である。

　貧血対策の基本は，食事において適切に鉄分を摂取していくことであるが，それでも貧血が疑われる場合には，早期に医療機関を受診することが必要となる。またパフォーマンス向上の目的で，過剰に鉄分を摂取することや鉄剤の静脈内注射は身体に悪影響を及ぼすことになるので，安易に行

ってはならない。

(2) チームとして戦う駅伝に関すること

　長距離種目とほかの種目との大きな違いは，シーズンが大きく2つに分かれるということである。それはトラックシーズンとロードシーズンである。その中でもロードシーズンに駅伝競走がある。

　個人競技が中心にある陸上競技において，駅伝はチームスポーツとしてチーム力が試されるものである。注目度も高く，箱根駅伝に象徴されるように，駅伝を中心に強化に取り組むチームは少なくない。ここでは駅伝に取り組むうえでのいくつかのポイントを示しておきたい。

◎目標とする駅伝に向けて，トラックシーズンから準備を進めていく

　駅伝は区間によって距離が違い，コースの特徴にも大きな差がある。目標とする駅伝の区間距離やコースの特徴を頭に入れたうえで，チームとしてベストなオーダー編成を常にイメージしながら，トラックシーズンから準備していくことが必要である。1区を走れる選手，短い距離のスピード区間を走れる選手，長い距離を確実に走れる選手，上りに強い選手，下りに強い選手など，駅伝で結果を出すためには，さまざまな特徴をもった競技者手を育てることが必要となる。また，1人で走れる選手か，粘り強い選手か，競技会に強い選手か，極度に緊張する選手かなど，競技者の長所と短所，心の内面までこまかく見きわめていくことも必要な要素となる。いずれにしても，準備期間が長ければ長いほど，競技者の力を把握することができるし，駅伝に向けてコースの特徴に合った競技者を確実に育てることができる。

◎適材適所に区間配置をするポイント

　最終的には指導者がイメージしたパズルに，イメージどおり選手を配置できるかが大きなポイントとなる。まずは，チームとしてどのような駅伝をするのか全体像を描くこと。そして，ほかのチームとの戦力を比較し，またほかのチームのオーダーを予想し，自チームの戦力でどう戦えば勝てるかを考える。そのうえで，選手1人1人の走力や距離やコースの特徴に対する適正，選手の性格を考慮する。そして一番重要なポイントは，調子の良し悪しを主観的，客観的に把握したうえで区間配置していくことである。

◎選手の調子を見きわめ，安定した走りをさせるポイント

　駅伝では1区以外，時差スタートすることになる。どのような状況でタスキを受け取っても，冷静に状況判断し安定した力を発揮できるようにするためには，年間を通じて駅伝を想定したトレーニングを行うことが必要である。他人のペースに惑わされることなく，みずからのペース感覚を身につける練習，スピードの変化に無理なく対応できる練習，レース後半にも粘り強く走りぬく練習など，さまざまな局面を想定して準備しておくことが必要となる。また，安定した走りをさせるための最大のポイントは，練習で培った自信と体調管理であると考える。

　トラックシーズンから夏合宿を経て秋のロードシーズンへと移行していくなかで起こりうる最大のリスクは，故障である。いかに故障させずに練習を継続させ，選手に自信をつけさせるか。また夏合宿の疲労がどこでピークに達し，どのあたりから抜けてくるか，そして調子が上向いているかを見きわめられるかがポイントとなる。

　本学では体調管理のスマホアプリを活用し，選手が毎朝起床時にさまざまな情報を入力するようにしている。スタッフ全員が選手の体調や身体の状態を共有することで，大きな故障になる前に練習メニューを変更したり，体調の変化にも対応できるようにしている。また，定期的にメディカルチェックを行い，血液検査のデータをもとに，選手の体調を科学的な指標をもとに管理している。駅伝に限らず，レースにおいて最高のパフォーマンスを引き出す絶対条件は，心身ともによい状態

でスタートラインに立たせることであると考える。

◎チームとしての目標を明確にし，自分の役割を理解させること

　駅伝の成績は，チームワークの強さで左右される。チーム全員の心が1つになっているか。チーム全員のベクトルが同じになっているか。指導者と競技者，競技者同士のコミュニケーションを緊密にし，常にチームとしての目標を確認し合うことが大切であると考える。

3. トレーニングにおける コーチング

(1) 年間を通じたトレーニングにおける コーチングの視点

◎基本のベースをつくる（jog）

　強い長距離競技者の特徴として，1人で走るときのjogの動きがよく，他者と比べてそのペースが速いという傾向が見られる（私が指導している競技力の高い女子競技者には，普通のjogを1km/3'45"前後で走る者もいる）ということである。これは意識して速く走っているのではなく，自然に身についていった競技者独自の感覚であると言える。長距離走の年間のトレーニング内容を分類すると，一般的に約6〜7割がjogということになる。すなわちトレーニングのベースとなるのがjogである。jogのリズムがよくペースが速いということは，基礎となるベースが高いということであり，それをもとに設定するほかの練習メニューや設定タイムも，必然的に質の高いものになってくると考えられる。また，競技者の調子の良し悪しを見きわめる視点として，jogは大きな指標となる。競技者の毎日のjogを見ていたら，ある程度の調子を把握することができるようになる。それぞれの調子がよいときのjogを目に焼き付けておくことは，コーチングの視点として，とても大事なことであると考える。だからといって，速いjogを無理に求めるのではなく，自然にペースが上がっていくよう，段階的にベースを高めて

いくことが望ましい。

◎ターゲット種目に対するアプローチ

　競技者のターゲット種目（専門種目，得意種目）のパフォーマンスを引き上げるコーチング理論はさまざまあると考える。その1つとして，ターゲット種目の前後の種目を強化するという考え方がある。たとえば，5000mをターゲット種目とした場合，1500m，3000mといった種目をスピード強化という観点から取り組んでいく。また10000mをスタミナ強化という観点から取り組んでいくという考え方である。スピードとスタミナの両面の強化ができれば，ターゲット種目の記録向上は，より可能になると考える。

◎トレーニング計画の遂行と状況判断

　表6-3には，長距離における代表的なトレーニング方法とトレーニングの概要，期待できる効果，そして具体的なトレーニング内容を示した。それぞれの期間の目的に合わせ，トレーニングメニューを組み合わせ計画していくことになる。そこで重要となるのは，トレーニングの量（走る距離，本数など）とトレーニングの質（設定タイム）である。これまでに科学的なデータは数多く示されているが，だからといってそれが絶対であるとは言えない。それらを基本的なベースとして，個々の競技者に合ったトレーニング計画を作成していくことがコーチングの大きな役割となる。

　また最も重要なことは，実際にトレーニングを実施する際に，臨機応変に計画を変更する勇気と勘が必要だということである。トレーニングは当然計画どおり行えることが望ましい。しかし，競技者の体調や調子，その日の気象状況などを総合的に判断し，距離や設定タイムのみならず，トレーニング計画そのものを変更することもコーチングのテクニックであると言える。競技者がトレーニングで自信をなくすのではなく，充実感をもちながら積み上げていき，自信をもたせることに重点をおきたい。特に女子競技者は体調の変化やメンタル面の変動が激しいので，コーチングに

表6-3 ●主なトレーニング方法と概要，期待される効果，具体的なトレーニングメニュー

	トレーニング方法	トレーニングの概要と期待される効果	具体的なトレーニングメニュー
①	jog	長距離においてはベースとなるトレーニング方法であり，最も多くの割合を占めるのがjogである。jogを見れば，ある程度選手の能力を見きわめることができると言っても過言ではない。	ウォームアップ・クールダウン（20'～40'） 軽度の主練習 鍛錬期（40'～120'） 調整期，競技会期（40'～60'）
②	ペース走	決められた距離を，一定のペースで走るトレーニング方法である。jogと同様に長距離においてはベースとなるトレーニング方法である。鍛錬期にはペースを下げて長い距離を走り持久力を高める。また競技会期にはペースを上げて，実践に近いペース感覚を身につけることに有効である。	鍛錬期 　表6-4　2/16, 2/19, 2/22の練習 調整期 　表6-5　3/30の練習 競技会期 　表6-6　10/23の練習
③	ビルドアップ走	決められた距離を，スタートから徐々にペースを上げていくトレーニング方法である。後半にペースアップすることにより，長距離走に必要な能力を高めることができる。レースにおけるラストスパートの力も養うことができる。	競技会期 　表6-6　10/17の練習
④	変化走	決められた距離や，決められた時間ごとにスピードに変化をもたせ，繰り返し走るトレーニング方法である。最大酸素摂取量の増加が期待でき，レースにおいてはスピードの変化に対応する能力を高めることができる。	鍛錬期 　表6-4　2/13の練習 調整期 　表6-5　3/23, 3/28の練習 競技会期 　表6-6　10/13の練習
⑤	インターバル	決められた距離を，急走期（速く走る）と緩走期（ゆっくり走る）を繰り返し走るトレーニング方法である。急走期の距離を変えることで，長距離に必要なさまざまなトレーニング効果を得ることができる。	鍛錬期 　表6-4　2/14, 2/21の練習 調整期 　表6-5　3/22, 3/25の練習 競技会期 　表6-6　9/28, 10/1, 10/10, 10/20の練習
⑥	レペティション	完全休息を挟みながら，最大強度に近いペースで走るトレーニング方法である。全力に近いペースで走るため，強度が高く，実践に近いトレーニングを行うことができる。	例　3000mをターゲットにするならば 　2000m（MAX）15分完全休養＋ 　1000m（MAX） 例　5000mをターゲットにするならば 　3000m（MAX）20'＋2000m（MAX） 　15'＋1000m
⑦	クロスカントリー	起伏のある芝地や森の中などの不整地を走るトレーニング方法である。起伏や不整地を走ることで脚筋力や心肺機能を高めることができる。特に鍛錬期に多く取り入れることで，長距離走すべてに必要な能力を高めることができる。また，故障リスクの軽減にもつながる。	調整期 　表6-5　3/23, 3/30の練習

おいては，その観察力，判断力，声かけをするタイミングなどが重要なポイントとなる。

◎高地トレーニングにおける
コーチングの留意点

2020年に開催される東京オリンピックを契機に，国内では多くの高地トレーニング施設の環境が整備されてきた。したがって，多くのチームがこれまで以上に高地トレーニングを活用することが可能な状況にある。高地トレーニングは，長距離走においてパフォーマンスを高めるうえで有効であることから，多くの競技者が活用し好成績につなげている。しかしながら活用方法を間違えると，効果が得られないばかりでなく，体調を大きくくずしてしまうので十分に注意したい。

高地トレーニングを行う際の留意点としては，高地トレーニングを開始する前に血液検査をし，血清鉄やフェリチンが十分にあり，貧血状態でないかをチェックしておくこと。高地トレーニングを開始したら急に負荷をかけるのではなく，時間をかけて身体を慣らしていくこと（高地順化）。トレーニングにおいては，欲張りすぎて過度に負荷をかけないようにすること。脈拍をとるなどして，負荷がかかりすぎていないかを確認すること。酸素不足となるため睡眠時間や休息を多くとり，積極的な疲労回復につとめること。内臓が疲れやすく，消化不良や脱水症状を起こしやすくなるので，食事に気をつけ，水分補給をこまめに行うようにしたい。

(2) トレーニングの実施と留意事項
（鍛錬期，調整期，競技会期に分けて）

トレーニング計画を立てる際に第一に考えなくてはいけないのは，ピリオダイゼーション（期分け）を明確にすることである。具体的にはトレーニングの時期を，鍛錬期，調整期，競技会期，回復期に分けていくことである。これを明確にしておかないと，トレーニング成果が競技会で発揮されないことや，オーバートレーニングに陥るといった悪影響が生じることとなる。長距離種目は他種目に比べ，年間を通じで競技会数（トラック＋駅伝＋ロード）が非常に多い状況にある。これは，競技力が高い競技者であればあるほど顕著である。したがって，年間におけるピリオダイゼーションの明確化は，トレーニング計画を立てる際に必要不可欠なものとなる。

○ピリオダイゼーション（期分け）における
決定順序

①最も重要となる競技会を決める（年間数競技会）
②上記の競技会出場に必要な予選等がある場合には，その競技会を入れる。
上記競技会出場に必要な参加標準記録がある場合には，標準記録突破をねらう競技会を入れる。
③ターゲットとなる競技会を決めたら，そこに向けての鍛錬期，調整期，競技会期，回復期を振り分けていく。
④それぞれの期間における具体的なトレーニング計画を作成し，実施していく。

◎鍛錬期（強化期）におけるトレーニング
・目的

基礎体力の向上を目的とする。質よりも量を重視してしっかりとした走り込みを行い，長距離競技者としての土台づくりをしていく。

・トレーニング計画作成のポイントと留意事項

5000m〜10000mをターゲット種目と考えた場合，おおむねその倍の距離が走行距離の目安になるのではないかと考える。したがって，10kmからハーフマラソンがその距離に該当するため，高強度の負荷をかけたい場合には，その距離に該当するロードレース等を活用することも，有効なトレーニング手段になると考える。

またこの期間は，積極的にサーキットトレーニングや補強運動，クロスカントリー走なども活用していくことが望ましい。

・具体的なトレーニング計画（**表6-4**）

◎調整期におけるトレーニング
・目的

レースに向けて，実践的なトレーニング（記録会出場も含む）を取り入れ，スピード感覚や持久

力の確認をしていく。

・トレーニング計画作成のポイントと留意事項

　鍛錬期に十分なトレーニングを積んだ後，競技会に向けての調整として，ターゲット種目よりも短い距離で刺激・負荷をかけることもアプローチとしては大変有効であると考える。10000mをターゲットとするならば5000mを，5000mをターゲットとするならば3000mを使って競技会に合わせていくことが効果的ではないかと考える。

　また，レースに対応する能力を養うために，ビルドアップ走や変化走などを積極的に行うことも有効である。

・具体的トレーニング計画（**表6-5**）

◎**競技会期におけるトレーニング**

・目的

　目標としてきた競技会に向けて準備（鍛錬期，調整期）してきた成果を発揮する。

・トレーニング計画作成のポイントと留意事項

　レース当日にピーキングがくるように，トレーニングの質を保ちつつ，量をおさえていく。ここで注意すべきことは，絶対にやりすぎないということである。指導者としては，今どれくらいで走れるのか確認したくなりがちであるが，競技者に過剰な負荷をかけすぎることは，目標とするレースに疲労を残した状態でのぞむことになるので，あくまでもコンディションを整えることに重点をおきたい。

　また，鍛錬期から調整期，競技会期に移行するなかで頻発する感染症等のコンディション不良は，筋疲労の回復が遅れ，発現する免疫抑制によりもたらされることが示唆されている（Yoneda et al, 2013）ので，この時期の感染症予防には十分な配慮が必要である。

・具体的トレーニング計画（**表6-6**）

（米田勝朗）

表6-4●鍛錬期におけるトレーニング計画
（名城大学女子駅伝部　2018年　2/13～23　沖縄合宿期間中）

	朝	午前	午後
2/13（火）	各自jog	移動	10000m変化走＋200m×5
			1000mごとに4'00と3'30の繰り返し
2/14（水）	40'集団走＋各自	補強	(400m＋200m)×10
			400m(78") R100m 200m(36") R200m
2/15（木）	各自jog	補強	各自jog
2/16（金）	40'集団走＋各自	ストレッチ	25km走（伊計島）
		マッサージ	4'00ペース
2/17（土）	各自jog	休養	各自jog
2/18（日）	40'集団走＋各自	補強	各自jog
2/19（月）	各自jog	補強	3km×5（県総合運動公園）
			3'30ペース R7'
2/20（火）	各自jog	ストレッチ	各自jog
		マッサージ	
2/21（水）	40'集団走＋各自	補強	(300m×5)×3
			300m(56") R100m R500m
2/22（木）	各自jog	補強	15km走（県総合運動公園）
			3'45"ペース
2/23（金）	各自jog	移動	移動

表6-5 ●調整期におけるトレーニング計画

（名城大学女子駅伝部　2018年　3/21 ～ 31　宮崎合宿期間中）

	朝	午前	午後
3/21（水）	移動	移動	各自jog
3/22（木）	40'集団走＋各自	補強	（300m×4）×3
			300m（54 ～ 52"）R100m R500m
3/23（金）	各自jog	補強	クロカン15km変化走（2km＋3km）×3
			2km 4'10"ペース　3km3'30"ペース
3/24（土）	40'集団走＋各自	休養	各自jog
3/25（日）	各自jog	ストレッチ	（400m×6）×2
		マッサージ	400m（78"）R100m（25"）
3/26（月）	各自jog	補強	各自jog
3/27（火）	40'集団走＋各自	補強	各自jog
3/28（水）	40'集団走＋各自	ストレッチ	8000m変化走＋400m
		マッサージ	1000mごとに3'15"と4'00の繰り返し
3/29（木）	各自jog	補強	各自jog
3/30（金）	各自jog	補強	クロカン15km走
			各自のペース
3/31（土）	移動	移動	各自jog

表6-6 ●競技会期におけるトレーニング計画

高松智美ムセンビ（2018年　9/27 ～ 10/28　全日本大学女子駅伝前1ヶ月）

午後練習のみ

9/27（木）	jog	10/13（土）	8000m変化走＋400m（1000mごとにペース変化）	
			①3'10"0②4'02"1③3'09"1④4'00"5	
			⑤3'09"0⑥4'00"7⑦3'03"6⑧4'02"3　400　64"1	
9/28（金）	1000m×5 R400m	10/14（日）	Free	
	①3'10"1②3'9"9③3'10"2④3'07"9⑤3'04"9			
9/29（土）	jog	10/15（月）	jog	
9/30（日）	Free	10/16（火）	jog＋200m×5	
			①33"8②32"6③32"5④32"6⑤31"4	
10/01（月）	400m×7（R200m）	10/17（水）	8000mビルドアップ	
	①72"5②71"3③72"0④71"6		①3'30"5②3'29"9③3'28"6④3'29"2	
	⑤71"5⑥70"7⑦72"1		⑤3'29"3⑥3'23"1⑦3'20"4⑧3'06"7	
10/02（火）	jog	10/18（木）	jog	
10/03（水）	刺激　1000m＋400m×2	10/19（金）	jog	
	3'03"5　①68"8②63"1			
10/04（木）	jog	10/20（土）	1000m×4（R400m）	
			①3'07"9②3'09"5③3'08"4④3'08"1	
10/05（金）	国体成年5000m　　2位	10/21（日）	Free	
	15'35"47（PB）			
10/06（土）	jog	10/22（月）	jog	
10/07（日）	国体成年1500m　　2位	10/23（火）	3000m×1　設定　レースペースよりやや遅く	
	4'16"88		9'35"5　①3'12"3②3'12"6③3'10"6	
10/08（月）	jog	10/24（水）	jog	
10/09（火）	jog	10/25（木）	jog	
10/10（水）	1000m×3（R400m）＋　400m×1	10/26（金）	刺激　1000m＋400m	
	①3'09"9②3'10"1③3'05"3　400　63"5		2'53"6　　66"9	
10/11（木）	jog	10/27（土）	jog	
10/12（金）	jog	10/28（日）	3区　6.8km　区間賞	
			22'04"	

第4節
跳躍種目におけるコーチング

1. 運動局面

(1) 跳躍のメカニズム

跳躍種目は，より高く，より遠くへ跳んだ距離を競う。助走で得たスピードを踏切で鉛直方向へ変換して跳躍距離を獲得するため，助走ではできるだけ大きな水平スピードを助走で獲得することが求められる。ただし，踏み切れずに跳躍が不成立となっては元も子もないので，それぞれの種目に応じた適切な角度で踏み切れることが条件となる。

跳躍種目のうち，最も大きな跳躍角度となるのは走高跳で，大きいものでは50〜60°にもなる。そして走幅跳は20〜24°，三段跳は15〜18°，棒高跳は15〜22°が一般的である（村木，1982）。

これら助走をともなうランニング式の跳躍種目において，鉛直速度を生み出すための作用力，いわゆる踏切の「バネ」は大きく3つに分けられる。
　①身体の回転運動によるもの
　②自由身体部位の振り上げ運動によるもの

　③身体支持部位の伸展動作によるもの

図6-4は，助走を用いる跳躍の跳躍力の要素をモデル的に示したものである。①身体の回転運動によるもの（身体の「起こし回転」）は，踏切での踏切足を起点にした長軸方向への回転運動のことで，ランニング跳躍ではこのメカニズムの貢献度が大きくなる。②自由肢による振上動作は，腕や振上脚といった自由肢を踏切に合わせてタイミングよく振り上げることによって身体を上に持ち上げるバネのことである。これはタイミングよく自由肢を振り込む振込動作によって，踏切時の衝撃を緩衝する作用にもつながる。③身体支持部位の伸展動作は，踏切脚や体幹の関節の伸展力のことで，主に脚のバネのことを指す（阿江ほか，1980）。

跳躍種目では，これらのバネを使って跳躍するが，スピードが大きくなるときには「身体の起こし回転」によるバネが大きくなることを考慮して運動を遂行する必要がある。

(2) 基本的運動構造

跳躍種目の運動構造は，主運動である非循環運

1. 身体の起こし回転運動 a)
　（鉛直方向への力の生起）
2. 自由肢の振上運動 b)
3. 支持部位の伸展動作 c)

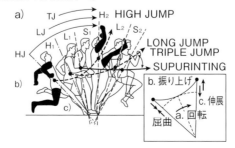

図6-4●ランニングジャンプのバネ要素　（阿江，1992）

動（acyclic）の跳躍に先立って，循環運動（cyclic）である疾走（助走）を補助運動としてもつ単構造種目である（村木，1995）。助走を経て，踏切準備局面，踏切局面，空中局面，着地局面という局面で運動が経過する。このうち，最も大切な局面は踏切局面で，ここでの大きな力発揮がそれぞれの跳躍距離に影響する。また，成功跳躍のカギは，この踏切をスムーズにかつ効率よく行うための踏切準備局面にある。

踏切準備局面では，助走での水平方向への重心移動を踏切でスムーズに鉛直方向に変換するため，あらかじめ重心を下げていくことが求められる。このときできるだけスピードを落とさないように注意し，踏切のタイミングに合わせるようにするためにテンポアップを図ることが必要である。

続く踏切局面では，身体の回転運動，いわゆる「起こし回転」が主要なバネとなる。これに踏切脚を主とする伸展力と自由肢の振り上げ動作が加わることで大きな跳躍力が生まれる。

踏切後は空中局面を経て着地局面に向かうが，跳躍種目では，鉛直跳躍種目と水平跳躍種目によって空中局面と着地局面の重要度が異なる。

走高跳や棒高跳といった鉛直跳躍種目では，空中でバーに触れないようにしてバーをクリアすることが求められるため，空中局面でのクリアランスの技術が記録に影響する。走高跳では，現在主流となっている背面跳びで見られるように，バーに対して背中を向け，エビ反りするようにバーを越えていく。棒高跳ではロックバックの姿勢からターンし，倒立してバーを越え，バー上では身体を屈めてバーに触れないようにしていく。これらの動きは，それぞれの種目の特徴的なものとなる。そして，いずれの種目も着地では安全性が求められるものの，着地技術は記録に影響しない。

一方，水平跳躍種目では，記録の測定が踏切ラインから踏切ラインに最も近い砂場の痕跡までの間で行われるため，着地の技術が記録に影響する。そのため，着地では身体を捻ってでも脚を前方に放り出し，少しでも前方に着地して距離を稼ぐことが求められる。

着地で有利な姿勢をとるには，踏み切ってからの前方回転をうまく抑え，上体を起こしてから着地体勢に入ることである。この前方回転をコントロールして有利な着地姿勢をとるためには，空中局面の動きが大切となり，走幅跳では，反り跳びとはさみ跳びの2つの空中動作が代表的なものとして挙げられる。反り跳びは，空中で上体を反らして跳ぶことで前方回転をコントロールし，着地の際に脚を前方に放り出しやすい姿勢をつくる。はさみ跳びは，踏み切ってから空中を歩くように脚を回転させることによって，身体の前方回転を抑え，着地姿勢を取りやすいものとしている。

2. 種目の全体・各局面におけるポイント（留意点）

(1) 全助走のポイントと助走の設定方法

跳躍種目におけるトレーニング遂行上の主なポイントは，全助走での助走練習や跳躍練習を通じて，スタートから踏切にかけての直線的なスピード勾配の獲得とともに，上体の前傾（棒高跳ではポールの降下）との同期を図っていくことである。そこでは，全体のバランスを損なわないようにしながら，一貫性のあるスピードとテンポアップがポイントとなる。

直線を走る助走の場合，助走の歩数は，初心者では12歩程度であるが，ハイレベルの競技者では20歩を超える。助走歩数の決定方法はスプリント力と大きく関係するため，踏切にかけて助走速度が低下しない歩数を選んで決める必要がある。そして，スタート局面，中間局面，踏切準備局面というように，助走を3つの局面に分けて設定するとわかりやすい。18歩での助走を例にしてみると，スタート局面6歩，中間局面6歩，踏切準備局面6歩で設定する。スタート局面では上体を前傾しながら加速し，中間局面では上体を起こしながらより大きなスピードの獲得をめざす。そして，踏切準備局面でテンポを上げながら踏み切りやすい動きの獲得をめざす。

一方，曲線を走りながら踏み切る走高跳（背面

跳び）では，前半の5〜7歩を直線で，後半4〜5歩を曲線を走るJ字型の助走が特徴的である。この運動の助走の設定方法は，支柱を基準にして横と縦に足長（またはメジャー）でマークを設定し，スタート位置に第1マーク，曲線に入る部分に第2マークを置くのが一般的である（**図6-5**）。曲線部分は回り込んだり，直線的に走ったりといったコース取り次第で走る距離や踏切位置まで変わってくる。そして支柱からの横マークが狭いと曲線がきつく踏切準備ができない。広いと曲線を走りやすくはなるが，内傾がはずれてしまうため曲線を走るメリットがなくなってしまう。したがって，練習を通じて遠心力を感じながら気持ちよく走れる曲線の走り方と曲線マーク（第2マーク）の位置を探していくことが大切である。

（2）運動抑制現象

　正しい踏切のリズムを維持した中で踏み切るためには，テンポアップが必要となる。しかし，踏切への意識過剰やこの局面に向けての強調，依存など，部分的な踏切の意識が大きくなると踏切にかけてブレーキが大きくなってしまい，以下に述べる運動抑制現象が生じる場合がある。

　村木（1995）は，運動抑制現象について，踏切準備から踏切局面における動作的な逡巡，躊躇，停滞，減速，chopping（チョッピング），over-stride（オーバーストライド），上体の泳ぎと脚の後方回転，突っかかり走り等々によって発生する合理的跳躍試技の抑制または阻害作用（または行動）すべての総称であると述べている。本来，よい跳躍をしているときには「無心で跳んだ」といった感想が多いように，特に意識しないでも自然でスムーズなテンポアップができている。ところが，踏切にかけてテンポアップしなさいといった指導により，この部分が過剰に意識され，それまで特に意識せずにできていた踏切にかけてのスムーズなテンポアップがくずれてしまう。その結果，助走の走りがブレーキになったり，踏切がピストン型になったりして，パフォーマンスの低下を引き起こしてしまう。**表6-7**には，こうした跳躍抑制現象の主な兆候と要因（村木，1995）を示した。ここに示されているように，運動抑制現象の原因にはいくつかあり，それらの要因が複合的に絡み合っていることもある。これは跳躍運動のコーチングにとっても根深い問題でもあるため，解決するには競技者との会話やドリルなどの運動を通じ，原因を見きわめる必要がある。そして，競技者個々に対応した対策を考えていく必要があるだろう。

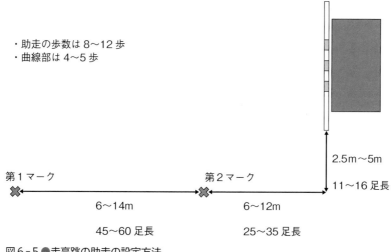

・助走の歩数は8〜12歩
・曲線部は4〜5歩

2.5m〜5m
11〜16足長

第1マーク　　　　　　　　　　　第2マーク

6〜14m　　　　　　　　　　6〜12m

45〜60足長　　　　　　　25〜35足長

図6-5 ●走高跳の助走の設定方法

表6-7 ●跳躍抑制現象の主な兆候と要因　（村木，1995）

主な理由と原因	運動遂行又は模倣運動時の主な兆候
1）踏切準備および踏切動作への意識過剰と気負い	・過剰なTempo-up/Speed-up，後傾，沈み込み
2）静的および部分的イメージへの強調依存	・踏切準備，離陸動作の強調過多及びポイントのずれ
3）踏切へ向っての"緊張の汎化"および跳躍意識	・1）＋2），頑張り／努力度合＝スピード／記録，跳躍への不安
（又は，その逆の適正緊張の欠如）	・テンポアップ又は助走スピードへの過剰依存
	・HJ：曲線部での過度の上体前傾又は内傾
4）全力（最大努力／頑張り）＝最大出力への思い込み，撞着	・緊張の汎化：運動の流動性，弾性，リズムの欠如と軸のぶれ
5）踏切後半での脚伸展踏切（伸びあがり）局面への重点意識	・1）＋2），短助走跳躍及び模倣運動での当該局面の強調動作
HJ/PV：跳躍－踏切又はクリアランス意識（気持）の先行	・4），跳び急ぎ体勢，助走リズム，流動性
HJ/PV：バー又はバー高への恐怖，意識過剰，気持の先行	・跳び急ぎ体勢（1歩前"溜め"の欠如）：踏切への跳び込み
6）助走前半での過剰加速：噴かせ過ぎ／頑張り過ぎ	・過度の前傾，High pitch，後半でのスピードの頭打
助走前半で加速不足：遊び過ぎ／集中不足	・Over-Stride，テンポ不足，後半での急激な追い込み
7）助走前半での疾走態勢不備：過度の前傾／上体の泳ぎ	・出足と前傾の不適合，動的身体配列（配置）の乱れ
8）助走設定の不備：足らない	・スタート，中間，又は後半での過剰ピッチ，緊張汎化，風
助走設定の不備：詰り過ぎ	・スタート又は中間でのOver-stride，風，HJ：コース取り
9）踏切足の障害／痛み：捻挫，シンスプリント等	・踏切前での躊躇，停滞，萎縮，緊張，等々
10）過去の危険な跳躍経験からの恐怖・不安	・同上

（3）踏切のリズム

　成功跳躍のカギは，助走スピードを利用し，適切な跳躍角度で踏み切ることである。そして，スピードを落とさずに踏み切るには，踏切のリズムの獲得が求められる。

　踏切のリズムは，踏切2歩前から踏切1歩前にかけてストライドが大きくなり，踏切1歩前から踏切にかけてはストライドは小さくなる，いわゆる「長―短」のリズムのことを指す。これは，ゆっくりとした助走の中ではターン・タ・タンというリズムで，速い全助走のような助走では，タ・タ・タンというリズムとなる。外国では〈Push-Pull-Plant〉というリズムで紹介されることもあり，跳躍種目に共通したリズムとされる。

　踏切のリズムのポイントは，踏切2歩前から踏切1歩前にかけては踏切脚で地面を押すことである。上に跳ばないように注意しながら身体を前方に押し出すようにする（Push）。そして踏切1歩前は膝を曲げた状態で踵からややフラットに接地し，膝を地面に落とし込むようにすることでタメをつくり（Pull），踏切にかけては踏み込まずに踏み切ることでスピードを活かした跳躍をすることができる（Plant）。踏切で踏み込んでしまうと

ブレーキが大きくなり，身体の回転運動によるバネよりも脚の屈伸で踏み切るピストン型の踏切となってしまう。こうしたピストン型の踏切は，踏切時間が長くなり，助走スピードを活かした効率的な跳躍ができなくなるばかりか，助走スピードが大きくなればなるほど踏み切れないという悪循環に陥る。

（4）踏切準備局面での走り方

　跳躍種目の助走では，「スタート（加速）―中間―踏切準備」という流れで行われるが，踏切準備局面では，踏切のリズムを大切にしながら「走らない」ようにする必要がある。ここでの「走らない」走りとは，脚を身体の前でさばき，スピードに遅れないようにしながら踏切に合わせていく走り方のことである。踏切準備局面でさらに加速しようとすると，脚が流れるだけでなく，上体も前傾してしまうために，踏み切りやすい動きの獲得が難しくなる。そればかりか踏切での振り上げのタイミングも遅れるのである。これを自転車を漕ぐことでたとえると，加速局面ではしっかりと漕いでいき，中間局面ではギアをハイギアにしてトップスピードの獲得をめざす。その後の踏切準備局面では，その慣性を利用して前方に進んでは

いるが，ギアをかまさないまま脚を回すようなイメージで踏切に入る。こうした走り方によって踏み切りやすい姿勢と動きの獲得につながる。

3. トレーニングにおけるコーチング

　跳躍種目では，それぞれの種目に合った適切な水平スピードの獲得と踏切での爆発的な筋力発揮が跳躍距離に影響する。ここでは跳躍種目に共通する技術的要素として助走を取り上げ，直線的な助走と曲線的な助走の問題点とその対処法について紹介する。また，体力的要素として踏切での爆発的筋力の養成方法について説明する。

(1) 問題への対処法

・直線助走の場合

　跳躍種目では，スピードの獲得と助走のスピード勾配が成功跳躍のカギとなるが，それとともに踏切板（踏切位置）に足を合わせられることも重要である。

　踏切板へ足を合わせるための視覚的調整は，踏切の5歩程度前から始まると言われている（Hay, 1988）。ここからの位置がいつもよりも遠いと感じると，大きなストライドで踏切板に足を合わせようと調整してしまい，オーバーストライドとなってしまう。反対に，近いと脚を刻むチョッピングが起こってしまう。いずれも減速の原因となり，

よい踏切につなげることができない。これを防ぐためには，踏切の4歩前にマークを置き，ここから踏切にかけての間合い（男子：8.8−9.3m，女子：7.8−8.3m）を把握することが大切である（**図6-6**）。

　一方で，助走後半の走りを安定させるためには，スタート局面の走りを安定させる必要がある。スタート局面はストライドの変動が大きいため，ここでのズレが助走後半のズレにつながってしまうからである。したがって，スタートから6歩目の位置にマークを置き，これを踏んで走れるようにトレーニングすることで助走マークの安定性を図ることができる（男子：10.5−11.5m，女子：9.5−10.5m）。このマークは初期加速のピッチ／ストライド関係だけでなく，助走全体のテンポを安定させることにもつながっている。

・曲線助走の場合

　走高跳のように曲線を走りながら踏み切る運動では，曲線をうまく走れなかったり，踏切にかけて直線的に走ってしまうことがある。曲線をうまく走れないと踏切が安定しないばかりか，踏切だけで一気に身体を回転させてクリアランスに入ろうとするため，足首や膝への負担が大きくなる。こうした動きが繰り返し行われると，障害の原因にもなる。したがって，この種目では，曲線を正しく走るというトレーニングが大切となり，それ

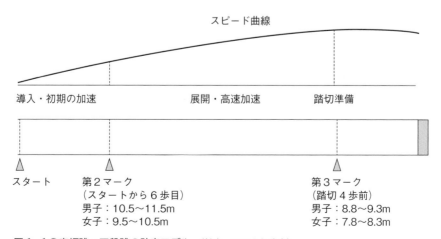

図6-6 ●走幅跳・三段跳の助走モデル　（村木，1982より改変）

には内傾動作がカギとなる。正しいコース取りをし，身体を1本の軸にして内側に傾けることで曲線が走りやすくなる。

この練習方法としてサークル走がある。芝生やトラックに円を描くようにマークを設置し，この周りを走る。最初は半径4m程度の大きな円で練習する。曲線を走るコツは，左回りのときには左腰から脚を動かす意識で走ることである。最初は競歩をするイメージで大股で歩き，徐々にランニング，そしてスプリントへとスピードを上げていく。慣れてきたら円の半径を徐々に小さくし，バランスをとりながら走れるようになるとよい。こうした腰が入った曲線の走り方は，この部分の走り方だけでなく，踏み切りやすい姿勢の獲得にもつながる。

(2) 専門的運動

◎短助走による跳躍練習

・直線助走の場合

走幅跳では，助走のスピード勾配が踏切にかけて上がっていくことが重要であるが，踏切前にスピードが低下してしまうことがしばしば見られる。

これを防ぐには，走幅跳では，前方へのドライブをかけながら脚を流さないようにして踏切に入るため，脚を刻みながら踏切に合わせる動作が必要である。これにはホップからの踏切ドリルが有効である。踏切の4歩前にマークを置き，これを踏切脚でホップするように越えて，そこから4歩で踏み切る。このとき前に進むことを意識し，脚が流れないようにしながら脚を刻んで踏み切る。脚を刻みながら踏み切ることで，踏切のタイミングに振上脚を合わせることができる。

こうした動きができるようになったら，次にホップの代わりに2歩走ってから同じように4歩脚を刻んで踏切に入る。ちょうど2歩＋4歩による短助走跳躍となる。2歩と4歩のところにマークを置き，ホップからの跳躍と同じようにある程度スピードをつけた状態で2歩を走り，続く4歩につなげていく。このときの4歩はホップからの4歩のときと同じ感覚でできるようにする。

これらの動きで前方へのドライブをかけながら踏み切る脚さばきができるようになったら6～8歩での短助走跳躍に入る。まずは踏切だけに注意を払い，踏切にかけてテンポアップしながら踏み切る。安定して踏み切れるようになったら着地動作まで入れていく。最初のうちは着地動作が入ると踏切のタイミングがずれてしまうが，踏切だけのものと着地動作をともなうものとを交互に入れたりすることで，いつでも同じように踏み切れるようになる。そして，こうした跳躍に慣れていったら，助走の歩数や距離を増やしていくとよいだろう。

・曲線助走の場合

走高跳のような曲線を走りながら踏み切る跳躍においても，踏切にかけては脚をさばきながら「走らない」走り方がポイントとなる。ここでもホップをしてからの踏切練習が有効となる。曲線が始まる部分にマークを置き，左脚踏切の場合は右足でマークをホップし，ここから5歩で踏切に入る。スピードはホップに入る前までに加速をし，そこからはスピードを落とさないようにしながら，踏切のタイミングに遅れないようにして踏み切る。また，曲線では，内傾を意識して内側の肩（左肩）を引いて走ってしまうのをよく見かけるが，肩を引いてしまうと内側の腰も引けてしまうため，身体全体で内傾することができなくなる。両肩は進行方向に向かって真っすぐにして走り，身体全体で軸をつくり，曲線を走る。そうすることで曲線を走るのに必要な腰（左腰）の先取りにもつながり，内傾の走りだけでなく，踏み切りやすい姿勢の獲得にもなる。こうした短助走での跳躍練習で曲線を走りながら踏み切るという運動に習熟していったら，助走の歩数を少しずつ増やしていき，全助走までつなげていくとよいだろう。

◎ジャンプ力の養成方法

跳躍種目は踏切での爆発的筋力の発揮が跳躍距離に大きく影響するため，この筋力を高めることが必要とされる。爆発的筋力養成のためのトレー

ニングは，多年次にわたって計画的に実施することが必要で，発育発達を考慮に入れながら実施していく必要がある。

図6-7は，跳躍競技の上級者を対象としたジャンプ力の養成方法である。

まずは，①ジャンプ運動を行い，バウンディングのようなジャンプ運動を繰り返すことで運動諸器官がトレーニング負荷に耐えられるようにすることだけでなく，ジャンプ運動への運動習熟を高めておく。次に，②ウエイトトレーニングを行う。バーベルスクワットなどに代表されるウエイトトレーニング等を行い，踏切時に必要となる力の増強を図る。そして，③軽い負荷を用いたジャンプ

運動を行う。ケトルベルやバーベルを用いての連続ジャンプ等のことで，踏切時に必要となるスピードの増強を図ることを目的としている。最後に，④デプスジャンプである。ボックスの上から跳び下り・跳び上がることで高強度の刺激を与え，踏切で必要となる力とスピードの両方の増強を図るようにする。

上記のトレーニングは，ハイレベルなアスリートにおいては準備期のトレーニングで行われる専門的なものである。それぞれの運動に習熟し，ケガに十分に注意しながら行う必要があるだろう。

（吉田孝久）

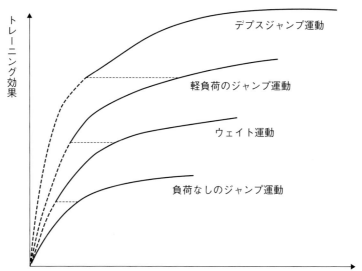

図6-7●爆発的筋力の発達を目的としたコンジュゲート・シーケンス・システム
（Verkhoshansky, 2011）

投てき種目のコーチング

1. 運動局面

(1) 運動構造

　投てき種目として，ここでは砲丸投，円盤投，ハンマー投，やり投の4種目を取り扱う。**図6-8**に各種目の局面構造を示した（ハンマーは振り切りを主動作とした）。

(2) 飛距離の決定要因

　空気抵抗などの不確定な要素を無視して考えると，投てき物の飛距離は，投てき物がどの程度の速度をもって，どの位置からどのような方向に投射されたかによって決まる。なかでも，投げ出された瞬間の速度（初速度）は，投てき物のもつエネルギーそのものを表す指標であり，これを高めることが投てき技術の最大の目的となる。このような飛距離の物理的構成要因・力学的な事実を丁寧に分析することで，技術改善やトレーニングにおける根拠ある課題選択や課題解決につながる。たとえばリリースの水平位置は，初速度や投射角度ほどには注目されない要因であるが，ファウルしない範囲でリリース位置が投てき方向側であればあるほど，飛距離の利得は大きくなる。

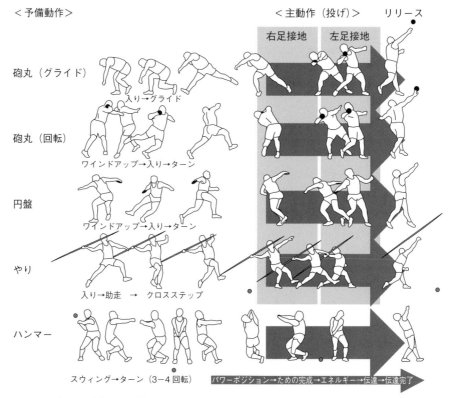

図6-8●投てき動作の局面構造

（3）投てき物の速度は身体の勢いから

　技術の改善においても最も重視される投てき物の初速度であるが，最終的に投てき物がもつ速度の源は，身体のもつ勢い（エネルギー）である。まったく体重の動きや回転がない，あるいは体重移動や回転の余地のない姿勢からの投げは，身体に蓄積されたエネルギーが不十分となり，たとえ強い上肢を備えていても，投てき物に「押し戻される」状態となりやすい。大きな初速度を実現するためには，まず大きな勢いをもった身体が必要となる。投てき者の身体にこの勢いを蓄積する局面が予備動作である。

（4）投てきの身体—投てき物衝突モデル

　最終的に投てき物が大きな速度を得て投てきが成立するためには，
①まず投てき者が十分なエネルギー（身体の勢い）をもっている。
②適切な伝達で投てき者のエネルギーが効率よく投てき物に伝わり投てき物の速度が十分高くなる。
③伝達の結果，投てき者がサークル内・ファウルライン手前にとどまることができる。
という条件が求められる。
　この図式を2つの物体の直線運動による衝突にモデル化して示す（**図6-9**）ことで理解が容易

になる。図中の大きな球は投てき者を，小さな球は投てき物を示している。投てき者の身体と投てき物は一体となって走っているが，ある時点の衝突によって，身体のもっていた勢い（力学的エネルギー）が投てき物に伝達され，投てき物の速度が高まり，身体の速度は小さくなる。この衝突が効率よく行われることが，投てき物の速度を大きくし，身体をサークル内，ファウルラインの後方にとどめるうえで重要となる。身体がもつ勢いが小さい場合は，伝達の効率がよくても，投てき物の速度は十分には高まらない。逆に身体の勢いが十分に大きくても，伝達の効率が悪ければ投てき物の速度は十分高まらず，伝達後の身体のコントロールが効かない状態に陥ってしまう。投てき者の身体に勢いを蓄積する局面が予備動作である。しかし，エネルギーの獲得と伝達の効率はトレードオフの関係にあり，身体の動き（移動・回転）が速くなればなるほど投てき物へのエネルギーの伝達は難しくなる。

　主動作の目的は，予備動作で得たエネルギーを投てき物に伝えることであるが，多くの場合，予備動作から投げへの移行局面から投げの初期にかけては伝達のための準備を含む。つまり最終的な投げ動作での投てき物加速のための動作範囲を確保したり，投てき物の加速に有利な筋の状態を整えたりする動作から投てき物へのエネルギー伝達の過程を含んだ局面であると言えるだろう（**図6-8**）。

（5）熟練度と体幹の「ため」

　特に上級者では予備動作の終盤，主動作の初期は伝達のための準備の役割をもっていることが多い。この準備状態は一般的に「ため」「残し」のような言葉で表現される。初心者では，体幹のコントロールが未熟で筋力も低いことが多く，子どもの未発達な投げの様相と同様に，骨盤と上半身は回旋の位相ずれがなく一体となって動くことが多い（ユニットターン）。それに対して上級者では，上半身に対して下半身骨盤回旋の先行（セパレーション，割れ）や「しなり」が見られ，体幹

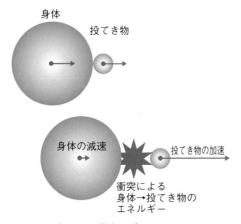

図6-9●投てきの衝突モデル

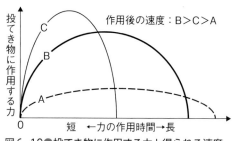

図6-10●投てき物に作用する力と得られる速度
初期条件が同じならば，力曲線によって囲まれる面積（力積）が大きいほうが速度は大きくなる

による仕事も続く投げに有効に活用される。

　最終的な投てき物の速度は，投てき動作で得られた力の時間積分：力積の大きさにより決定する。**図6-10**に，投てき物に加わる力の時間変化を曲線で模式的に示した。Aは力の最大値が小さく，作用時間が長い加速過程。Cは力の最大値が大きく作用時間が短い加速過程。Bは力の最大値，作用時間ともに大きな加速過程を示した。投てき物の初期条件が同じならば，最も速度が大きくなるのは，その曲線によって囲まれる面積が最も大きなBである。しばしば力の最大値（手応えの大きさ）が重視されるが，実際に問題となるのは力曲線の面積である。力の大きさとともに，作用時間を長くする工夫が最終加速を大きくするうえでは重要となる。最終加速の大きさにはパワーポジションの姿勢や，「ため」「残し」の要因が大きく影響する。力の最大値が極端に大きな加速過程は，技術の安定性や傷害発生の危険などの面からも注意が必要である。

2. 種目の全体・各局面におけるポイント（留意点）

(1) 予備動作

◎投げの全体に大きく影響する「入り」

　砲丸投，円盤投，ハンマー投に見られる四肢や身体のスウィングには，リズムを整える役割と，予備動作における体重移動の経路決定や，投てき物の軌道づくり，反復動作による動員される筋活動のリハーサルなどの意味があり，正確な始動に

とって重要な局面である。やり投の助走の入りも同様で，ここでいかに地面をとらえるか，どのような動作パターンをもってどのようなリズムを刻むかによって投てきの全体像が大きく影響を受ける。予備動作の開始，いわゆる「入り」は，予備動作のみならず，投てき動作全体の成否を左右するものであるため，失敗投てきや試技の不安定性の是正のためにまず注目すべき点である。

◎全身の動きと頭部の動き

　投げ全体の成否に大きく影響する「入り」でよく見られる問題として，全身の動き（重心の運動）と頭部の動きの誤認がある。ヒトの視覚，加速度をはじめとした知覚をつかさどるセンサーの大部分は頭部に位置する。加速度は耳の奥にある前庭で知覚され，速度の知覚は視覚情報の変化を認識することによって行われる。したがって，競技者はときとして頭部が加速され，頭部の速度が高くなれば，身体の加速が成功したと誤認してしまうことがある。「入り」における極端な上体の先行，いわゆる「突っ込み」がこれに当たる。この誤認は体重の移動や全身の回転を滞らせ，投げにとって好ましくない身体の移動（移動方向のズレや回りすぎ）を生み出すことがある。これを回避するためには，足部に感じる圧力の移動やその範囲を同時に確認したり，質量の大きな体幹がどのように移動しているかに注意を払うなどの必要がある。

◎パワーポジションの確保と「ため」

　予備動作は，投げに至る「構え」に当たる投てき物の加速範囲と，加速に関わる身体の仕事が行いやすい状態を確保した姿勢，いわゆる「パワーポジション」の完成，さらには投てき物の加速を有効にするための関節・筋群の準備状態の完成をもって完了する（**図6-11**）。パワーポジションは種目によって異なるが，投げ局面に利用可能な股関節の運動範囲と上半身の回転の動作範囲が確保された姿勢である。これに上のせされる準備状態は，一般的には「ため」や「残し」などと表現

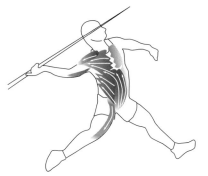

図6-11●ための姿勢と筋の伸張状態の模式図
（やり投）

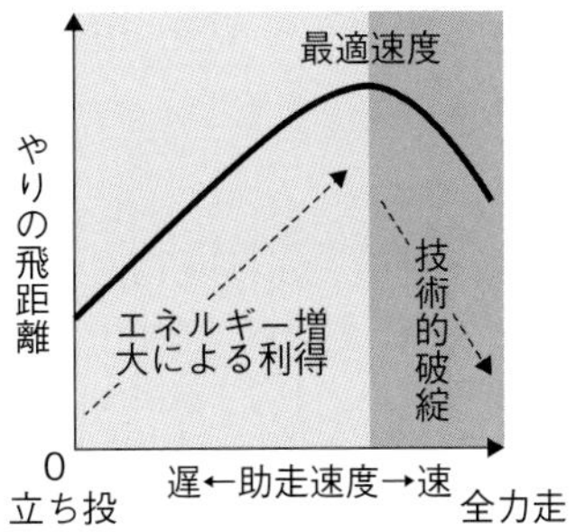

図6-12●助走速度と飛距離の関係

される。「ため」は投てき物の加速に利用可能な動作範囲と，加速動作に関与する筋群の準備状態（伸張，予備緊張）の確保によって構成される。適切な「ため」は身体と投てき物との衝突をコントロールし，加速の向かう方向の調節や，最終的な投てき物の加速のタイミングを調整することにもつながる。適切な準備状態は投げをより爆発的なものとし，身体から投てき物へのエネルギーの伝達をより確実なものとするであろう。投げ局面開始時点での上半身の投げ方向への移動，あるいは投げ方向への体重移動の早期完了は，最終的な投てき物の加速にとって大きな制限となる。

◎「ため」をつくる下肢の方向付けと先行

　いわゆるパワーポジションから「ため」の完成には，いずれの種目においても，上半身に対する下半身の相対的な先行が重要となる。この下半身の先行には，予備動作後半から投げの初期における下肢の方向付けによるところが大きい。**図6-8**において主動作の前半（大きな矢印部分）には，各種目におけるパワーポジションと，それに続く「ため」の完成の姿勢を確認することができる。いずれの種目においても足部の方向に現れる下肢の方向付けによって，投げの準備状態がより高まっていることが理解できるであろう。

◎予備動作の最適速度

　予備動作である助走やターン，グライドやスウィングには，最適な速度があることが知られている。すなわち，予備動作の速度は，高すぎても低すぎても最高のパフォーマンスを妨げるということである。**図6-12**にやり投における助走速度と飛距離の関係の模式図を示した。助走速度が高まるにつれて飛距離は大きくなる（エネルギー増大の効果）が，ピークを迎えた後は逆に飛距離が落ちていくことがわかる（エネルギー伝達効率の低下）。この曲線の構造は，競技者の技術体力特性や熟練度によっても異なるが，同様のことはグライドやターン，ハンマー投のスウィングについても言えるであろう。すなわち予備動作の強度・速度に最適な水準が存在することには注意が必要である。

(2) 主動作（投げ局面）

◎投げ動作と準備状態の確保

　ここまでに述べたとおり，投げ局面には，身体がもつエネルギーを投てき物に伝達して投てき物の速度を可能な限り高くする役割がある。投げ局面の初期には，予備動作から継続する全身の加速を滞らせずに，最終的な加速のための準備を行う段階がある。それに続いて，いよいよ投てき物の速度を高める局面に入る。投てき種目の技術において，投げ局面の最終局面であるエネルギー伝達の局面に関しては，短時間で大きな出力が要求されるが，この出力は身体からのエネルギー伝達に至る準備状態に大きく影響を受ける。最終加速の

ための動作範囲が確保され，エネルギー伝達に関与する筋群が出力しやすい状態にあれば，エネルギー伝達が有効になる可能性は高くなる。

◎適切な投げを制限する問題

　最終的な投げの構えからエネルギー伝達の成立を制限する要因としてはさまざまなものが考えられる。特に初心者に顕著なものは，投てき物の保持の確保が投げの動きを制限する例である。たとえば砲丸投では，保持位置から砲丸の落下を恐れて肘が下がってしまう例が多く見られる。肘を下げることで，重力に逆らうように砲丸を保持することは容易になるが，最終的なエネルギー伝達のためには上肢の姿勢を大きく変えることが必要になる。円盤投では円盤の落下を恐れて手と前腕の間に円盤を挟んでしまう例も同様である。本来，肩関節と手を結んだ線上に円盤がまっすぐ位置することが望ましいが，この例では腕の振りによってできる面と円盤の面との間にズレが生じ，振り切りに至る円盤のコントロールがうまくいかないことが多い。

　やり投では助走からの保持が安定せず，望ましい投てき方向とやり自体の方向が適合していない例や，助走速度の確保に注力するあまり，振り切れる位置にやりを置いておけないような事例も見受けられる。ハンマー投ではスウィング中のハンマーの軌道がずれ，ローポイントがより投てき方向に進行した位置になってしまう例などが見受けられる。これらは予備動作による利得を大きくすればするほど，投げを制限する要因も生まれてくることを示す事例である。

◎パフォーマンスを大きく左右する手先と
　投てき物との関係

　ここで特に問題になるのは，投てき物の作用端である手指と投てき物との関係である。たとえば，投てき物が最大の加速を待たずして手指から離れてしまうような状況では，十分なエネルギーの伝達は完了されなくなる（すっぽ抜け，ハズレ）。すなわちこの局面，この部位の問題だけでも得ら

れる運動の成果が大きく影響を受ける。例として，手指にケガがあって，痛みをともなう場合（爪割れ・マメ・手指関節の炎症 etc.），雨天時など手指と投てき物との接触面が著しく滑りやすい状況，手関節（手首）の筋力が不十分であったり柔軟性が高すぎて，エネルギー伝達の仕事に耐えられない状況。投てき物の保持，いわゆるグリップに問題があるような場合が挙げられる。このような状況は，最終段階で投げを台無しにしてしまうため，常に注意を払う必要がある。

3. トレーニングにおける　コーチング

(1) 投てき技術の見どころ〜投てきの成否を決める3要素とその改善の視点〜

◎全身の勢い
　（助走速度が適切か・身体が走っているか）

　この視点は，最終的な投てき物の速度の元手となる，身体のもつエネルギーが十分に確保されているかどうかに着目するものである。前述したように，これが不十分な状態では，いくら効率よく伝達を行っても，投てき物に押し負けてしまう可能性がある。改善の方法としては，単純に助走速度を上げる，体重移動を強調するといった直接エネルギーを高める工夫と同時に，全身の推進に関わる関節が力を出しやすい肢位の工夫や着地方法の検討，動作のスタート姿勢の見直しなどによって，身体の勢いを出しやすい状態を確保する視点等が考えられる。

◎適切な加速範囲と加速条件の確保
　（構えとため）

　この視点は，最終的な投てき物へのエネルギーの伝達のための準備状態が適切かどうかに着目するものである。この局面では四肢の動作速度はまだ低いため，動きは比較的確認しやすいものの，下肢が受ける力の様相を確認することは重要であるが難しい。投げ動作の開始時点で，上半身の開きが大きくなりすぎるなどして，すでに加速の範

囲が失われてしまっていたり，投てき方向への体重移動が完了している（いわゆる構えが突っ込んだ投げ，肩の開きが早い投げ，投げ急いだ投げ），あるいは下半身の方向づけが不十分で，投げに至る身体の回転が止まってしまう投げなどは，続く投げ局面の爆発的なエネルギー伝達の過程を滞らせてしまうものである。地面からの反力が大きく，足の接地面積が大きいほど下肢の方向づけは難しくなる。足関節の出力や加重位置のとり方の技術などの影響が大きい。

　下肢の方向づけは，身体の方向を変える動作において，骨盤回旋の直接的な制限となる。股関節回旋可動域の限界の影響を受けながらの推進，方向付けは，左右どちらか一方のコントロールだけでは不十分になりがちである。両側の動きをひとまとめに意識したり，課題となっている反対側肢のコントロールを重視することがうまく遂行できるきっかけとなることがある。さらに股関節回旋可動域の制限は骨盤回旋を直接制限する要因である。技術的な問題の背景に関節可動域の物理的制限が潜んでいることは多く，これを技術と結びつけて認識できるかどうかは，コーチの視点として非常に重要である。

　上半身の長軸周りの回旋がどの程度進んでいるかを表す「肩の開き」も「ため」の大きさを左右する重要な要因である。「投げ急ぎ」においてよく見られる肩の開きを抑制するために，サークル系種目では，サークル後方にマークを置いて，必要に応じてそれを注視し，目線を残すことで全身の動きを制限する方法がよく用いられる。

◎適切なエネルギー伝達
（体幹上肢の適切な作用）

　投げの最終局面は，動作時間が短く，身体の移動速度，投てき物の速度が高い状態での投てき物操作を求められる。それに加えて上肢の関与が大きいため，加速の成否を無視すれば動作の自由度が大きく，その問題点を見きわめることが難しい場合がある。グリップの微妙な不適合や，最終的な加速を支配する上肢の運動のタイミングが合わない，投てき物加速時の関節負担が大きすぎて，危険回避が必要になってしまうなどの問題が見られることがある。前述したように作用端の条件を整えることはもちろん重要である。投げの最終局面の加速が不十分に感じる競技者に対しては，手指や関節への負担が大きな危険な動作・効率の悪い動作の回避を進めるとともに，投てき物の「手離れ」の様相について対話で確認したり，ビデオによって確認することで問題点を洗い出すことが有効である。

（2）技術練習の視点

◎課題に応じた投てき練習の手段

　多数投げ込み：1回の練習で，数十本から数百本の投てき練習を行う。専門的筋力の養成とともに，技術の定着を促進する。リラックスした投げを身につけるためにも，本数の多い投げ込みは有効である。本数の多い投げ込みになると，無理して使っていた筋が先に疲労してくる。このような状況では，投てき物を力まかせにコントロールすることが難しくなってくる。こうなると，投げを成立させるために，動きの面でも「全身の勢い」や「ため」を強調した，つながりのよい動作が自然に生まれてくる。傷害の危険もあるため，種目や技量による配慮が必要である。

　制限投（ノルマ投げ）：目標記録を設定し，制限時間内に目標記録を規定の本数を超えるというような設定で行う。たとえば砲丸投であれば「1時間以内にベスト記録マイナス50cmを30本」とか「ベスト記録マイナス50cmを連続5本超えるまで終われない」という設定である。投げのパフォーマンスを高く保つための条件を設定することで，集中度の高い技術練習を確保し，精神的なプレッシャーのなかで高いパフォーマンスを引き出す，あるいはプレッシャーを利用するトレーニングになる。

　正確投げ：的当てのように投てき距離や落下位置に制限を加え，正確さに志向した投げ練習。努力度を低めにした投げで，投てき区域内の制限区域に投てき物を落下させるように投げる。自分の

投げの不安定な要素を認識し，技術の定着や修正に用いる。たとえば，やりの正確なコントロールを身につけるのに有効で，やりの姿勢やリリースポイントが安定しない場合などに，積極的に活用される。

わんこ投げ：パートナーから投てき物を手渡しでもらったり，投てき物を並べて置くなどし，連続して3〜10本投げる。通常，投げの動作はバリスティックなものであり，運動がうまく遂行されているかどうかのフィードバックを受けて動作の途中で動きを修正することはできない。投げと投げの間隔を短くした投てき練習は，動作中にできない修正を投げと投げの間に行い，前の投げでフィードバックされた筋感覚や手応え，体重の動きなどの情報を即時に利用できる利点がある。連続した投げのなかに技術的な修正を加えていくことで，その修正の効果も認識しやすくなる。

ADS（Ascending Distance Set）：ハンマー投を例にとれば，最初の5本は50m，次の5本は55m，さらに次の5本は60mというように，セットごとに投げの距離を伸ばしていく方法。努力度の低い（距離の短い）投げで，基本動作を確実にしたうえで，だんだん強度を上げたセットに入っていくため，安定した技術の確認と同時に，遠くへ投げるために必要な技術的要素の確認や，動きのタイミングなどの感覚を身につけるのに適した練習法である。

(3) 技術の要素強調練習における視点

◎問題点の選択と集中的な修正

問題のある技術要素を取り出して集中的に練習する方法や，逆に問題のある技術要素が制限となって練習できない部分を取り出して正しい流れを身につける技術練習である。後者の例としては，円盤投や砲丸投のターンの入りが不安定なときに採用される「スタティックスタート」（軸足への体重移動や軸足の方向づけが完了した姿勢からのターン）や，ハンマーのスウィングの影響を最小限に抑える「スウィングなし投げ」，下肢の方向づけに制限があり，投げの最終局面の加速がうま

くいかないときに用いられる，すでに骨盤が投てき方向と正対した姿勢から投げる「正面投げ」（ハンマー投以外）などが挙げられる。いずれも投てき動作全体の流れを，一部滞らせて行うため，最終的な投てきの全体につなげるためには，要所要所で全体像の練習を行い，常に全体の流れを意識して行うことが大切である。

◎重要局面の強制変容

特定の局面の動作を，望ましい方法で行わざるを得ない状況下で実行する方法である。技術形態の詳細を指定せず，運動の成立だけを要求して競技者に行わせることで，自発的な課題解決を促進することができる。

たとえばハンマー投げの「スウィング→ターン→スウィング」はターンにおける両脚支持から，片脚支持への移行で軸足に体重をのせきれず（右投げの場合いわゆる「左軸」を保てず）バランスをくずしてしまう競技者に対して，ターン後，再びスウィングに戻ることを要求する方法である。軸足への加重なしではスウィングへの移行ができないため，運動の成立のために強制的にバランスの保持が求められる。

円盤投において，回転運動による加速が強調されすぎ，振り切りで円盤が後方に残りすぎ，いわゆる「肩が折れた」状態の修正には，ダンベルのシャフトや短いひも付きメディシンボールによる投げが用いられる。長いものをコントロールして

図6-13●タップスロー

図6-14●メディシンボール投げの例
背中にボールを入れて体幹から上肢筋群の伸張を促す方法

投げるためには，回転の中心に向かって引く力の成分が必要になることがその背景にある。

　砲丸投や円盤投において，後方の脚（右投げであれば右脚）による方向付けのための練習にタップスローがある。メディシンボールの高い突き出しを活用する方法が行いやすい（図6-13）。パワーポジションから前方の足（右投げであれば左足）を地面に軽くつき，それを再び離して右脚のみで方向付けと推進を同時に行うものである。投射角を大きくするためには，胸の張りが不可欠で，骨盤の完全な回旋（へそが投てき方向を向く姿勢）が求められるため，強制的に下肢の方向付けが行われる。逆に方向付けが不十分な場合には，投射角が高くできない，前足をついたままでないと運動が成立しないという状況が生じる。

◎関与の深い体力要因の認識
　　（重量物投げ，多数投げ等）

　投てきのパフォーマンスに関わる体力要因を意識するために，重量物を投げて制限となる部位や技術要素を感じたり，本数を稼いで疲労の進行の様相を感じることで，強化すべき課題を見きわめる方法。

◎傷害の回避（両手系メディシンボール，突き刺し，突き出さない砲丸投等）

　たとえば，やり投の投げ込みを頻繁に行えば，肘関節，肩関節，腰椎を中心としてさまざまな部位への負担が過剰となり，傷害の発生は避けられない。そこで実際の投てきは，中3日，中4日間隔を空けるなどして回避しながら，専門的な投げの負荷をかける練習が要求される。

　たとえば，両手で行うメディシンボール投げは，関節への負担を減少させながらも，投げ動作に関与する関節や筋群に適切な刺激を加え，投げの感覚を磨くうえでも重要である。図6-14に示したのは，仰臥位で背中にメディシンボールを入れたオーバーヘッドスローで，体幹筋群と上肢筋群のStretch-shortening cycleを強調した方法の一例である。この方法であれば，1日に100本を超えるような投てきを行っても，比較的ダメージを少なくできる。

　ほかにも，やり投の地面に向けた突き刺し練習は，通常の投げほど投げ腕の後方への残し（肩関節外旋や水平外転）への要求が小さく，助走付きで行った場合でも負担が少ない。突き出さずに砲丸投の動きを練習する手段として，腕を下垂して砲丸を両手で保持したまま，下肢は通常の立ち投げの動きで行う方法などがある。

　このような練習方法開発の考えは，傷害を負った際の患部外トレーニングにもつながり，長期にわたるパフォーマンス向上にとって，実は決定的な役割を果たすものである。

（大山卞圭悟）

●文献

＊阿江通良（1992）陸上競技のバイオメカニクス．日本陸上競技連盟編，陸上競技指導教本 基礎理論編．大修館書店，p.46.

＊阿江通良・渋川侃二・橋原孝博（1980）高さを狙いとする跳のバイオメカニクス的特性．第5回バイオメカニクス国内セミナープロシーティング

＊有賀誠司・古谷嘉邦（1986）槍投げの助走速度に関する実験的研究．東海大学紀要，体育学部16：pp.79-92.

＊朝岡正雄（1989）スポーツ運動の学習位相に関するモルフォロギー的考察．筑波大学体育科学系紀要，12：pp.65-72.

＊Chatard, J.C., Mujika, I., Guy, C., and Lacour, JR.（1999）Anaemia and iron deficiency in athletes. Practical recommendations for treatment. Sports Med., 27（4）：pp.229-240.

＊ダニエルズ：篠原美穂訳（2012）ダニエルズのランニング・フォーミュラ．ベースボール・マガジン社，pp.14-59.

＊Hay, J. G.（1988）Approach strategies in the long jump. International journal of spots biomechanics, 4：pp.114-129

＊James G. Hay：植屋清見総監修，阿江通良・丸山剛生監修（2011）スポーツ技術のバイオメカニクス．ブックハウス・エイチディ，pp.368-484.

＊櫛部静二（2015）基礎からわかる！中長距離トレーニング．ベースボールマガジン社．

＊リディアード：小松美冬訳（1993）リディアードのランニング・バイブル．大修館書店．

＊宮下憲（1991）最新陸上競技入門シリーズハードル．帖佐寛章・佐々木秀幸監修．pp.89-128.

＊宮下憲（2012）スプリント＆ハードル．陸上競技社，pp.9-100.

＊両角速（2012）陸上競技入門ブック中長距離・駅伝．ベースボール・マガジン社．

＊村木征人（1982）現代スポーツ実践講座2陸上競技（フィールド）．ぎょうせい，pp.225-237.

＊村木征人（1988）三段跳．日本陸上競技連盟編，陸上競技指導教本 種目別実技編．大修館書店．pp.174-180.

＊村木征人（1994）スポーツ・トレーニング理論．ブックハウス・エイチディ，pp.84-101.

＊村木征人（1995）助走跳躍における運動抑制現象の運動方法論的解釈とコーチング．スポーツ方法研究，8（1），pp.129-138.

＊日本陸上競技連盟（2013）陸上競技指導教本アンダー16・19上級編 レベルアップの陸上競技．大修館書店，pp.30-37.

＊日本陸上競技連盟編（1990）スポーツQ&Aシリーズ実践陸上競技 トラック編．大修館書店，pp.43-100.

＊日本スプリント学会編（2018）スプリント学ハンドブックすべてのスポーツパフォーマンスの基盤．西村書店，pp.48-80.

＊Ohyama Byun, K., Fujii, H., Murakami, M., Endo, T., Takesako, H., Gomi, K., Tauchi, K.（2008）A biomechanical analysis of the men's shot put at the 2007 World Championships in Athletics. New studies in athletics 23：pp.53-62.

＊大山卞圭悟（2015）投てき．関邦博ほか編，人間の許容限界辞典．朝倉書店，pp.397-402.

＊Payne, H. ed.（1985）Athletes in action. Pelham books. London.

＊豊岡示朗（2003）長距離ランナーの貧血とその予防－フェリチン検査の重要性．Sportsmedicine．15(7)：pp.11-15.

＊Verkhoshansky, Y., and Verkhoshansky, N.(2011) Special Strength Training Manual for Coaches. Verkhoshansky SSTM: Rome, pp.62.

＊Vladimir M. Zatsiorsky, Boris I. Prilutsky：関屋昇・宮川哲夫・高橋正明（2014）骨格筋バイオメカニクス－筋線維から運動協調性まで－．ナップ，pp.329-339.

＊渡部誠・岡野進（1979）短距離疾走におけるArm action効果に関する一研究（その1）．日本体育学会第30回大会号，p.601.

＊安井年文（2009）トレーニングNavi 前期シーズンの過ごし方．陸上競技クリニックVol.2．ベースボール・マガジン社，pp.74-75.

＊Yoneda, K., Umeda, T., Takahashi, I., Kaneko, M., Mashiko, T., Totsuka, M., Komuro, T., Saito, K., Sato, H., Ueno, Y., and Nakaji, S.（2013）Physical Condition during Periodization for 3 Months in Female Ekiden Runners. J. Phys. Fit. Nutr. Immunol, 23（3）：pp.116-126.

＊図子浩二・苅山靖（2017）トレーニングの構造．日本コーチング学会編，コーチング学への招待．大修館書店，pp.91-94.

第 7 章

競技力の分析・評価

第1節

分析・評価の全体像

1. 分析・評価の目的と意義

　陸上競技は，時間や空間といった力学的なパラメータを尺度として，競技者が持ちうる身体資源を最大限に発揮したときの優劣を競うという特性を有することはことさら言うまでもない。したがって，本章で取り扱う競技力の分析・評価は，競技成績（記録）そのものが第一の対象となる。そして競技者は，達成された競技成績を受けて，さらに成績を高めるためにトレーニングを計画し実践することになる。そのトレーニングは，競技会における競技者自身の印象やコーチの観察結果をもとにトレーニング課題が抽出され，その課題を解決するための手段が適切に選択されたときに，さらに効果的なものになるであろう。

　しかし，ただ単に競技会での印象や観察結果だけをもって抽出された課題とトレーニング手段が，その競技者にとって本当に適切なものであるかどうかは，次の競技会における成果を主な判断材料にせざるを得ず，競技力を高めるための真の課題を早期に見いだすことを困難にする。また，競技者の感覚やコーチの観察は，どうしても印象に残った事象に限定されてしまう傾向が否めない。

　そこで，あらかじめ当該種目の競技力を構成している要素が明確になっていれば，競技者の感覚やコーチの観察結果と，実際に生じていたそれら構成要素の実際とを突き合わせることで，次のトレーニングと競技会をよりよくデザインすることができるはずである。競技力をさまざまな手段と観点から分析・評価することの意義は，まさにここにある。

　このことが真に機能するためには，競技力の構成要素が精確に抽出・体系化されている必要がある。すでに第2章において競技力の基本構造は明らかになっているので，本章ではそれについて繰り返さないが，ここで重要なことは，①その種目にとって重要な構成要素は何か，②構成要素間の関係性は明確になっているか，③それらの構成要素は測定可能か，④測定した構成要素を評価するために必要な指標や基準は存在するか，等である。つまり，重要な構成要素が明らかになっていて，かつ，それを測定することができれば，次の競技会に向けたトレーニングをより有意義なものにできる可能性があるということである。

　本章では，以下に競技力を構成するいくつかの構成要素，なかでも精度よく分析可能な要素に焦点を絞り，それらが実際にどのような値を示すのか，さらにどのような評価の仕方があるのかを多少の事例を交えて解説する。

2. さまざまな分析・評価

　今日までに分析・評価の対象とされてきた陸上競技の競技力を構成する要素は，日本だけでなく諸外国における研究成果や実践事例を取り上げようとすれば枚挙にいとまがないほどで，著者の調査・分析能力をはるかに超える。そこで，次のような基本的な考え方のもとで本章が記述されていることをあらかじめお断りしておく。

　陸上競技は，時間（走タイム）と空間（距離や高さ）に関するパラメータで優劣を競うので，力学（時間・空間・力・質量を取り扱う学問領域）に関係する構成要素が分析・評価の対象としてその中心に据えられるべきである。すなわち，実際のタイムや距離といった競技記録と同じ尺度である力学的なパラメータを用いて，行われたレースや試技を詳細に分析する必要がある。そして，地球の重力下において運動を実行している人体を対象にして，どのように身体各部分を動かすとその

ような結果になるのかを，バイオメカニクス的な観点から分析・評価することになろう。さらに，そのような動作を発現させている人間の身体内部で生じている現象を生理学的・体力学的な観点から分析・評価することも必要になる。このように分析・評価の中身を細分化していくと，非常に多くのパラメータが対象になる（それゆえに関連する多くの研究成果や実践事例が存在する）。

　たとえば，力学的な観点では，タイムを競う種目では走速度は決定的な要因である。走速度が大きければタイムを短縮できるし，小さければ短縮できない。では，走速度はいかにして構成されているかといえば，バイオメカニクス的に見れば歩数をできるだけ多くしつつ1歩の幅をできるだけ大きくする，すなわち一般的に言われているピッチとストライドである。多くの競技者やコーチは，このピッチとストライドをいかにすれば高めることができるのかを日々考え，努力しているはずで

ある。必要な筋力や筋のパワーはどの程度なのか（筋・骨格系の機能），ピッチの限界を超えられないのだろうか（四肢の慣性特性，神経系の伝導速度等），最高速度をどうすれば長く維持できるだろうか（呼吸循環系，筋・骨格系の機能）といった，あらかじめ考慮すべき諸要素は，演繹的に際限なく（と思えるほどに）列挙できる。しかし，現実的には，これら諸要素を網羅的に測定することは時間や労力，資金面のリソースを考慮すれば非常に困難であることは容易に想像がつく。そのため，実際にはそれらのうち最も重要と考えられる要素に限定して分析・評価の対象項目としている。これらのことを簡単に図式化してまとめると，**図7-1**のようになろう。

　このような分析・評価対象項目の重要性の判断の指標は，種目特性，競技者個人の個性，コーチの関心領域，過去の分析・評価の実績等さまざまであるが，原則として競技者の競技力そのものに

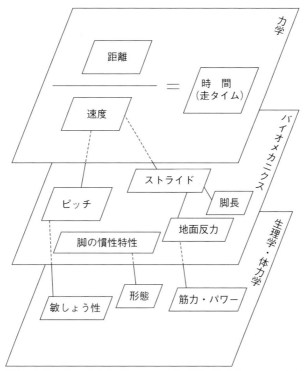

図7-1●力学，バイオメカニクス，生理学・体力学の各側面から見た短距離走のパフォーマンスを構成する要素と関係構造の例

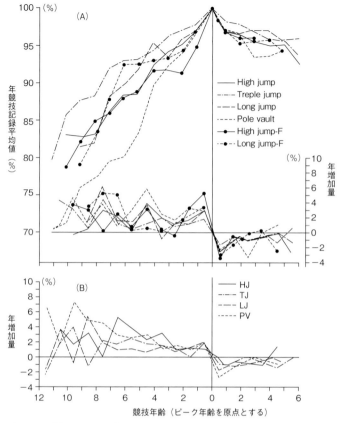

図7-2●世界レベルの跳躍選手の生涯最高記録に対する年間記録推移の例
（村木ほか，1982より引用）

着目したもので，いわばミクロな分析である。これとは対照的に，マクロ分析とも呼ぶべき競技力の分析・評価の手法がある。

たとえば，コーチング学領域において伝統的に用いられてきた手法の1つとして，過去の競技成績を時系列に並べ，競技記録の変遷を図式化・可視化するというものである（村木ほか，1982）。**図7-2**はその一例を示したもので，跳躍種目の競技者の生涯達成記録を年次ごとに折れ線グラフで表示し，生涯最高記録の達成前後でどのような記録の変遷をたどるのかを可視化している。

ほかの応用例としては，世界記録の変遷を折れ線グラフで表すことによって，世界記録の動向を大づかみにすることや，最新の世界ランキングやシーズンレコードをたどり，それを図式化するなどである。これによって，当該年度中の世界レベルでの競技成績を最大化するうえでどの程度の記録が必要であるのか等を予測できる。仮にコーチングの対象となっている競技者が世界レベルで競争しているとすれば，これらのデータは中・長期の強化戦略の立案や年次のトレーニングプランを作成する際の参考データとして活用できる。そして，その競技者自身の記録の変遷も可視化すれば，トレーニング計画の見直しや再構築に役立つであろう。さらにマクロな分析として，特定の集団が全体としてどのような競技成績（記録）の伸びを示しているのか明らかにし，その要因について考察することで，その集団の強化計画の成否について検討するヒントを得るという分析・評価法もある（伊藤ほか，2000：関岡ほか，2000）。

マクロ分析は，どちらかと言えばチームや組織の競技力を分析・評価するもので，上述した世界

の動向や種目別の全体的な傾向等を知るうえで重要であるが，本章ではこの点については取り扱わず，競技者個人の競技力に着目して解説する。

3. 本章での対象範囲

以上述べてきたように，競技力を分析・評価するにあたって，その競技力をどうとらえ，どのような側面に着目するかによって，目的や方法は異なってくる。ここでは，本章で取り扱う競技力のいくつかの側面について簡単に整理しておく。

第1に，分析・評価の対象となる当該の陸上競技選手が，その種目において高いレベルで競技力を発揮できるのかどうか，すなわち潜在能力（可能性）を分析・評価するという側面である。わが国では，学校体育等を通じて，自分がどのような身体能力を有しているのか，それは高いのか低いのかといったことを否応なく感じ取ることになる。たとえば，校内マラソン大会で上位に入る経験をもっていれば自分には持久的な素養があると感じるし，運動会でリレーの選手に選ばれれば短距離走の素養があると感じるであろう。なかには，どちらも突出した能力はないが，球技をそつなくこなせる器用さがあると感じる者もいよう。このような，生まれ持った素質あるいは資質と表現されるものを分析・評価する場合，数種類の体力・運動能力テストを競技者（あるいは陸上競技選手に

なる前の児童・生徒）に課し，そのタレント性を評価するということが行われる。

本章では，このタレント発掘あるいは資質調査とも呼べるような内容については，本書の方向性とやや異なることに加え，取り扱うにはふまえるべき学問的な範囲が膨大になるため，別の良書に譲ることとし，ここでは競技会にのぞむ前の競技的状態，いわゆるスポーツフォーム（マトヴェイエフ，2003）をいかにして把握するかを部分的に取り扱うにとどめたい。

第2に，実施した競技パフォーマンスのできばえを分析・評価するという側面である。できばえを分析・評価する重要な目的は，競技の実施前に想定していた達成目標に対して現実の競技成績がどの程度のものであったのかを確認するとともに（陸上競技の場合，結果そのものが数量化された時間や空間のパラメータであるのでわかりやすい），その結果の内実がどのようなものであったのかを知ることで，次の目標設定とそれに向けたトレーニング計画や戦略・戦術の見直しを行うための基礎的な資料とするというものである。これはパフォーマンス分析とも呼ばれるもので，本書でも第4章において一部が扱われている。本章では，より原則論的な内容を取り扱うとともに，具体的な分析・評価法や算出されたデータ等も紹介する。

（高松潤二）

第2節
分析・評価の実際

1. 分析・評価の流れ

　陸上競技はほかのスポーツとは異なり，1つ1つの種目において競技者に求められる能力が大きく異なる。そのため，種目ごとに競技力の分析・評価法は異なってくるが，現在一般的に行われている分析・評価法について，簡単に以下に示す。

　通常，分析・評価を詳細に行う前に，まずコーチは選手の競技会における記録とそのときの観察結果をもとにして，その選手の優れている点や改善が必要な点等を定性的に仮置きし，改善点については次の競技会を設定してから逆算してトレーニング計画を立てるはずである。競技力の分析・評価は，それが出発点となる。そして，トレーニングを実施しながら改善過程をさまざまな方法で確認することになる。

　陸上競技では，多くのコーチがコントロール・テスト（村木，1992）を逐次行って，目標とするスポーツフォームに近づいているのかどうか予測することになる。このコントロール・テストは，さまざまな測定項目がさまざまな形で実施されているが，一方で，（いちいちそれら文献を取り上げることはしないが）コントロール・テストが具体的にどのような効果や意義をもつのかについて実践的な研究が多数行われているという現状が示すとおり，実際に評価する際に所望の目的を達成しうる項目なのかよくわからず実施されていたり，実施される項目が同一種目の中でさえ統一見解がなかったり（仮説的な説明は散見される），あまつさえコントロール・テストという用語の解釈にゆらぎが認められることもある。

　ここでは，コントロール・テストは，村木（1992）が明示しているように，トレーニング・コントロール・テストの意味で用いることにする。

その考え方に従えば，コントロール・テストで採用される項目は，各種目において日常のトレーニング手段として用いられているものをそのまま測定・数値化できるようにして採用することが肝要であろう。具体的には，陸上競技で比較的共通して用いられる測定項目として，30m走，立ち5段跳び，砲丸（もしくはメディシンボール）のバックスロー（もしくはフロントスロー）があり，いずれもトレーニング手段としてよく用いられるものであり，また，これらはいずれもストップウォッチと巻き尺があれば手軽に測定し数値化が可能である。測定項目は種目に応じて，あるいは競技者の個性や到達目標（インターハイレベルか世界レベルか等）に応じて取捨選択すべきであるが，日常のトレーニング手段として用いている項目を逐一測定して記録しておけば，その競技者の状態を詳細かつ正確に把握することができると考えられる。

　次に，競技会における競技力の分析・評価である。前節で**図7-1**を例にして言及したように，対象とする競技種目について競技力の構造化がなされているという前提で，重視すべき競技力の構成要素を抽出し，それを分析可能か検討することになる。「8歩目のキックのときにハムストリングスがどの程度の筋張力を発揮しているか」といった詳細すぎる要素を競技会で分析することはきわめて難しいので，①継続的に分析でき，②解釈が容易で，③競技力との関係性が強い，等といった基準で分析項目が選択される。すべてではないが，各種目で実際に分析されている項目については，次項で解説するので，ここでは比較的共通して行われている分析の内容・方法を概略的に示す。

　まず，走種目や跳躍種目では，高いスピードで走ることが求められることから，走速度を実測することが行われている。そして，走速度を構成し

ているピッチとストライドを測定して，どのように最高速度が達成されていたのかを把握する。ここで，走速度やピッチ・ストライドの測定でよく用いられるのは，ビデオカメラである。映像関連テクノロジーの発達によって，映像自体がアナログ（映画フィルムやビデオテープ）からデジタルに移行し，それまで数百万円以上の貴重品であった高速度カメラが比較的手ごろな価格で入手できるようになり，走種目の競技力分析は精度と分析データ数の両面で飛躍的に向上し，競技力の評価を適確に行えるようになった。

図7-3は，例として，棒高跳の助走の最終局面におけるピッチ・ストライド，ステップごとの平均助走速度を算出している様子を示したものである。棒高跳の場合，近年の競技会では助走路上に50cmまたは1mごとにマーカーが貼付されるため，これを利用して各足の接地位置を計算している。こうした空間情報は，画面上に映っている

実空間での座標が既知のポイント（**図7-3**ではレーン両サイドの距離区分ライン）が複数箇所あればよいので，陸上競技のトラック上の目印（たとえば，リレーゾーンの区分線やハードルの設置場所等）を適宜利用して分析しているのが実態である。それでも難しい場合には，競技会の場合であれば，競技会の主催者に許可をもらって競技場内に一時的な目印をつけて事前もしくは事後にそれを撮影するという代替手段を適用することになる。

次に，接地タイミングは空間測定よりも単純で，**図7-3**の分析ツール左下に表示される動画のコマ数を読み取っていくことで可能である。そして，ピッチとストライドを乗算することで各ステップの平均速度を計算するという手順になる。

上記以外には，直線方向の走速度測定に特化した方法として，LAVEG Sport（Jenoptik社製）と呼ばれる装置を用いて，レーザードップラー法

図7-3●疾走中の選手を撮影したビデオカメラ映像の例
この写真の例のように，サーフィス上に実際の長さが既知のものが映り込んでいれば，足の接地位置（距離）をビデオ映像の解像度との比率で計算できる。また，足の接地瞬間の再生コマ数を各接地足についてカウントすれば，コマ数にビデオ映像の時間分解能（コマ／秒）を乗算してピッチを計算できる。この分析画面イメージは棒高跳のもので，分析ツールにはKinoveaと呼ばれるフリーソフトウェア（https://www.kinovea.org/，2018年10月時点）を用いている。

という測定原理により走速度を測定する方法も行われるようになった（金高，1999）。この方法は，即時的にピーク速度をとらえることが可能で，速度変化を高い精度でとらえることがメリットである。しかし，この方法のみでは，①ピッチやストライドをとらえられない，②映像が残らないためどのような走フォームだったか確認できない，③曲線走で測定できない，④高価である，といったデメリットもあるので，利用目的に応じて選択すべき方法である。

しかし，測定・分析の手軽さは捨てがたい魅力があり，加速パターンと正確なピーク速度をとらえることができる跳躍種目では，日本陸連の科学委員会が継続的に活用している。なお，同様の方法に光電管と呼ばれる区間通過時刻を読み取る装置を応用した速度測定が行われていたが，やはり高価であることや設置の手間等が敬遠され，近年はあまり見られなくなっている。

上記に示した速度測定は，ごく基本的なデータを簡便に・すばやく・たくさん得ることがねらいになるため，特別な知識を要する必要があまりない。しかし，現実の陸上競技における競技力を考えたとき，身体各部をどのように使い，どの程度合理的かつ合目的的に動かせたのか，あるいは身体重心位置はどの程度上昇したのか等，バイオメカニクス的研究手法の代表的なものである画像による動作分析法の分析結果が多くの種目で必要とされる。

しかし，これを行うには，レースや試技が行われる場所での較正作業や映像撮影作業，その後のデータ処理や計算プログラムの適用による画面座標の実空間化等，知識と労力を要する。したがって，たとえば日本陸連の科学委員会が継続的に行っている競技会でのパフォーマンス分析データを見ても明らかなように，すべての陸上競技種目において身体運動の動作分析を行っているわけではなく，多くは跳躍や投てきの一部に限られているのが実態である。しかし，この作業にかかる労力が最小化されるような工夫が発見されれば，積極的に分析活動を行うべきものである。

以上の分析作業を経て，さまざまな数値がデータとして出力された後，次に行われるのは，得られたデータの評価である。競技会での分析結果のみでなく，コントロール・テストの変化の過程や競技会直前の試しの競技会における結果，コーチの観察や印象，そして競技者自身の内省，その他さまざまなパラメータを総合的に解釈して競技会での結果を振り返ることになる。

この段階で用いられる方法や手順は，現在もさまざまな工夫が開発・適用されつつある。簡単な例では，砲丸投は後述するように，砲丸が手から離れた瞬間に砲丸自体の飛距離がほぼ決定されてしまう。つまり，適切な角度でなるべく速い速度で砲丸を突き出せば，砲丸は遠くへ飛んでいくはずであるということや，理論的な最適投てき角度に対して実際の投てきでは何度の角度であったのかなど，おおむね力学的な原理・原則（理想像）がわかっていればそれに照らし合わせて比較・評価することができる。

しかし，やり投や円盤投のように時々刻々変化する空気抵抗の影響を受けやすい種目では，シミュレーション等により最適値を推定してその結果の範囲にあるかどうかという評価の仕方や，過去に分析したデータを統計的に解析して，記録と関係の強いパラメータを得点化して競技成績の良し悪しを得点化された分析項目の合計点で評価するという方法が構築されつつある。

競技力の評価については，このように，①すでに明らかになっているさまざまな原理・原則に照らしてできばえを評価する，②過去のデータを活用して統計的に「あたりをつける」，という2種類の評価法にとどまっているのが実態のようである。将来的には，いくつかデータを入力すると人工知能（Artificial Intelligence, AI）が結果の分析や今後のトレーニング内容を示唆してくれる，というような世界が到来するようになるのかもしれない。

しかし，繰り返すように，コーチや競技者の印象・感覚は外部から測定できる以外の何かを知識として獲得しているはずである。コーチのちょっ

とした違和感や競技者自身の快感度などは，評価の際の重要な手がかりになることは今後しばらく変わらないように思われる。そうであるからなお，当該種目におけるコーチの観察能力（競技者のよさや改善点を「見抜く」能力）を不断に改善し高めていくことが必要とされるのである。

2. 種目別の例

　以上のことをふまえ，種目分類ごとに具体的な競技力の分析を，現在どのように行われているか示す。資料の多くは，日本陸連の科学委員会が行っている諸活動の成果をもとにしていることをあらかじめお断りしておく。

(1) 短距離走

　短距離走に限らず，トラック競技の目的は指定された距離をできるだけ短時間に通過することである。そして，競技者自身が空間を移動することで競われるという特性があるので，競技力の分析項目は競技者自身に関わることが中心となる。

　短距離走は，競技者が出しうるトップスピードに近い速さで疾走することが求められるので，必然的に走速度，特に最大速度とその維持が分析・評価の対象となる。この走速度の測定については古くから研究対象としてさまざまな方法で測定されているが（代表的なものは，光電管などの機器を用いて指定した距離を競技者が通過した時間から区間ごとの平均速度を算出する方法），多くは測定時にトラック内に特別な機器を設置しなければならず，競技者の最高パフォーマンスが期待できる競技会においてそれらの方法を適用することが不可能に近いという欠点をかかえていたため，パフォーマンス評価の資料として活用することが困難であった。

　実際の主要国際競技会における100mレース中の速度を測定したのは，日本では1991年に東京で開催された世界陸上競技選手権大会において，日本陸連により組織されたバイオメカニクス研究特別班が行ったレース構造の分析が最初であろう

（阿江ほか，1994）。そこで採られた方法は，メインスタンドに10名のカメラ撮影スタッフをスタートから10m間隔に配置し，スターターのピストル発光から各区間の通過，フィニッシュまでをすべての競技者について撮影することで，各区間の速度を算出するのみでなく，カメラ映像からピッチを算出し，速度データとピッチのデータからストライドを推定するというものであった（この方法は競泳やスピードスケートといったタイム計測競技にも応用されている）。

　ここで収集されたデータには，当時の世界記録を達成したデータも含まれているが，このときの手法やデータは，その後さまざまな活用がなされ，現在はさらに精度のよい分析法が広範に適用されている。たとえば，バイオメカニクス的な研究手法として広く普及した映像による動作分析法（DLT法等）を応用した足の接地位置の測定や，レーザードップラー型の距離測定器（たとえばJenoptik社製のLAVEG Sport）を用いた走速度の測定である。これらはいずれも，競技会の進行を妨げずに精度の高い分析が行える。ただし，レーザードップラー型の測定は，200mや400m等の曲走路を走る種目では適用できないため，現在のところ高速度カメラを用いた分析法が主流になりつつあるようである（松尾，2010）。

　図7-4は，分析結果の例として，ある競技会における400mハードルのデータを示したものである（森丘ほか，2018）。このデータでは，ハードル間のタイムや速度，歩数を分析対象としており，上位3名の比較を行っているが，これを世界レベルの競技者と比較したり，タイプの似た競技者，あるいは過去の自分のデータと比較したりすることで，分析対象レースに関する競技者自身の印象と照らし合わせて評価することが可能になる。

(2) 中長距離走

　短距離走同様，中長距離走においても走速度やピッチ・ストライドは重要な項目になるが，持久的な要素が強調されるようになるため，生理学的・体力学的な項目やそれらの項目と直接的な関

氏名	順位	項目	S-H1	H1-2	H2-3	H3-4	H4-5	H5-6	H6-7	H7-8	H8-9	H9-10	H10-F
岸本 鷹幸	1位	区間時間（sec）	5.82	3.70	3.84	3.94	4.14	4.27	4.34	4.52	4.57	4.72	5.44
		通過時間（sec）	5.82	9.52	13.36	17.30	21.44	25.71	30.05	34.57	39.14	43.86	49.30
		区間速度（m/s）	7.73	9.46	9.11	8.88	8.45	8.20	8.06	7.74	7.66	7.42	7.35
		歩数		13	13	13	13	14	14	15	15	15	
安部 孝駿	2位	区間時間（sec）	5.98	3.67	3.74	3.85	3.97	4.12	4.47	4.60	4.70	4.77	5.57
		通過時間（sec）	5.98	9.65	13.39	17.24	21.21	25.33	29.80	34.40	39.10	43.87	49.44
		区間速度（m/s）	7.53	9.54	9.36	9.09	8.82	8.50	7.83	7.61	7.45	7.34	7.18
		歩数		13	13	13	13	13	14	14	15	15	
前野 景	3位	区間時間（sec）	6.02	3.80	3.92	4.02	4.22	4.24	4.40	4.55	4.59	4.69	5.41
		通過時間（sec）	6.02	9.82	13.74	17.76	21.98	26.22	30.62	35.17	39.76	44.45	49.86
		区間速度（m/s）	7.48	9.21	8.93	8.71	8.29	8.25	7.95	7.69	7.63	7.46	7.39
		歩数		13	13	13	14	14	15	15	15	15	

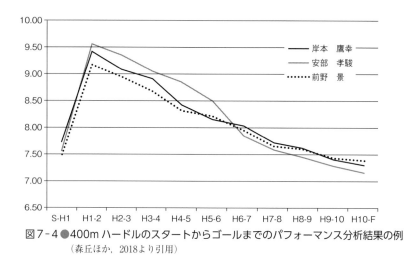

図7-4 ● 400m ハードルのスタートからゴールまでのパフォーマンス分析結果の例
（森丘ほか，2018より引用）

係が強いと考えられるレース中の速度変化パターン（レースパターン）に着目する傾向が強くなる。しかし，短距離走とは異なり，実際のレースでは選手同士の駆け引きが行われることがあるため，分析される項目をどのように評価するか，出走した選手の感覚や内省と照らし合わせて評価するか，試しの競技会において，あらかじめどのようなレースプランで走るかを決めておいて分析項目を評価する等が必要になる場合がある。

　800mのレースパターンについて，門野（2015）はビデオカメラで撮影したレース映像を用いてトラック内の計測ライン（100mごと，スタート区間のみ120m）上を競技者が通過した時刻を読み取って，100mごとの平均速度を算出している。

そして，これまでに分析してきたトップ競技者たちのデータを統計的に処理し，前半型・後半型・中間型の3パターンのモデルを提示している（**図7-5**）。そして，このモデルと実際のレースパターンの比較を行いながら次のレースの改善点を探るという評価法を適用し，実際の競技者のコメントも引用しながら日本記録が更新されるまでの過程を報告している。

　長距離の場合には，レースそのものよりもレース前のスポーツフォームに着目して分析・評価を行う場合が多く，特に生理学的な項目を重視する傾向にある。杉田ほか（2015）は，北海道マラソンに参加した国内の有力競技者を対象に，体重や体温，尿といった基本的な項目に加え，血液検査

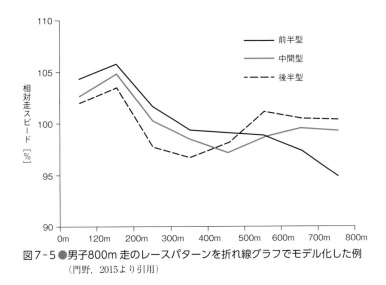

図7-5●男子800m走のレースパターンを折れ線グラフでモデル化した例
（門野, 2015より引用）

によってさまざまな項目（ケトン体やクレアチニン等）をレースの前後に測定している。さらに，競技者への質問項目を用意してレースに関する内省を引き出している。現在，長距離種目（マラソンや競歩）の日本代表選手はこれらの項目を継続的に測定しており，特に日本のような高温・多湿環境におけるトレーニングやレースの進め方（いわゆる暑熱対策）について知見を蓄積しているところである。この報告には，このときの平均値を男女別に掲載しているので，同様の項目を分析して競技者の参照値として活用することで，レースでの最高パフォーマンスを発揮するために必要な競技者固有の対策法を導き出すことができると考えられる。

近年，長距離種目の高速化は著しく，特に東アフリカ諸国の競技者を中心としてレーススピードが向上している状況から見て，上記のような生理学的な対策のみでは太刀打ちできない状況があることから，動作分析等の手法を用いてより詳細に長距離走における優れた走フォームの究明が続けられている（榎本ほか，2008；榎本ほか，1999）。当然ながら，力学的・バイオメカニクス的な観点から見た理想的な走フォームが現実の競技者にも当てはまるかどうかは，当人の走フォームを分析してみることが最も重要である。しかし，分析に

要する時間や労力，必要となる専門的な知識等を考えれば，コーチがこれを行うことはあまり現実的ではないかもしれない。日本陸連の科学委員会では，10000m等の長距離種目で走フォームの動作分析データを少しずつ蓄積しており，将来的には長距離走におけるより信頼性の高い理想モデルを提示できるであろう。

(3) 跳躍

跳躍種目は，水平方向の距離を競う走幅跳と三段跳，鉛直方向の距離を競う走高跳と棒高跳に大別できる。そして，それぞれで重視すべきポイントがやや異なる。

水平跳躍種目では，できるだけ大きな水平速度と適切な跳躍角度（理論的には40度前後であるが，実際にそのような角度で踏み切ることができる競技者は皆無に近い）で踏切を完了することが重要である。そのため，バイオメカニクス的手法を用いて競技者の身体重心の踏切時の速度と角度を算出して，踏切技術の良し悪しの評価を行う場合がある。しかし，この方法は分析に多大の労力を要するため，競技力を評価するうえでの優先順位と分析の簡便さを考慮して，跳躍記録との間に高い相関関係がある助走速度の分析が多く行われている（たとえば，小山ほか，2011）。

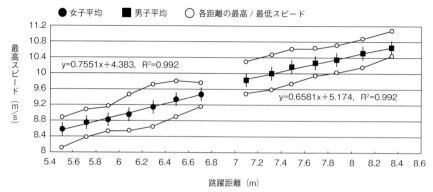

図7-6 ●男女走幅跳における助走最高スピードと跳躍距離の関係　(小山ほか, 2011より引用)

　図7-6は，国内主要競技会の男女走幅跳における助走最高スピードを測定した結果と跳躍距離との関係を示したものである（男子のべ429名，女子のべ536名のデータ）。このデータをもとに，競技者の助走速度がわかれば，どの程度の距離を跳躍可能か見積もることも可能であろう。最近では，これに加えて踏切技術の良し悪しを左右すると考えられる踏切前の4歩分のピッチとストライドを分析する試みも始まっている（柴田ほか，2017）。

　そして，三段跳に関しては，ホップ後の各ステップの距離やタイミングを分析することによって，競技者の跳躍記録の良否と関係づけて評価する等も行われており，世界レベルのジュニア競技者（20歳以下）のデータでは，ホップの距離が日本の競技者と比較して大きく，ステップ距離が記録の良し悪しに影響していることなどを報告している。走幅跳の助走ラスト4歩や三段跳におけるホップ・ステップ・ジャンプの接地位置は，ビデオカメラで固定撮影した映像から算出可能なので，今後，データの蓄積と評価モデルの構築が期待される。

　次に，鉛直跳躍種目では，高さが競技記録として計測されるので，できるだけ大きな鉛直速度を獲得することが重要である。そのため，走高跳に関しては水平跳躍種目とは異なり，助走での水平速度が大きければ大きいほどよいわけではなく，鉛直速度を最大にできる範囲での水平速度を獲得

する，すなわち，水平方向の運動を鉛直方向に効果的に変換する踏切技術に応じた最適助走速度が分析対象となる。また，走高跳は跳躍種目で唯一曲線走をともなう種目なので（背面跳びの場合），助走路上の足跡分析も行われる。

　一方，同じ鉛直跳躍種目である棒高跳は，ポールという用具を使う点で特異的であり，ポールの湾曲を利用して水平方向（運動エネルギー）から鉛直方向（位置エネルギー）へ比較的容易に運動方向を切り替えることが可能であるため，助走での水平速度の獲得が重視される傾向にある。そして，評価法として，水平方向の運動エネルギーを分母にして獲得された位置エネルギーを分子にとったときのエネルギー変換率を用いる試みがなされているが，実際には助走速度が高まるほど跳躍局面の技術的難易度も高まるため，変換率が低くなりやすい。しかし，実際の跳躍高は助走速度が高いほど大きい傾向があることから，評価法として適用することが難しい。

　鉛直跳躍種目は，水平跳躍種目と比較して競技力の分析・評価を適切に行えるようなデータの蓄積が少ない。最大の理由は，上記のとおり分析に要する労力が多大なことである。今後，競技力を評価できるまでのデータ分析量を確保するためには，簡便に分析できる手法の開発がカギになるが，それまでは力学的・バイオメカニクス的な原理・原則やこれまでの研究で明らかになっている知見を手がかりにして，個々の競技者の競技パフォー

マンスを評価していくほかないようである。

(4) 投てき

　前述までの走種目や跳躍種目とは異なり，競争の対象となる移動体が競技者自身の身体ではなく投てき物（砲丸，円盤，ハンマー，やり）である点が投てき種目の特徴である。投てき種目は，投てき物をいかに遠くへ投射することができるかというシンプルなものであるので，競技力の分析・評価も基本的にはシンプルなものとなる。

　投てき物の飛距離は，投てき物の投射瞬間における 3 つのパラメータ，すなわち，投射位置，投射速度，投射角度でほぼ決定する。これら 3 つを総称して，リリースパラメータと呼ぶこともある。しかし，現実の投てきでは，これに加えて風や空気密度（気圧，気温）といった空気抵抗による影響を受けるので，理論どおりには決定しない（砲丸投に関しては空気抵抗の影響が非常に小さいので，ほぼ理論値と合致する）。特にやり投げに関しては，やり自体の重量が比較的軽量であるため，投射方向（やり重心の速度ベクトル）と，やりの投射時の姿勢角の差（これを一般的に「迎え角」と呼んでいる）が，投てきパフォーマンスを評価するうえで重要なパラメータになっている。

　これらの分析項目の中で，砲丸投以外の種目は投射位置の違いが投てき距離に及ぼす影響をほぼ無視できることが明らかになっているので，競技者は適切な投射角度で最大の投射速度を達成することが最高の結果を得るために必要であることになる。投射角度については種目ごとに異なることがわかっており，砲丸投ではリリース時の砲丸の高さに依存するものの，おおむね 40 度前後である。ハンマー投は，理論的には 45 度であるが，競技者の体格（身長や体重，四肢の長さ等）や回転軸の傾きの限界などの制約によって決定されてしまい，45 度よりも低い値が測定される場合がほとんどである。円盤投とやり投は，空気抵抗の影響で 45 度よりもさらに低い角度において優れた記録が達成される場合が多いことが過去の分析データから明らかになっている。そして，最適角度が投射速度

や迎え角（angle of attack, 投てき物の投射角度と姿勢角の差）によって変化する可能性があることが知られている。前田（1995）は，円盤投を専門にする競技者（ベスト記録が 40m 前後）3 名に 30 回程度の試技をそれぞれ行わせて，すべての試技について飛距離とリリースパラメータを測定している。その結果，投射角は 38 度，姿勢角は 26.5 度，そして迎え角が −15 度が最適であると報告している。また，Best et al.（1995）はやり投の投射角と迎え角の最適値をシミュレーションによって推定し，投射角が変化すると最適な迎え角も変化することを示している（**図7-7**）。投射角は，運動技術的に一定の訓練を積めば角度の変更は比較的容易にできると考えられるので，これらの指標値を参考にして投射角や姿勢角を調整することで当該競技者の最適値を探求することが可能であろう。しかし，投射速度については，高めたくても容易には実現しないことは競技者・コーチが最も理解しているので，日常のトレーニングでは一連の投てき動作の安定性向上とともに投射速度の向上が常にめざされることになる。

　このような投てき物のリリースパラメータは，これまで 3 次元動作分析によってデータが継続的に算出されている。その方法についてはバイオメカニクスの専門的な手法ではあるが，最近では必要な手順さえ踏めばビデオ映像から分析できるツール類が市場に出回っているので，それを活用することが可能である。やり投強国のフィンランドでは，室内練習場内に映像分析を用いずとも，やりの投射時のパラメータを算出し，理論的な投てき距離を即時的に算出することができる設備を有しているとも聞くので，将来的にこのような機能を有する可搬型のツールが開発されれば理想的であろう。

　投てき種目の評価については，上記に示した理想的なリリースパラメータと比較することのほかに，統計解析をもとに投てき動作の良し悪しを得点化して評価するという試みが行われ，一定の成果を得ているようである。田内ほか（2012）はバイオメカニクス的研究法により測定されたトップ

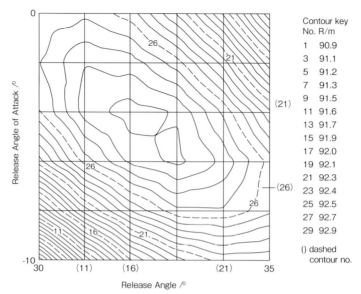

図7-7 ●やり投における投射角度（横軸）と迎え角（縦軸）の関係を示す
シミュレーション結果の等高線図　（Best et al., 1995より引用）

表7-1 ●男子やり投における動作分析項目の評価の得点化（田内，2012より引用）
CGV は重心速度，CG grip length は身体重心とグリップエンドとの水平距離を意味する。

Point		4	6	8	10	12	14	16	18	20
CGV	(m/s)	4.4≧	～4.7	～5.0	～5.3	～5.6	～5.9	～6.5	～6.8	6.8<
Point		2	3	4	5	6	7	8	9	10
CG grip length	(m)	0.66≧	～0.69	～0.72	～0.75	～0.78	～0.81	～0.84	～0.87	0.87<
Upper limb	(deg)	−76≦	～−82	～−88	～−94	～−100	～−106	～−112	～−118	−118>
Hip disp	(deg)	−1≧	～6	～13	～20	～27	～34	～41	～48	48<
Trunk	(deg)	114≦	～111	～108	～105	～102	～99	～96	～93	93>
Point		2		3		4		5		
R-knee	(deg)	146≦		～136		～126		126>		
L-knee	(deg)	160≧		～166		～172		172<		

　競技者のデータから，競技記録と身体各部の使い方の関係を重回帰分析によって評価基準を作成し，優れた投てき技術の基準モデルを提示している。表7-1はその例を示したもので，重心速度（表中のCGV）や体幹角度（Trunk）等のパラメータの値に応じて基準得点を決め，競技者の投てき動作を分析した結果に対してこの表の得点を当てはめると，記録がよかったときには総得点が大きくなり，よくなかったときには得点が小さかったと報告している。このような評価法を用いれば，総得点で評価するのみでなく，各要素の得点の増減に着目することで，技術的な欠点を仮説的に抽出することにも役立つであろう。

(5) リレー

　リレー（継走）種目には，4×100m，4×200m，4×400mなどがあり，駅伝もリレーの一部である。リレーがほかの陸上競技トラック・ロード競技と異なるのは，バトンやタスキの受け渡しが行われることである。この受け渡しの技術が競技力に大きく左右するのは4×100mリレーである。ここでは，日本陸連が国立スポーツ科学センターとの

表7-2 ●男子4×100mリレーのバトンパス区間のタイム分析例（小林ほか，2018より引用）

ラウンド		予選				決勝				
国名		日本	カナダ	中国	アメリカ	日本	ジャマイカ	カナダ	中国	アメリカ
バトン区間 20mタイム[秒]	1-2走	1.86	1.90	1.88	1.93	1.66	1.95	1.91	1.89	1.92
	2-3走	1.91	1.91	1.85	1.94	1.85	1.96	1.89	1.81	1.95
	3-4走	1.94	1.82	1.92	1.88	1.93	1.88	1.92	1.86	1.88
	平均	1.90	1.88	1.88	1.91	1.88	1.93	1.91	1.86	1.92
バトン区間 40mタイム[秒]	1-2走	3.70	3.88	3.75	3.76	3.73	3.80	3.76	3.77	3.81
	2-3走	3.79	3.80	3.71	3.79	3.72	3.83	3.77	3.67	3.82
	3-4走	3.87	3.71	3.80	3.80	3.82	3.78	3.80	3.77	3.84
	平均	3.79	3.76	3.75	3.78	3.76	3.80	3.78	3.74	3.82
バトン区間 30・40m走速度 [m/秒]	2走	11.13	10.85	10.95	11.20	10.66	11.10	11.15	10.82	11.36
	3走	10.75	10.61	10.52	10.52	1075	1056	1070	10.61	10.56
	4走	10.36	10.75	10.80	10.45	10.52	10.38	10.82	10.45	9.95
	平均	10.74	10.74	10.75	10.72	10.64	10.68	10.89	10.63	10.62

協力のもとで長年にわたって行っているバトンパスの分析・評価を簡単に解説する。

4×100mリレーでは，テイクオーバーゾーン内でバトンパスが行われる。通常，ここでは前走者と次走者の減速と加速があることに加えて，バトンの受け渡しの際に生じる片腕の腕振り制限を起因とする速度の低下（主としてストライドの減少によると考えられる）が見られるため，この速度低下をいかに抑制するかが重要な観点となる。

リレーの分析では，トラック上に塗布されているテイクオーバーゾーンや中間点のラインを距離の基準としてゾーン前後の10mについても選手の通過タイムを計測して，バトンパスのパフォーマンスを分析・評価することができる。なお，テイクオーバーゾーンの出口から10mの地点にラインはないが，小林ほか（2017）の方法では，400mハードルの設置マークや別途収録した静止画から算出した仮想線にもとづいて分析している。

評価法としては，受け渡しのタイムと前走者・次走者の疾走速度変化パターン等が中心になる。**表7-2**はバトン区間のタイムの例を示したもので（小林ほか，2017），日本代表男子の場合には3つのゾーンそれぞれで3.70秒が区間タイム（40m）の目標になると予測しているので，それぞれの選手やチームで参考にするとよいであろう。なお，同じく小林ほかの研究報告でもデータを示しているが，リレーであっても各走者のパフォーマンスを高めることが重要であり，その分析も並行して行っていることを付け加えておく。

以上，種目別に事例を示してきた。紙幅の都合ですべての種目について紹介していないが，コーチ自身で分析・評価が可能なものも多いはずなので，ぜひ実際に利用してみて，その意義について触れていただきたい。

（高松潤二）

第3節
コーチングにおける分析・評価

　ここまで本章で取り上げてきた競技力の分析・評価法は，比較的パフォーマンス分析と呼ばれる内容のものに偏っていたかもしれない。これは，体力・運動能力測定で構成されるコントロール・テストを強調すると解釈が複雑になりすぎる傾向があること，そして運動技術に着目して動作分析の知見を強調すると一部の種目でデータが極端に少ないという事態になる等の事情があるためで，一定のデータ蓄積があるとともに専門的な知識をもたない方々にもわかりやすいシンプルで重要な構成要素を対象にして，分析・評価する分野に優先順位を高く置いた。運動技術に関しては，現状においてデータのサンプル数は少ないものの，標準動作モデルという考え方（Ae et al., 2007）が提案されるなど，興味深い評価法も出てきている。

　図7-8はその一例を示したもので，1991年の世界陸上競技選手権東京大会における男女走高跳（上が女子、下が男子）の上位入賞者を対象に，3次元動作分析データをいくつかの数値処理上の規則にもとづいて規格化・平均化したデータをスティックピクチャーとして描画している。

　このデータからわかることは，平均的には男女の動作的な特徴がかなり異なることがわかる（脚の振り込み方やシングルアームかダブルアームか等）。また，Ae et al. (2007) は変動係数と呼ばれる統計学的パラメータを用いて，規格化・平均化に用いたデータのばらつき具合から，特定の身体部分の動作の重要性（高いレベルの競技力を発揮するためにその動きが重要であるかどうか）を評価する試みをしている。今後，世界レベルの競技者に関するデータが多数蓄積されれば，それぞれの種目における動作の重要度が階層化でき，トレーニング方法を合理化するための重要なデータになり得る。

　そもそも本章で示してきたパフォーマンス分析は，その多くがスポーツ・バイオメカニクスを専門とする研究者（たち）が出発点となって派生してきた領域である（Hughes and Franks, 2015）。

Standard Motions of women's and men's high jump

Women, N=7

Men, N=8

図7-8 ●男女走高跳の標準動作モデル （Ae et al., 2007より引用）

映像を用いた動作分析や運動技術の評価を行っている研究者たちがパフォーマンス分析を推進してきたのは，動作に関する分析・評価の前にもっと簡潔で注目すべき定量的なパラメータがあるのではないかという疑問からきていたと想像される。

こういった定量的なデータは，通常の観察では見過ごしてしまうような点を精密に数値化し記録・蓄積できる。そして，使い方によっては強力なツールになり得ることは，昨今のさまざまなスポーツにおけるナショナルレベルのトップ競技者たちに対する科学的支援活動の成果を見れば明らかであろう。しかし，これらのデータは，データ自身が何かを語るわけではなく，データを読み取る，あるいはデータから創造的な着想を得るということができる者にとってのみ価値が生まれる。

ここで，しばしば陥る間違いについて簡単な事例を取り上げておく。短距離走や長距離走の分析において，接地時間というパラメータが評価の対象になることがある。そして，競技力の高い競技者ほど接地時間が短いという統計解析結果がほとんどの場合に出てくる（データとして用いる標本の性質，たとえば年齢段階や競技力の高低によって多少のばらつきはあるかもしれないが）。しかし，人間が2本の脚で交互に地面を蹴って前方に進むという構造上の制約を理解していれば，速度が上がると接地時間を短くせざるを得ないのは当然のことであると気づく。そして，力学的には接地時間を短縮することは，前方への正の水平力積を小さくすることにつながるので，最大水平反力を大きくするというやり方でしか力積を大きくすることができないことから，結論として短時間のうちに大きな力を発揮するというバリスティック（爆発的）な脚のパワー発揮能力をもつ競技者，あるいはその能力を向上させることに成功した競技者が有利になっていくという道理である。

そのようなバリスティックなパワーをもたない競技者はどうすべきなのかといえば，接地時間を長くできるような走技術を身につける（あるいは開発・発見する）ほかなくなる。間違っても，「速く走るには接地時間を短くすればよい」という解釈にはならない。このような，分析結果に対する愚かな早合点はそれほど多いわけではないであろうが，統計的な評価を鵜呑みにすることは厳に慎んだほうがよいことを示すよい例である。

こうした競技力の評価結果への依存によって生じうる問題をなくすためには，コーチによる観察を通して得られたコーチ自身の直感を黙殺しないようにすることであろう。コーチは，競技者の観察を通して，分析・評価で得られる各種のデータよりもさらに多くのことを意識的・無意識的に感じ取っているはずである。その感覚は，コーチ自身の運動経験や陸上競技の経験を土台にしてさらに多くの（言語化が難しい）「感じ」をつかみ取っている。当然，人間の記憶や視機能（錯視，時間分解能等）には限界があるので，そこに分析・評価の存在価値があるのだが，競技者のパフォーマンスを総合的・即時的に把握するには人間自身の観察力に期待するのが今のところ適切であろう。要するに，分析・評価機能とコーチの観察能力は，補完的な関係にあるということである。村木ほか（1982）は，「特に重要となるのは，知識と経験が豊かで，絶えず競技者の活動を見守っている"コーチ"または"トレーナー"の鋭い観察と，その臨床例の蓄積である。そこでは，上述したコントロール・テスト結果のほかに，定期的な医学検査・健康管理，形態学的な測定結果，そして，実行されたトレーニングの内容分析等が"コーチ"の観察と助言をより適格なものにできるのである（原文ママ）」と述べ，観察力を絶えず高める努力の必要性を暗に強調している。近い将来，コーチング力の分析・評価がなされるようになるであろうが，当面はコーチ自身がコーチング力を簡便でシンプルに自己分析・自己評価できる項目をもつことが重要であろう。

（高松潤二）

●文献

＊阿江通良・鈴木美佐緒・宮西智久・岡田英考・平野敬靖（1994）世界一流スプリンターの100mレースパターンの分析．世界一流競技者の技術．ベースボール・マガジン杜，pp.14-28.

＊Ae, M., Koyama, H., Muraki, Y., and Fujii, N（2007）A Biomechanical Method to Establish a Standard Motion and Identify Critical Motion by Motion Variability：With Examples of High jumps and Sprint Running. 筑波大学体育科学系紀要，30：pp.5-12.

＊Best, R. J., Bartlett, R. M., and Sawyer , R. A.（1995）Optimal Javelin Release. Journal of Applied Biomechanics, 11（4）：pp.371-394.

＊榎本靖士・阿江通良・岡田英孝・藤井範久（1999）力学的エネルギー利用の有効性からみた長距離走の疾走技術．バイオメカニクス研究，3（1）：pp.12-19.

＊榎本靖士・岡崎和伸・岡田英孝・渋谷俊浩・杉田正明・高橋英幸・高松潤二・前川剛輝・森丘保典・横澤俊治（2008）ケニア人長距離選手の生理学的・バイオメカニクス的特徴の究明～日本人長距離選手の強化方策を探る～．第5回スポーツ研究助成事業報告書（財団法人上月スポーツ財団）：pp.1-22.

＊Hay, James G.（1993）The biomechanics of sports techniques（4 th ed.）. Prentice Hall：New Jersey.

＊Hughes, M. and Franks, I.M.（2015）Essentials of Performance Analysis in Sport（2nd ed.）. Routledge：London and New York.

＊伊藤良太・小浦政憲・関岡康雄（2000）学生陸上競技界における競技力の比較分析．陸上競技研究，40（1）：pp.47-52.

＊門野洋介（2015）800m走のレースパターンの分析・モデル化・評価と改善．バイオメカニズム学会誌，39（1）：pp.11-16.

＊金高宏文（1999）レーザー速度測定器を用いた疾走速度測定におけるデータ処理の検討．鹿屋体育大学学術研究紀要，22：pp.99-108.

＊小林海・大沼勇人・吉本隆哉・岩山海渡・高橋恭平・松林武生・広川龍太郎・松生彰文・土江寛裕・苅部俊二（2017）日本代表男子4×100mリレーのバイオメカニクスサポート～2017ロンドン世界選手権における日本代表と上位チームとの比較～．陸上競技研究紀要，13：pp.183-189.

＊小山宏之・阿江通良・藤井範久・宮下憲（2011）競技レベル別に見た走幅跳の助走スピードの定量化－トレーニングで簡便に利用できる指標の提案－．筑波大学体育科学系紀要，34：pp.169-173.

＊小山宏之・柴田篤志・柳谷登志雄・安藤格之助・渡辺圭佑・山元康平・高松潤二（2017）2016U20世界選手権における男女三段跳びの分析．陸上競技研究紀要，12：pp.138-145.

＊小山宏之・柴田篤志・久保理英（2018）男子走幅跳選手の助走最高スピードと記録の関係－日本ランキング上位選手の縦断的測定結果の報告－．陸上競技研究紀要，13：pp.220-223.

＊前田正登（1995）円盤投げにおける投射初期条件．スポーツ方法学研究，8（1）：pp.29-38.

＊松尾彰文，広川龍太郎，柳谷登志雄，杉田正明（2010）2009年シーズンにおける直走路種目のスピードとストライドの分析．陸上競技研究紀要，6：pp.63-71

＊マトヴェイエフ：渡邉謙監訳・魚住廣信訳（2003）スポーツ競技学．ナップ，pp.260-272.

＊森丘保典・貴嶋孝太・千葉佳裕・礒繁雄・杉田正明（2018）日本一流400mハードル選手のレースパターン分析－2018年の国内主要大会について－．陸上競技研究紀要，14：pp.157-160.

＊村木征人・室伏重信・加藤昭（1982）現代スポーツコーチ実践講座2・陸上競技（フィールド）．ぎょうせい．

＊村木征人（1992）スポーツタレントを競技力に結びつけるコーチングの処方－スポーツ・トレーニングにおける実践的思考方式とコーチング－（特集：競技力を測る）．Japanese Journal of Sports Sciences, 11（11）：pp.701-707.

＊村木征人（1994）スポーツ・トレーニング理論．ブックハウス・エイチディ．

＊関岡康雄・藤井邦夫・横川和幸・川口鉄二・大久保初男・清水将・清藤孝恵・菱沼麻衣・伊藤良太・小浦政憲（2000）学生陸上競技界における競技力の比較分析～地区連盟所属男子競技者の競技力と伸び率の比較～．仙台大学紀要，32（1）：pp.49-58.

＊柴田篤志・小山宏之（2017）男子走幅跳選手の助走における踏切4歩前からの接地位置および助走スピードの分析－日本ランキング上位選手の事例－．陸上競技研究紀要，13：pp.214-219.

＊杉田正明・松生香里・瀧澤一騎・岡崎和伸・山口太一・橋本俊・須永美歌子・山本宏明・武富豊・宗猛・酒井勝充（2015）第29回北海道マラソンにおける調査について．陸上競技研究紀要，11：pp.63-68.

＊田内健二・藤田善也・遠藤俊典（2012）男子やり投げにおける投てき動作の評価基準．バイオメカニクス研究，16（1）：pp.2-11.

第 8 章

コーチの学び

第1節
指導者資格とカリキュラム

学校教育現場で，学習者に「教える」という際に，教員は教育職員教員免許法による教員免許の取得は不可欠である。同様に，スポーツを指導する際には，「コーチング」に関する指導者資格を有することは，一定レベル以上の指導能力を保証するものである。指導者資格を得るためには，単に資格試験に合格するという以上に，「学び」の姿勢をもつ必要性がある。さらに，資格を更新するために講習を受講することは，コーチにとっての「学び」の場とも言える。ここでは，陸上競技に関わるいくつかの指導者資格について概観していきたい。

国内の指導者資格としては，日本スポーツ協会と日本陸連による「公認コーチ」制度が最も一般的である。現在，この制度は新・旧カリキュラムが平行して展開されている。新カリキュラムでは，グッドコーチに求められる資質・能力として「人間力」と「知識・技能」を挙げ，モデル・コア・カリキュラムが作成されている。「人間力」については「コーチングの理念・哲学」や「対自己や対他者への能力」，「知識・技能」については「トレーニング科学」「スポーツ医・科学」「現場における理解と対応」から構成され，合計72時間の受講となっている。さらに，専門科目として50時間の日本陸連が開催する陸上競技に特化した講習の受講が義務づけられている（日本体育協会，2016, 2017）。

一方，JOCは，2008年より「ナショナルコーチアカデミー」を設立し，ナショナルコーチの育成を展開している。この事業は，スポーツ基本法やスポーツ基本計画を基礎としたもので，日本のスポーツ界を方向づける指導者資格でもある。この指導者資格では，「学ぶことをやめたら，教えることをやめなければならない」をテーマとして，

「国際的競技水準に即した強化」「スポーツ界のシンクタンク（人材・知識など）としての機能，競技間連携の促進」といった内容が，目的となっている。資格取得には，週末等を中心に約8週間の講義・演習・実習および試験から構成されている。カリキュラムとしては，「コーチング」「マネジメント」「情報戦略」「コミュニケーション」等である。また，ケースメソッドを通して経験や知見を交換する場を設定し，国際総合競技大会に派遣されるコーチ・スタッフの資質向上をめざしている（日本オリンピック委員会，online）。

また国際陸連では，Coaches Education and Certification System（CECS）という指導者資格が設けられており，2018年より新しいシステムが展開されている。指導者資格は，対象年齢によって「子どもの陸上競技（Kids' Athletics）」「レベルⅠ（16歳以下）」「レベルⅡ（20歳以下）」「レベルⅢ（20歳以上）」の4種類に分けられている。また，資格取得のためには日本陸連が開催する講習会で対応可能なもの，国際陸連の地域発展センター（地域別に9ヶ所開設され，東アジア地域は北京体育大学構内に設置）での講習会に分かれており，資格レベルの向上につれて語学の必要性も高くなっている（IAAF，online）。

いずれの指導者資格とも，一方的な講義形式だけでなく，受講する側が討論や体験などを通じて，能動的に学習するアクティブラーニングが導入されている。知識の習得だけが目的ではなく，習得した知識を活かして，コーチングを展開できることが目的となっている。これは，時代の変化とその要請，さらには高度化するスポーツでは，コーチみずからが課題を設定し学習することができる「コーチの育成」へと変化しているとも言える。

（石塚　浩）

第 2 節
インテリジェンスへと
昇華可能な情報収集と分析

　陸上競技に関する情報収集の場合，競技記録，競技会，コーチング，トレーニングなど多岐にわたる。かつては，書籍や月刊誌による情報収集が中心であったが，情報技術の発達により，情報源となる場所は多岐にわたるようになった。ここでは，情報源として活用可能な代表的なものを紹介し，収集と分析を通してインテリジェンスへと昇華する方法について検討したい。

　まずは，国際陸連のホームページ（以下：HP）である。HP には，陸上競技に関わるニュース，各種映像，各種大会の結果，各年や歴代の競技記録，競技者の経歴などから構成されたサイトが作成されている。たとえば，競技者の経歴からは，各年のシーズンベストが記載されており，記録発達の傾向を読み取ることができ，種々のマネジメントを行う競技者代理人（Athletes' Representatives）の連絡先まで掲載されている（IAAF, online）。一方，日本陸連の HP も同様な構成となっており，双方の HP には，競技会でのバイオメカニクスデータも公開されている（日本陸連, online）。

　また，それぞれの連盟からは『New Studies in Athletics』『陸上競技研究紀要』といった研究誌が発行されている。その内容は，科学的な研究論文だけでなく，陸上競技全般に関わるさまざまな内容が網羅されている。同様な研究誌としては，日本学生陸上競技連合による『陸上競技研究』（日本学生陸上競技連合, online），日本陸上競技学会による『学会誌』（日本陸上競技学会, online）があり，さまざまな情報が公開されている。

　さらに，ヨーロッパ陸上競技連盟の HP では，「European Athletics」「Programmes & Projects」「Coaching Summit Series」のタグを順に展開すると，ヨーロッパ陸連が行っているコーチング研修の内容が公開されている。開催される内容は，その年ごとに異なるが，多くは 2 ～ 3 年の間隔で次回の開催となっている。このコーチング研修では，種目特性を活かした形式での開催となっており，「棒高跳と走高跳シンポジウム」「やり投のカンファレンス」「持久系と中長距離シンポジウム」などが行われている。また，開催されるグループごとに HP が立ち上げられており，過去の「やり投カンファレンス」では，講師に世界記録保持者でコーチの J. ゼレズニー，そのデモンストレーターに T. ピトカマキが登場するなど，レベルの高い内容が提供されている。なお各 HP には，講師一覧とともに，動画や発表資料が公開されてダウンロード可能となっている（European Athletics, online）。一方で，組織的な強化を展開しているドイツ陸上競技連盟の HP には，種々の情報が提供されている。HP 内の「トレーニング」のタグを展開すると，指導対象の年齢によって段階を設けた形式で，映像とともに練習内容について，詳細な解説がなされている。特に映像ではドイツ国内のトップ競技者によるデモ映像があり，各練習手段のモデルとなる動きが提供されている（Deutscher Leichtathletik Verband, online）。

　一方で，近年のインターネット動画配信サイト・SNS（Social Networking Service）の発展により，さまざまな情報が公開されている。検索欄に「競技者氏名（英語名など）」と「Training」というキーワードを打ち込むと，さまざまな情報（映像）を得ることが可能である。

　獲得した情報をコーチングに導入することは，コーチに新たなインテリジェンスを発生させる契機である。さらに，このようなコーチの主体的な活動は，答えを「探し出す」，「つくり出す」という側面を持ち，単なる形式知を越えたインテリジェンスを生み出すものと言える。　　　（石塚　浩）

第3節

コーチングにおける
競技者と指導者の関係性

1. 反省（省察）的実践家として不可欠な専門性をもつコーチ

コーチと競技者の間で行われる指導を，一般的に「コーチング」と呼称される。そこでは，コーチからの指示や指導によって競技者が動くことで，ある競技力が達成されることになる。しかし，近年は「アスリート・ファースト」という用語が用いられることもあり，コーチによる一方的な，または，上意下達的な内容は「コーチング」とは認識されていない。ここでは，コーチのもつべきコーチングに関わる専門的能力を，いくつかのキーワードから明確にすることで，コーチが学ぶべき内容を提示することとする。

(1) リテラシー能力について

前節において，コーチにとって必要な「学び」の源泉となる，情報収集と分析について言及した。現代社会を生きる新しいコーチには，リテラシー能力がさまざまな面で必要とされ，情報収集と分析とは緊密な関係にあることを意識せざるを得ない。この「リテラシー」という用語は，元来は文字を読み書きする能力として扱われていたが，近年では，情報との関係から「情報リテラシー」という用語が用いられている（林・藤原，2018）。この用語には，2つの側面があり，1つは「情報技術を使いこなす能力」で，パーソナルコンピュータ（以下：PC）やソフト，PCネットワークなどの情報通信技術を利用し，データを作成，整理，さらに，インターネットを利用しての情報検索を行う能力を指すものである。もう1つは，テレビ，新聞，雑誌などさまざまなメディアから発信される情報の役割や特性，その影響力などを理解し，さらに，表現・発信する能力などを含んだ「情報を読み解き活用する能力」である。また近年は，スマートフォンなどからも同様の内容を入手でき，アプリケーションの導入により映像撮影や種々の加工・発信など（例：DARTFISH Express），新しいコーチングの世界をつくり出してきていると考えられる。

(2) ジェネリックスキルとコンピテンシーについて

コーチングという場面では，コーチは競技者を「見る」ことになるが，一方では，コーチは競技者に「見られる」という存在となる。コーチは，この「見る」「見られる」という関係性を客観的に把握し認識する必要性があり，実践的な活動であるコーチングの際の行動や思考を，俯瞰的な視点から見つめ直すことが重要である。このような客観的な目をもつためには，競技者の目線に立ち，「見る─見られる」という立場を入れ替え，コーチングという活動を考量し直すことを「ジェネリックスキル」と言う。たとえるならば，もう1人の自分が少し離れて，冷静に自分自身の言動や思考過程を分析することである。自分自身に変化を与えるため，さらに，変化を知るために必要なスキルと言え，コーチ自身がコーチ自身について学ぶということになる。具体的な方法としては，コーチ自身の指導場面を録画し，競技者の立場から視聴するだけでなく，コーチみずからのコーチング全体を評価することである（竹内，2018）。

一方で，コーチングに関わる知識を豊富にもち，陸上競技のある種目に高い技能を身につけているにもかかわらず，指導実績が向上しないコーチというのは存在する。コーチとしての能力を向上するための学びには，高い指導実績を残しているコーチに見られる「行動」「態度」「思考パターン」

「判断基準」などの，行動特性を知っておくことが重要である。

このような行動特性を身につけることを「コンピテンシー」と言い（竹内，2018；経済産業省，online），1970年代の米国の国務省が行った，「学歴や入省試験結果が似かよった人物でも外交官としての実績に差が出るのはなぜか」という調査が起点になっている。調査結果からは，「傾聴力」「変化適応力」「リーダーシップ」などが挙げられ，その基底には「共鳴」「使命感」「価値観」といった心理的な動機が明らかにされている。指導実績を残すために，名コーチのもつ能力を単にコピーするのではなく，コーチングという経験を積むなかで，経験内容を振り返りながら，自己の行動特性を継続したり，変化させることが求められることになる。このようなコーチの意識的な行動特性の変容そのものが，コーチの学びにつながるものである。

(3) PDCAサイクルとSPDLIサイクルをともなった反省(省察)的実践家としてのコーチ

コーチングの現場では，既存の知識や，これまでの指導経験の枠外となる事象が起きることが多々ある。コーチは，その都度自己の経験と照らし合わせ，対象となる競技者のもつ思考や経験を勘案しながら，最善のコーチングを選択することになる。そのコーチングがもたらす結果が，成功であろうと失敗であろうと，指導者の財産となるが，そこでは競技者の変化とみずからへの教訓を蓄積することが重要である。このような日頃のコーチングにおいて，自己との「対話」や指導への「反省」ということができる専門家が，「反省(省察)的実践家」と呼ばれる（ドナルド，2001）。

このような専門家となるためには，「あのような事態は，なぜ起きたのか」「どのような意味が隠されているのか」などの視点から振り返りを行い，言語化することで，次なるステップへ導かれることになる。そこでは，先述の高い指導実績を残しているコーチにアドバイスを求めたり，可能な限り競技者が同席したなかでの振り返りが求め

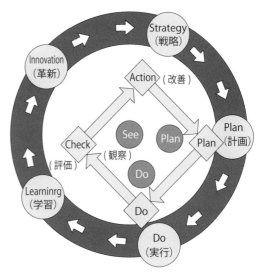

図8-1 ● PDCA・SPDLI・PDSの各サイクルの相互関係
(IT コーディネータ資格認定ケース研修, online より一部改変)

られるであろう。コーチ自身のなかに指導に関わる「まとめ」，つまり「コーチによる実践の理論」を，帰納的な方法から構築していくことになる。

一方で，コーチとして活動する際に，PDCAサイクル〈Plan（計画），Do（実行），Check（評価），Act（改善）〉の重要性が指摘されている。このサイクルを循環させることで，計画の継続や修正，場合によっては破棄となるが，継続となると〈Plan → Do → Plan〉の繰り返しに陥ることがある。しかし，反省（省察）的実践家として活動するためには，競技者の将来性を鑑みながらSPDLIサイクル〈Strategy（戦略），Plan（計画），Do（実行），Learning（学習），Innovation（革新）〉が同時並行的にはたらくことが非常に重要である（**図8-1**）。競技者の活動期間を13〜30歳としたならば，18年間にも及び，特に青少年期から成年期にわたる年齢で，競技者本人のさまざまな面での成長，さらに，人生を決定づける時期でもある。長期的な視野に立った競技者育成の場合には，長期的な計画である「Strategy（戦略）」との摺り合わせを，常に意識する必要性は高い。また，PDSサイクル〈Plan（計画），Do（実行），See（観察）〉は，競技者への個々の言葉がけによるコー

チングを指すものである（IT コーディネータ資格認定ケース研修, online）。

このようなトリプルループが，同時並行的にコーチのなかで展開され，長期的な視野をもった戦略との関連から，コーチングを自己評価することが非常に重要である。これらのループをすり合わせることで，一旦冷静な自分に戻り，思案を重ね，考量する時間は「コーチの学び」そのものである。

本節の内容の根幹は，中国で生まれた儒教の思想書である論語に納められている「過ちて改むるに憚ること勿れ」と「過ちを観て斯に仁を知る」と言え，コーチングでの実践的活動そのものが，すべての「学び」につながるものである。

2. コーチングにおいて競技者と指導者に不可欠な「あいだ」

競技者の動きを観察する際に，「動いている身体を物体としてとらえて1つの対象物とする」または「人間がみずから動いて何かを達成しようとしている」かによって，コーチの学びの方向性は異なる。物体としての身体は，体内物質の生成や消滅が中心的テーマとなる生理学，物体としての身体の動きに関わるメカニズムを明らかにするバイオメカニクスなど，これらは自然科学の領域で研究対象とされる「身体」である。このような「身体」は，本書でも他章で扱われている内容である。「みずから動く」という意識性をともなった身体は，現象学を基礎としたスポーツ運動学の領域となる。日本語では「身体」という用語を特段区別されることなく使われている。しかし，現象学を基底としたスポーツ運動学の領域では，物体としての「身体」を「Körper」，意識をともなった生き生きとした「身体」を「Leib」として区別し，この身体の二重性を据えて論を展開する立場となる（中田, 2008；宮下, 2008）。

また，コーチングの実際場面では，技術・戦術・体力などのトレーニングを指導することになるが，「競技者がみずから動く」ということが必ず前提となっている。競技者は，常に新しい動き

をみずから生み出さなければならず（創発），その動きに関わる感覚的な内容を伝え，新しい動きを生み出させる（促発）のが指導者の役割と言える。

本項では，「コーチの学び」として，現象学的な領域を基礎としたスポーツ運動学を中心とした立場から明らかにしていきたい。

(1) 見抜ける眼をもったコーチとは

競技者が行っているトレーニングに対して，つまりは競技者の動きに対して，違いを見つけることができるかどうかは，指導者にとっては決定的な意味をもつことになる。目の前で繰りひろげられている動きが，「毎回同じである」としか見ることができないとしたならば，見てはいるが見抜けていないと言える。一方で，有能な指導者であれば，ある動きを1回見ただけで，場合によっては連続写真からですら「こんな感じで行っている」という「動きの感じ」（動感・キネステーゼ）（金子, 2015）を見抜くことができる。このようなことができる指導者は，「こんな感じ」という「感じ」を，指導者自身の身体の中で描き出し，みずからも身体で感じているからこそ見抜けるとも言える。言い換えると，競技者の動きを，解剖学的な構造をもった「眼」から見ているのではなく，「身体（Leib）で見ている」のである。さらには，神経生理学的な意味での「運動感覚」で感じているのではなく，「身体全体で感じ」ているため見抜けるのである。場合によっては，その競技者になりきっていることから，動きの特徴を真似ることができ，あたかも本人が行っているかのように見せることもできる。その際の動きは，ビデオカメラによる再生映像以上に，競技者の眼に焼き付くような示範となる。

このように，ある動きについて競技者の身体で感じている内容を，指導者が感じ取ることができることは，指導の現場では必要不可欠な内容である。このようなことができるのは，身体そのものが，相手の身体に移し入れることが可能な状態を生み出しているためである。移し入れることがで

きる身体は，解剖学的な身体ではなく，物体としての身体でもないからである。このような身体は，先述の内容からすれば，Leib そのものとしての身体であると言える。このような Leib としての身体へと置き換えることを，有能なコーチであれば意識せずとも行っている。これは，「動きの感じ」を感じとることができる指導者の身体が，競技者の「動きの感じ」を感じとり，身体そのものへと滑り込んでいくような状態を起こすからこそ，相手の「動きの感じ」がわかることになる。このような滑り込んでいく身体は，医学的人間学を中心とした領域で「身体移入原理」（金子，2009）という，中心的概念として扱われている。これは，映画やドラマの俳優が役づくりとして行う内容と酷似している部分がある。

(2) 「動きの感じ」を聞き出し
みずから感じ取れるコーチとは

　実際の指導者と競技者の「あいだ」で，展開される指導場面を想定してみたい。何かトレーニングを行うと，指導者は競技者に対して「今のはどうだった？」と問いかけることがある。このような質問に対して，学習者は「わかりません」「○○のような感じだった」「この部分では○○だった」というように，その回答はさまざまである。その際に，指導者は「走っているときの速度は○○ m/sec で一流選手は○○ m/sec だよ」「踏切の角度は○○度で一般的な踏切角度は○○度です」といった形式知を直接的に競技者に伝えることは，ほぼ無いといってよいであろう。

　一方では，「われわれは語ることができるより多くのことを知ることができる」（ポラニー，2001）という暗黙知が存在するという前提に立って，競技者の言葉を聞くことができるかどうかが，大きな意味をもつことになる。競技者が何かしらの「動きの感じ」をもった場合には，指導者は，「それは，どういうこと？」「なぜ，そんな感じがしたの？」と聞き出そうとするものである。このような指導者からの質問全体を「借問」（金子，2015）と言う。また，「借問」ができることは，

ある特定の動きに対しての「動きの感じ」を指導者は獲得しており，競技者の行った「動きの感じ」もみずからの身体の中で生み出せ，「借問」によって聞き出した競技者の「動きの感じ」を，身体で感じることができることになる。このような「借問」を行うことができる指導者は，競技者の身体に移入したり，自身の身体で競技者に伝える「動きの感じ」をつくり出したりといったことを，繰り返すことができる。

(3) 「動きの感じ」を伝承することが
できるコーチとは

　「借問」による指導の際に，指導者に求められることは，指導者と競技者の「あいだ」で展開される「動きの感じ」に関わるコミュニケーションを，単なる言葉のやり取りと考えてはならないことである。たとえば，指導者から「○○のような感じで行ってみては」と言葉がけし，競技者が行い，上手にできたら指導者は「よかったね」と，競技者は「できた！」と，できなかった場合に「もう1回頑張れ」と指導者，「頑張ります」の競技者の一言で済ませるようなパターンでは，指導者と競技者の双方ともに「動きの感じ」に関わる内容を積み重ねたり，動きのもつ一回性の現象の中で，「動きの感じ」を運動記憶として残すことは不可能である。指導者本人の「動きの感じ」を伝え，競技者がそれをコピーするだけとなると，言われたことをただ単に繰り返すだけの機械的な反復へとトレーニングは変貌してしまうことになる。また，指導者から「○○のような感じで行ってみては」と言葉がけし，競技者が行い，上手にできたとしても，その動きから「まぐれ」で「できた」のかを見抜く鋭い眼をもっていることが，指導者には必要となる。「まぐれ」で成功した場合は，その「まぐれ」には，はっきりとした「動きの感じ」がつかみ取れていないため，「借問」をしても競技者は「わかりません」「なんとなく，できてしまった」などとの返答になる。その際に，競技者が「できた」という結果にだけ意識が向かっていると，その動きに再度挑戦したとしても「で

きる」という保証はない。

　いずれにせよ，指導者が競技者の動きを見る際には，身体ごと競技者の動きに入り込んで見なければ，競技者のもつ動きの感じをつかむことは不可能である。その際に，指導者にさまざまな動きに関しての「動きの感じ」が，記憶され蓄積されていなければならない。これは，指導者の眼前で繰りひろげられる動きを見て，すぐに「動きの感じ」を感じ取ることにつながるからである。さらに，「動きの感じ」を伝え，競技者が何回か行っても成功に至らないときには，この「動きの感じ」をともなった練習方法を創作することも指導者の役割となる。これらの指導過程を，成功や失敗というデジタル的な「エビデンス（データ）」に置き換えるのではなく，「ナラティブ（物語）」としてとらえておくことが重要である。指導者にも指導の成功体験は重要であるが，同じ指導の仕方がすべての競技者に通用することはなく，もし，その成功体験を繰り返してしまうと，機械的な型にはまった指導に陥りやすくなる。また，指導者は，「あの選手には○○という動きの感じを伝えた」，そして，「上手に動きの感じを獲得してくれたので，よい動きになった」という「指導とその結果」としての「物語」ではなく，目の前にいる競技者について「どのような動きが得意で，過去にどのような運動経験があるのか」，「どのような言葉で動きの感じを伝えると，感じ取ることが可能なのか」などといった，競技者本人の動きに関わる過去を含めた「ナラティブ（物語）」としてとらえられるかが重要となる（石塚，2005；山極，2018）。

（4）指導者と競技者の「あいだ」とは

　指導者に求められる能力は，①観察によって競技者の動きに生じている問題点を明らかにできる能力，②動きの感じに関してのやり取りができる能力，③競技者のもつ動きの感じを指導者みずからが感じ取ることができる能力，④競技者の状態に合わせて動きの感じを伝える能力，⑤競技者が動きの感じを獲得することに適切に対応した練習方法を創作する能力，が総合的に求められ，有能な指導者の指導現場では，上記の①〜⑤は瞬時のうちに展開される。

　一方で，「動きの感じ」を重要なものと位置づけた指導では，それぞれの動きに関する意味や価値を伝えたり・承けたりと，さらには，新たな動きを身につけなければならない，身につけさせたいという緊張した状態の中で展開されるものである。このような切迫した状態で「動きの感じ」を成功させ，獲得していく過程は，指導者と競技者の間によく起こりがちな上意下達の関係は消滅し，そこには「知友」「心友」「畏友」という「あいだ」が成立する。指導者は競技者に，競技者は指導者に学ぶことがコーチングの基本であり，双方の間を物理的な距離では測定できない「あいだ」となることこそが，教育的な価値を生み出し，指導者にとってはコーチングの神髄と言えよう。一方で，動きを発生させることが中心となるスポーツの指導現場で，「アスリートファースト」が叫ばれたり，「インテグリティ」を問題にすることは生じ得ないことである。

　日本古来の能楽の秘伝書として残されている世阿弥の『風姿花伝』には，「上手は下手の手本なり，下手は上手の手本なり」と記されている。指導者，競技者双方に求められている心持ちを見事に射貫いていることになり，「心すべし」ということがコーチの学びとも言い得ることである。

（石塚　浩）

●文献

＊Deutscher Leichtathletik Verband. https://www.leichtathletik.de/training/，（accessed 2018-10-28）.

＊ドナルド：佐藤学・秋田喜紀代美訳（2001）専門家の知恵．ゆみる出版，p.229.

＊European Athletics. http://www.european-athletics.org/european-athletics/what-we-do/programmes-and-projects/coaching-summit-series/index.html，（accessed 2018-10-28）.

＊林芳正・藤原和博（2018）対談 大臣に改革の本義を質す 林芳正（文部科学大臣）？藤原和博（奈良市立一条高等学校校長）．中央公論，132（2）：pp.26-33.

＊IAAF. https://www.iaaf.org/home，（accessed 2018-10-28）.

＊IAAF. Coaches Education and Certification System（CECS）. https://www.iaaf.org/development/education/coaches，（accessed 2018-10-27）

＊IAAF. Coaches Education and Certification System（CECS）. https://www.iaaf.org/download/download?filename=e6249a93-49af-4bba-b9a1-1f5c0aac2957.pdf&urlSlug=fig-1-cecs-structure-diagram，（accessed 2018-10-27）

＊石塚浩（2005）陸上競技の指導現場に寄与する事例研究への提言—ナラティブ・ベイスド・メディシンを下敷きにして—．陸上競技研究，（62）：pp.2-9.

＊ＩＴコーディネータ資格認定ケース研修．SPDLI経営戦略サイクル．http://fulfillment-c.com/case_study/spdli_keiei_cycle/，（参照日2018年10月28日）

＊金子明友（2009）スポーツ運動学．明和出版，pp.314-321.

＊金子明友（2015）身体知の形成（上）．明和出版，pp.24-25，pp.304-321.

＊金子明友（2015）身体知の形成（下）．明和出版，pp.198-200.

＊経済産業省．社会人基礎力．http://www.meti.go.jp/policy/kisoryoku/Fundamental%20Competencies%20for%20Working%20Persons.ppt（参照日2018年10月28日）

＊宮下充正（2008）私の思い出の一冊 連載［29］．体育科教育，56（13）：p.51.

＊中田基昭（2008）感受性を育む—現象学的教育学への誘い．東京大学出版会，pp.130-148.

＊日本学生陸上競技連合．http://www.iuau.jp/hakkobutsu.html，（参照日 2018年10月28日）.

＊日本オリンピック委員会．https://www.joc.or.jp/training/ntc/nationalacademy.html，（参照日2018年10月28日）

＊日本陸上競技学会．http://jsa-web.com/publication/，（参照日 2018年10月28日）.

＊日本陸上競技連盟．http://www.jaaf.or.jp/，（参照日 2018年10月28日）.

＊日本体育協会（2016）平成27年度コーチ育成のための「モデル・コア・カリキュラム」作成事業報告書，平成27年度スポーツ庁委託事業【コーチング・イノベーション推進事業】.

＊日本体育協会（2017）公認スポーツ指導者制度改定のロードマップ．Sports Japan2017 09-10，33：p.46.

＊ポラニー：佐藤敬三訳（2001）暗黙知の次元．紀伊國屋書店，pp.13-47.

＊竹内幸哉（2018）いま、大学に求められる教育力—昨今の教育関係の社会情勢やアクティブラーニングについて考える—．日本女子体育大学ファカルティーデベロップメント講演会資料（2018年2月9日開催）.

＊山極寿一（2018）真実につながる「物語」を—弱まる科学への信頼—，科学季評，朝日新聞朝刊2018年11月10日付け．p.13.

コーチングに役立つトピック

第1節
コーチングと筋腱複合体のバイオメカニクス

　筋によってつくり出すことのできる力や仕事率（パワー）の個人差が競技力の高低に大きく影響するのは，走投跳いずれにおいても同様である。一方，筋を解剖してみると，骨と骨との間には腱と腱膜からなる腱組織が走り，収縮して力を発揮する筋線維が腱膜間に存在することが一般である（そのため，筋を筋腱複合体（Muscle-Tendon Complex：MTC）と呼ぶことも多い：**図9-1**）。

　これらの組織は連続してつながっているため，筋腱複合体全体の力・パワー発揮に関わる性質には，筋線維の特性のみならず，腱組織のもつ力学的な性質が大きく影響することとなる。さらに，筋線維と腱組織には長さ変化の相互作用が生じ，運動時に特徴的な動態を示すことが90年代以降明らかになってきた。ここでは，コーチングのうえで押さえておきたい力・パワー発揮に関わる筋腱複合体のバイオメカニクスについて概説する。

(1) 筋線維の長さ―速度―力関係

　筋腱複合体において，能動的な力発揮が可能であるのは筋線維のみである。したがって，この筋線維と筋腱複合体との力発揮特性は強くリンクする。筋線維は，筋節（サルコメア）と呼ばれる収縮単位の集合体であり，筋節の力発揮特性は特に，長さと速度に依存する。

　筋節のもつ力発揮の特徴として，長さ依存でその発揮筋力が変化することがある。筋節は一定の長さにおいて最大の張力を示し（至適長），そこから長くとも短くとも発揮筋力が低下する。前述のように，筋線維は筋節の集合体であるため，この特性は筋線維のもつ力発揮特性と関係する。このことは筋腱複合体の筋力発揮に長さ依存性が存在し，大きな力が発揮できる関節角度が存在することを示している。実際，関節角度を変化させながら全力で筋力発揮を行っても，関節角度により発揮筋力は異なる（**図9-2A**）。このことは，運動時には最大の筋力発揮が可能な関節角度がそれぞれの関節で存在することを示しており，その角度が最適なフォームや構えと関連していることが示唆される。なお，最大筋力を発揮する関節角度は個人差もあり，トレーニング等によって変化し得ることは留意する必要があろう。

　また，筋節ならびに筋線維の力発揮には速度依存性も存在する。**図9-2B**は横軸に発揮張力を，縦軸に筋線維の収縮速度を取り，筋力発揮の速度―力関係を示している。このように，筋の短縮速度が増加すると筋線維の発揮可能な力は双曲線的に低下する。このことは，速い関節運動時に全力で力発揮を行っても，低速時に比して発揮筋力が弱まることを示している。また，筋線維が伸ばさ

メッシュ部が腱膜，黒い部分が腱，上下に腱
＋腱膜の腱組織が存在し，上下腱膜間に筋線
維が走行する
（図は筋繊維のごく一部を表示しており，実
際は筋繊維は密に配置されている）

図9-1●筋腱複合体における筋線維と腱組織の配置例　（Van Leeuwen & Spoor，1993より改変）

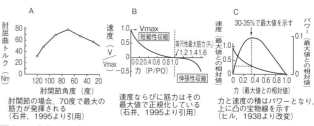

図9-2●長さ―力関係 (A)，速度―力関係 (B)，パワー―力関係 (C)

れながら力を発揮する伸張性収縮の局面において
は，等尺性収縮時（収縮速度ゼロの点）ならびに
短縮性収縮よりも大きな力を発揮できる。ヒトの
肘屈筋の場合，等尺性収縮の1.5倍ほどの筋力が
発揮できる（この程度は筋により異なる）。

　この速度—力関係からは，さらに重要な情報を
読み取ることができる。力と収縮速度の積は，力
学的パワー（仕事率：エネルギー発生率と等価）
を示し（**図9-2C**），筋線維の発揮パワーは瞬発
的な能力との相関が高い。このカーブから筋線維
の発揮するパワーの最大値は最大筋力の30〜35%
で現れることがわかる。ウェイトを用いたパワー
トレーニングにおいて，この程度の重量が用いら
れるゆえんである。

　このように，筋線維のもつ長さ—速度—力関係
から，大きな力とパワーを発揮したい場合には，
筋線維が至適長付近の筋長にて，なるべく遅い速
度での短縮性収縮（あるいは伸張性収縮）が可能な
動作を実施することが必要であることが示される。

(2) 筋腱相互作用と運動時の筋腱動態

　筋線維を取り巻く腱膜や筋の端部の腱（腱組織）
は，コラーゲンを主成分とする弾性タンパク質で
できている。したがって，外力に対し弾性体とし
てはたらき，弾性エネルギーを蓄え短時間に放出
するバネのようなはたらきを示す。筋腱複合体内
の筋線維と腱組織が直列に配置されていると考え
ると，筋線維と腱組織の長さ変化はお互いに影響
し合う（相互作用する）。この筋腱相互作用によ
ってさまざまな機能的利点が現れるが，特に大き
な反力を利用できる反動動作でのジャンプ，ラン
ニングの接地，スローイングの切り返しの局面な
どでの長所は顕著である。それらの局面では，筋
腱複合体の長さ変化は継続している際においても
腱組織が伸長され全長の長さ変化を担うことで，
筋線維は至適長付近における等尺性収縮か低速度
の伸張性収縮によって，上述の長さ—速度—力関
係のうえで大きな力を発揮できる長さと収縮速度
で筋力を発揮していること，そして，離地局面に
おいて腱組織に蓄えられたバネエネルギーを短時

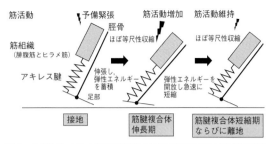

図9-3 ●ランニングの接地期における下腿における筋腱動態

間に開放することで大きな仕事率の増加につなが
っていることが，動物やヒトを対象とした実験を
通して示唆されている（**図9-3**）。このように，
筋線維と腱組織が相互作用することでそれぞれの
特徴を活かして効果的かつ，効率的な運動が実施
されている。運動時の腱組織の役割，筋腱相互作
用の効果的なパターンと競技力との関係などまだ
まだ明らかでない点は多いが，腱組織ならびに筋
腱相互作用が陸上競技の競技力に関連しているで
あろうことには留意が必要であろう。

(3) 身体操作やトレーニングと
　　筋腱相互作用

　競技力の高い選手では，効果的に筋腱相互作用
を活用していることが予想される。実際，ケニア
長距離選手は日本選手に比して，接地時の筋活動
は小さく，アキレス腱による弾性エネルギーの活
用度が高いという報告がある。トレーニング実験
による報告では，反動ジャンプ系のパフォーマン
ス向上にともない接地前の迎え動作が上達する際，
接地時の筋腱動体には大きな変化が生じていた。
また，ミニハードル等を用いたジャンプトレーニ
ングによって，短距離だけでなく中長距離選手の
競技力や走の効率が向上することが知られており，
この際に筋腱相互作用の動態が変化していること
は，地面反力や筋活動の変化から強く推察される。
一方で，最適な負荷の設定やセットの組み方など
調べるべきことは多い。腱組織は筋組織に比べる
と適応に時間を要し研究が難しい部分はあるもの
の，腱組織と筋腱相互作用，ならびに競技力との
関連についてのさらなる研究の発展が待たれる。

（小田俊明）

陸上競技における
部位別コンディショニング

　刻々と変化する心身の状態を把握し，よいパフォーマンス発揮という目的に向かって日常的に心身を望ましい状態に整えること，あるいはその手段をコンディショニングと言う。陸上競技では足・下腿部や大腿後面，腰部の受傷が多く（松尾，2018），それらの傷害の予防や受傷からの復帰，競技会や日常のトレーニングでの高いパフォーマンス発揮のためのセルフケアが重要な要素となる。

　本節では身体各部位の傷害予防や受傷からの復帰トレーニング，マッサージやストレッチといったセルフケアなどを紹介する。マッサージについては，簡便で強弱を自分で調整しやすく，揉み返しなど痛みを生じにくい安全な方法として，疲労部位を圧迫し自分で関節を動かす方法を紹介する。

(1) 足・下腿部

①代表的な傷害

　アキレス腱炎，シンスプリント（Medial Tibial Stress Syndrome），足底腱膜炎，足の甲の痛み，足部や下腿の疲労骨折などがある。片脚ジャンプ（ケンケン）で患部に疼痛（うずくような痛み）が出たり，腫れや局所の痛みが強い場合には，疲労骨折を疑い病院で受診する。

②受傷からの復帰や予防のためのアプローチ

　足部アーチを支えるためのゴムチューブを用いた後脛骨筋のトレーニングや，バランスマットを用いた足部や足関節の安定性を高めるトレーニングを行う（**図9-4左**）。またリハビリとしての種目だけでなく，足関節の強化を目的として膝を少し曲げてのカーフレイズ（踵の上下運動）や前脛骨筋などを強化するトレーニングを高い負荷で行う（**図9-4右**）。

③硬さに対する対処

　膝の角度を変えてふくらはぎのストレッチを行う（**図9-5左上**：膝伸ばし→腓腹筋，**図9-5中央上**：膝曲げ→ヒラメ筋）。足首の前方のストレッチはつま先を下げることで行う（**図9-5右上**：前脛骨筋など）。セルフでのマッサージはスネやふくらはぎ，足底などを圧迫し，周辺の関節を動かす（**図9-5下**）。

(2) 大腿部

①代表的な傷害

　ハムストリングス（大腿後面）や大腿直筋（大腿前面）の肉離れが多く，また長距離選手を中心に大腿骨や骨盤の疲労骨折も見られる。大腿骨や骨盤周辺で明確に場所が特定できないような痛みや，筋腱の上ではない場所に痛みがある場合は疲労骨折や裂離骨折などを疑い病院で受診する。

②受傷からの復帰や予防のためのアプローチ

A. 大腿後面（ハムストリングス）に対する負荷の上げ方：1)～9)のうち実施可能な段階から始める

図9-4

図9-5

1）可動域の獲得（膝・股関節ともに）

2）膝や股関節の単関節での単純筋力獲得

3）ヒップリフトやゆっくりとしたランジ歩行などの複合的で軽負荷な力発揮

4）デッドリフトやスクワット，ランジスクワットなどで大きな力発揮

5）スクワットジャンプやハイクリーン，スナッチなど大きな力発揮で瞬発的な動作

6）メディシンボール投げやボックスジャンプなど動作の速い瞬発的な力発揮

7）スキップやバウンディングなど走動作を強調

8）上り坂でのスプリント（速度を抑え出力を上げる）

9）平地での走練習への復帰

B. 大腿前面（大腿直筋）に対する負荷の上げ方

大腿直筋は高速での走動作でないと大きな活動を示さない（松尾・大山，2012）。したがって，流しや快調走と言われる走速度を落とした疾走では問題ないが，全力走になると痛みが出やすい。日頃からバックランジやシッシースクワットのような大腿前面への伸張性の負荷を，高い速度での走練習実施前に行うことをすすめる。

③硬さに対する対処

ハムストリングスのストレッチは，膝伸展位にこだわらず，股関節を深く屈曲し筋の中央部分に伸びを感じながら行う（**図9-6左上下**）。大腿直筋は膝屈曲だけでなく，股関節の伸展もあわせてランジ姿勢で行う（**図9-6中央**：足首を持てない場合はタオルなどで補助する）。セルフでのマッサージはハムストリングス（**図9-6右上**），大腿直筋（**図9-6右下**）ともに当該部位を圧迫し，膝関節をみずから動かす。

(3) 腰部

①代表的なケガ

大きく分けて，体幹の前屈をすると痛い筋・筋膜性の腰痛や腰椎椎間板ヘルニア，後屈すると痛い椎間関節炎や腰椎分離症などがある。特に疲労性の腰痛の場合，股関節屈筋の硬さによる腰椎前弯（反り）の強調によって痛みが生じている場合

が多く，後述する腸腰筋のストレッチなどを行う必要がある。またしびれや知覚麻痺，安静時の強い痛みがある場合には，重症度の高い傷害や上記以外の要因による腰痛が考えられるため病院の受診を強く推奨する。

②受傷からの復帰や予防のためのアプローチ

姿勢維持のための体幹トレーニングを行う必要がある。一例として（**図9-7左上**）は，仰向けで腰の反りを押しつぶしながら腹部を膨らませ，そのままゆっくりと大きく呼吸を行うことで，腹横筋など姿勢維持の筋強化を行っている。なお，股関節屈伸をともなう体幹トレーニング（バタ足腹筋やV字腹筋など）は，腰椎の前弯（反り）を強める要素となるため，後屈で痛い腰痛の場合には実施を控えるか注意して行う。

③硬さに対する対処

腰部や股関節屈筋のストレッチをよく行う。腰部のストレッチ（**図9-7左下**）は，伸張側の殿部が浮かないように注意し，角度を変えながら伸ばす。股関節屈筋である腸腰筋のストレッチ（**図9-7中央**）は，体幹の後屈で痛みが強調される腰痛の際に有効であり，骨盤をしっかりと起こし，股関節前方に伸びを感じながら行う。このときに顎を少し引くと効果的である。腰部のマッサージ（**図9-7右**）はパートナーに疲労部を抑えてもらうか，ボールなどで圧迫し，体幹部を自身で動かすことで行う。　　　　　　　（松尾信之介）

図9-6

図9-7

第3節
学校体育における陸上競技

　ここで言う学校体育とは，主に小学校，中学校および高等学校における体育授業を示すが，そのなかで陸上競技という用語が用いられるのは中学校以上であり，小学校では陸上運動と表現される。そこで本稿では，主に中学校および高等学校に焦点をあて，その中で陸上競技がもつ可能性について言及する。

　中学校および高等学校の体育授業内容は学習指導要領に従って決定されるが，現在のような形で学習指導要領が定められたのは1958年（昭和33年）であり，そこから幾度もの改訂が行われてきた。なお，最も直近の改訂は，中学校が2016年度で2021年度より全面実施，高等学校は2017年度で2022年度より年次進行で実施される予定となっている。改訂のたびに「ゆとり教育」や「個性を活かす教育」など，いくつかの学力観が定められてきたが，現行の学習指導要領総則では「生きる力の育成」が基本方針として掲げられている。そして，2021年度以降順次実施される新学習指導要領では現行の「生きる力の育成」という基本方針を継承しつつも，すべての教科ごとに「知識及び技能」「思考力，判断力，表現力等」「学びに向かう力・人間性等」という3つの柱で学習目標を整理し，「主体的・対話的で深い学びの実現」をめざしている（文部科学省，online）。

　こうした学習指導要領のなかで，陸上競技として取り扱う種目は，中学校では短距離走・リレー，長距離走，ハードル走，走り幅跳び，および走り高跳びとされており，高等学校ではさらに三段跳び，砲丸投げ，およびやり投げが加えられる。そして，その授業目標は文言こそ異なるが，いくつもの重複した内容が認められるため，ここでは以下の3つに要約した。

①各競技種目の特性，求められる技術および体力について理解し，身につけること。

②自己や仲間の課題を発見し，合理的な解決に向けて取り組み方を工夫するとともに，自己の考えたことを他者に伝えること。

③勝敗などを認め，ルールやマナーを守り，分担した役割を果たすこと。

　走・跳・投で構成される陸上競技はさまざまなスポーツ運動の基礎であり，その競技パフォーマンスは技術的要因よりも，瞬発力，筋持久力および全身持久力といった身体的要因によって決定されると思われがちである。しかし，初心者および初級者ほど，一定レベルの技術を身につけることで競技パフォーマンスは大きく改善されるうえ，身につけなければならない技術課題が明確になりやすいという利点もある。陸上競技の授業目標において，自己や仲間の課題を発見し，合理的な解決に向かって取り組みを工夫するとあるのは，こうした特性に鑑みてのことと考えられる。

　しかしながら，運動を通して明らかとなった技術的課題を克服するという授業目的のみでは，その役割は球技などのほかの科目となんら変わることがない。むしろ，単純な記録向上を目的とした授業に対して結果を出せない学習者の多くは，「キツイ」「つまらない」というネガティブな感情をいだくことは想像に難くない。こうした陸上競技の授業実践について伊佐野（2013）は「陸上競技の授業では外側から見た記録の結果ではなく，物質の位置移動を通じた身体のあり方を中核にとらえる必要がある」としている。これは陸上競技がもつ，自身が発揮する力を使ってみずからの身体を移動させるという特性をもとにしつつ，その過程において生じる身体感覚の意図的な抽出もしくは獲得を行い，それをより高い競技パフォーマンス獲得への手がかりとすることを意味する。特にほかの運動と比較して目的がシンプルで単純な運動である陸上競技は，それゆえに運動によって

生じる身体感覚と向き合いやすい。学校体育における陸上競技の存在意義はここにあると考える。

　ここで重要なのは，学習者自身が陸上競技を通して得られた身体感覚を意図的に発見する，もしくは発見しにいくことである。それは単純に「ツラい」とか「苦しい」もしくは「速い」といった身体全体的な全体感覚で終わらせるのでなく，「ツラいときには足をこうやって動かすとラクになる」「こんな感じに腕を振ると速くなる」といった，「こんな感じ」という身体操作法への気づきへと到達することを意味する。そして，その気づきをさらに陸上競技的な見方・考え方をはたらかせながら言語化するに至ることができれば，それはまさに新学習指導要領がめざす「主体的・対話的で深い学びの実現」になり得る（**図9-8**）。

　また，こうした客観的身体運動に対する主観的身体感覚を用いた発見とその言語化というシステムは，陸上競技を通した指導においても認められる。一般的にコーチは選手の動き，およびその際における主体的身体感覚を言語化した内容に対して，さらに言語教示を行うことで競技者のパフォーマンス改善に取り組むことが多い。いわば，コーチ自身も主体的・対話的で深い学びを実現しているのである。

　このようなことから，学校体育における陸上競技とは，単純に体力を養うのみでなく，新学習指導要領が掲げている生きる力をはぐくむための「学びに向かう力」「知識・技能の修得」そして「思考力・判断力・表現力等の育成」といった3つの柱を統合的に伸ばすことができる科目ととらえることができる。古代オリンピックに端を発する陸上競技がわが国の学校体育において連綿と採用されているのは，さまざまなスポーツ競技の基礎をつくるうえで重要という意味だけでなく，運動によって生じる身体感覚と向き合いやすいという特性が学習者の成長に有効であるという考えがあってこそではないだろうか。

（眞鍋芳明）

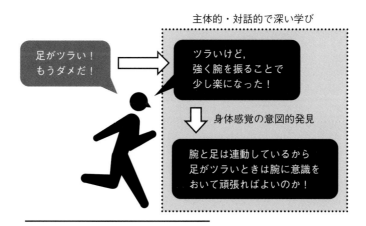

図9-8 ●身体感覚の意図的発見による主体的・対話的で深い学び

第4節
数日間にわたる最重要競技会における コンディショニングの考え方

(1) ピーキング＆コンディショニング

　競技者がめざす競技会で最大限の成績を達成したいと思うのは，本望である。競技会へ向けたコンディショニング，つまりトレーニングで高めた体力を維持し疲労を取り除き，好成績を収めるに適した条件を整えることをピーキングと言う。

　本来，ピーキングは競技会へ向けた数日間でつくり上げるものでなく数週間，数ヶ月間を要するものである。マクロサイクルを1年とし，6月上旬の日本選手権を最重要競技会と位置づけた場合，前年の11月頃からトレーニングを開始し5・6ヶ月間の体力養成，技術の向上と安定，4月から数競技会を経てのぞむこととなる。

　最重要となる競技会に向け，身体的能力が最大，技術が最良，知力・精神力がととのった状態にすることが，最大限の成績を生む条件となる。

(2) サボりバネを溜める

　学生時代の試験準備でトレーニングを休み，試験明けのトレーニングで走りも跳びも調子のよかった経験をもつ競技者も多いことだろう。継続してトレーニングを積み数日間の休養を入れることで，疲労が取れバネバネしい状態を「サボりバネが溜まった」と言っている。

　一般的なサボりは悪い表現で使用されるが，この「サボりバネ」については，好ましい「サボり」で使われる。日常の体力や技術のトレーニングによって体（筋）が疲労する。疲労した筋は，バネの原理であるストレッチ・ショートニング・サイクル（SSC）運動が起こりにくくなり，バネが低下する。したがって，ランニングやジャンプ運動の接地反応が鈍くスピードや跳躍が落ちる。

　トレーニングによる疲労困憊のあと数日間の休養を強制的に取る。つまり，意図的にサボることによって強力なバネをつくり，一時的に瞬発力を高める方法である。

(3) 負荷と回復のリズム

　最重要競技会の数日間のトレーニング負荷と回復のリズムは，トレーニング負荷による刺激と疲労，体力レベルの増大と消失に影響を及ぼす。**図9-9**はトレーニング負荷の大きさに対する体力レベルと疲労度の変化をモデル化した図である。

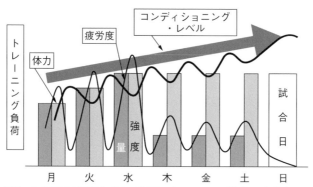

図9-9●最重要競技会前の1週間のトレーニング負荷と疲労度，
コンディショニング・レベル

曜日ごとのトレーニング負荷に対して，体力レベルも疲労度も非常に早く増大する（トレーニング科学研究会，1995）。高いトレーニング負荷後，トレーニングを軽減すると疲労の消失が体力の低下よりもはるかに早く，体力レベルがトレーニングによってより高くなる。つまり，高いトレーニング負荷のあと競技会までの数日間トレーニングを軽減することで疲労を消失し，体力を高く保つことになる。

トレーニング負荷は，強度と量から成り立っている。日曜日の競技会の場合，水曜日までトレーニングの強度と量を増強し，木曜日以降は強度を高く保ったまま量を低減するテーパリング法（Inigo，2017）がある。テーパリングにより疲労を消失し，体力を維持し，キレのよいコンディションをつくることができる。

(4) 運動刺激による反応をとらえる

リバウンド時の滞空時間を接地時間で除したリバウンドジャンプ指数がランニングスピードや跳躍距離と高い相関関係にあることが報告されてい

る（岩竹，2017；苅山，2017）。そのリバウンドジャンプ指数を測定することで運動刺激後の回復状態を調査した内容をまとめた。

これまでの報告によると，運動後72時間から96時間で最も筋力の発揮状態がよくなるとしている。仲川（2008）の3種類の運動刺激のあとの回復過程を測定した調査で，図9-10に示すような結果となった。この結果からもわかるように，運動刺激直後は一時的に運動前よりも高い発揮を示す活動後増強を示すが，翌日は低下する。その後，おおよそ72時間から96時間後に最も高い発揮力を示した。

つまり日曜日に競技会がある場合，水曜日か木曜日に高強度の運動刺激を入れその後は身体を休めることで疲労を取り除く。思い切って競技会前にトレーニングを軽くまたは休むことが瞬発力を高めることになる。

(5) 寝て気力を高める

競技会で成功を収めるには，身体コンディションをよい状態に保ち，気力の高まりと冷静な判断ができることである（仲川，2008）。競技会が近づくにつれて不安やプレッシャーから緊張して眠れないという競技者もいるだろう。

競技者は，通常のトレーニング期間で8時間ほど確保したいものだ。競技会前も同様で，トレーニング量を漸減することで睡眠がうまくとれないこともある。睡眠不足は，疲労がとれないだけでなく脳機能が低下する。脳機能の低下は，集中力や注意力をも低下させる。

そして，感情が不安定になることも経験的にわかっている。最もよくないことは気力の低下がパフォーマンスの悪化につながることである。

十分な睡眠は，身体の疲労を解消し，脳機能を正常に保ち，気力が高く意欲にあふれた状態にする。加えて情緒も安定することから，落ち着いた思考と判断ができるのである。重要な競技会に向けて十分な睡眠と，選手のオリジナルな方法（植田，2016）で心身の準備をすることである。

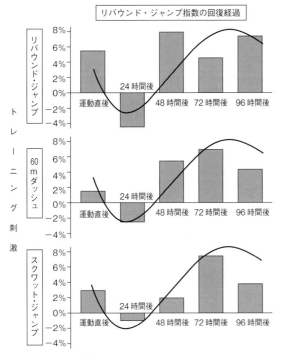

図9-10●運動刺激と回復経過　（仲川，2008より作図）

（植田恭史）

第5節

海外遠征のチームマネジメント

　私たちの住む日本は，諸外国から見ると独特の文化的側面をもっていると考えられている。海外への競技会参加やトレーニング参加をした場合，陸上競技においても文化的側面が間接的に影響し，私たちのもつ陸上競技観と，諸外国のもつ陸上競技観の異なりに触れることとなる。チームにおけるマネジメントの視点も，日本での競技会と環境は異なり，思いどおりにいかないことが多い。コーチやマネージャーは常に正確な情報を入手し，選手へ伝えることが重要であると考える。そこで，私が体験した2つの事例を挙げたい。

(1) 競技会遅延の中の銅メダル獲得

　ヘルシンキで開催された2005年世界選手権は低温で雨の多い大会となった。私は日本代表ハードルコーチとして参加した。400mハードルの為末大選手が2大会ぶりに決勝へ向かうウォームアップ前に大雨が降り，午後の競技が中断した。その際に「30分遅れ」「1時間遅れ」「1時間半遅れ」「競技は後日延期」「やっぱり1時間遅れ」と，さまざまな情報が錯綜した。ほかの選手たちも困惑気味で，明らかに多くの選手が浮き足立っていた。しかし為末選手は，「競技時間が決定したときに教えてください」とピシャリ。正確な情報が流れるまで，外界を遮断し集中するようにつとめた。結局30分遅れとなり，少し短いアップとなったが，心の準備ができていたため，準決勝では7番目の記録での決勝進出であったが，ほかの選手が実力を発揮できないなかで，ほぼ100%の力を出しきって銅メダルを獲得した。多くの情報のたれ流しよりも，正確な情報を適切なタイミングで選手へ伝えることの重要性を学ぶことができた。

(2) 失格後のプロテストで銀メダル

　もう1例は，2016年オリンピックリオ大会で荒井広宙選手が50km競歩において銀メダルでゴールしたとき，私はテレビ解説員として現地に行っていた。日本チーム監督である麻場一徳強化委員長に「解説の立場からの情報を共有できるようにすること」という指令を受けていた。レース時は私の解説担当ではなかったが，テレビ観戦をしていた。荒井選手は49km手前でカナダ人選手と接触し，カナダ人選手が大きくバランスをくずしたような仕草を見せた。荒井選手には非がないとは思ったが，失格の可能性も0%ではない。わが国の競技観念からすると，競技会での審判への異議申し立てや抗議は美徳としない傾向がある。しかしながら，海外チームは疑わしい結果の場合，選手の名誉を守るため，異議を唱えるのは常識である。荒井選手がゴールする前に渉外スタッフへ，「失格したときの理論武装しておいてください」とメッセージを流した。案の定，カナダチームが即座にプロテストした結果，荒井選手は失格となりカナダ人選手が3位となった。日本チームスタッフは30分以内にプロテストの準備。幸い英語に堪能で交渉力のあるチーム渉外スタッフがいたため，文章作成と口頭説明は円滑に進んだ。審議は難航したが，晴れて正式に荒井選手の銅メダル確定のアナウンスがあった。ロードでのレースは，多くの支援スタッフを要するが，オリンピックでさえ現地情報は伝わりにくいのが現状である。今回もスタッフは「接触した」という情報のみであり，現地対応だけでは限界があることがわかった。この後，海外競技会で日本での放映がある場合は，日本からも現地情報が伝わるような支援態勢にしている。

(3) 情報のシャワーは禁物

　この2例のように，特に言葉の壁がある私たち日本人のチームスタッフやコーチは，これから起

11:37　49km手前で荒井選手とダンフィー選手（カナダ）が接触

11:42　荒井選手3位でゴール

競技終了後30分以内にTICへ

12:08 カナダ陸連が接触について抗議（Protest）

※カナダ陸連がTwitterで発信

※カナダ陸連がProtest Formを提出したことを確認

12:50　審判長からオブストラクションで日本失格の通知。

13:00　上訴（Appeal）の書類の作成・提出

審判長の裁定後30分以内にTIC

14:55　日本の上訴が認められ，荒井選手が3位が決定。

15:10　ショートメールで上訴が認められたことが通知

写真提供：日本陸上競技連盟

図9-11●新井広宙選手の銅メダル決定までの流れ

こり得る問題についての情報は事前に取り込めるようにし，現場コーチへ正確な情報を流して対処することが重要であると考える。私たちが事前に準備しなければならないことは，日本陸連の競技会規則と，国際陸連の定める競技会規則が必ずしも一致していないこと，認識が異なることを理解することである。そのため，国際競技会規則を熟知しておきたい。

さらにコーチングスタッフは，絶対的な海外経験や国際感覚を身につける必要がある。ところ変われば勝手は変わり，杓子定規にいくことはほとんどないと言っていいだろう。スタッフ側も小さなことで腹を立てたり，問題が頻繁に起こっていることを態度に出して選手に悟られないように配慮したい。選手に対して過度の情報のシャワーは不要であることから，選手が安心してパフォーマンスを発揮できるよう，情報の選別をして的確に伝えることを心がけることが重要だろう。

（山﨑一彦）

(1) 女性選手が直面しやすい課題

　2018年11月1日より国際陸連は，生まれつき男性ホルモンのテストステロン値が高い「アンドロゲン過剰症」の女子選手に対する新たな規定を導入した（IAAF, 2018）。具体的には，400mから1mileまでの距離で行われる種目については，テストステロンの値が1ℓあたり5nmol以上の女子選手はホルモン剤を服用するなどして値を抑えない限り，オリンピックなど国際大会への出場を認めず，そのほかの大会でも世界記録の承認などは行わないとしている。科学的に「女性」を定義したルールに賛否が分かれている。

　そもそも男性と女性の間には，遺伝子で言うところの23番目の性染色体の違いにより「生物学的性差」が存在する。また，社会が女性，男性それぞれに期待する資質・能力・行為・行動様式における差異は「社会的・文化的性差（ジェンダー）」としてあらわれる。これらの性差は，女性選手が競技に取り組むうえで直面しやすい課題（順天堂大学マルチサポート事業，2013）につながっている。

　身体生理的課題：女子は男子よりも2年早く11歳前後で成長スパートが訪れ，成長スパートから1.3年後に初経を迎える。その際，体重や体型が変化するのは当然であるが，それを受け入れられなかったり，月経にともなう不定愁訴や妊娠出産にともなう身体の変化に適応できなかったりする競技者は多い。

　心理社会的課題：周囲から「スポーツをしてもいい学校に進学できない」と言われスポーツをしなくなったり，「この種目は危険だから」と自分に適性がある種目に挑戦することを阻まれたりすることもあるだろう。また，男性コーチの前で体重を測定される，「痩せろ」「髪の毛を切れ」などと言われるパワハラ・セクハラ行為は，女性選手の競技への意欲を減退させてしまう。

　組織・環境的課題：たとえば，中学校や高等学校に陸上競技部がなかったり，部員が少ないからという理由でリレーや駅伝が組めなかったりすると，競技へのチャンスが奪われてしまう。また，競技を長く継続したいのに続けられる環境が整っていないという現状は，特に長距離以外の種目には多く見られる。

　これら3つの課題は，あらゆる年代で同時多発的に起こり相互的に作用することから，1つの課題だけを改善しても意味がなく，3つすべての課題を改善することが女性競技者の発展につながると言える。

(2) 女性選手の3主徴
～ Female Athlete Triad ～

　1992年，アメリカスポーツ医学会は女性競技者に多い健康問題として「摂食障害」「月経障害」「骨粗鬆症」を挙げ，Female Athlete Triad（FAT）として警鐘を鳴らした（Nattiv et al., 1994）。そして2007年に改訂が行われ，摂食障害は「利用できるエネルギー不足（摂食障害の有無に関係なく）」，月経障害は「視床下部性無月経」に変更され，「骨粗鬆症」はそのまま残された。またFATを示す図には新たに矢印が加わり，毎日の食事が不足することによって，月に1回くるはずの月経がなくなり，年単位で骨密度が失われていくことが表された（Nattiv et al., 2007）（**図9-12**）。FATのリスクが高い競技者は，パフォーマンスの向上と見た目をよくするために，低体重や低脂肪を維持しなければならない種目（持久系種目等）に多く見られる。

　女性スポーツ研究センター（平尾ほか，2015）が，全日本大学女子駅伝に出場したことのある19大学

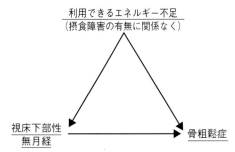

図9-12●女性アスリートの3主徴　（ACSM position stand, 2007より改訳. 2012）

314名の女子長距離ランナーを対象に実施したFATに関するアンケート調査によると，71.7%が食事制限をしたことがあり，コーチから「ご飯を食べるな」と言われたことがある人は25.5%もいた。また，初経後に月経が止まったことがある人は72.9%と非常に多く，16.2%が現在も月経が止まっていた。疲労骨折の既往がある人は45.5%であり，そのうち58.7%が複数回疲労骨折を繰り返していた。疲労骨折発症年齢は17歳が最も多く，ついで16歳であった（**図9-13**）。そして，FATを知らないと回答した人は80.6%もいることが明らかとなった。このことからも，女性選手（とりわけジュニア期）とコーチに対するFAT教育に早急に取り組むべきである。

また，FATは種目に関係なく多忙なスケジュールをこなす選手も陥りやすいと言われている。選手にトレーニングの期分けを明確に提示し，シーズン後には必ずオフシーズンをつくることも，FATの予防につながるだろう。

（3）女性選手のコーチング

国際女性スポーツワーキンググループ（IWG）は，すべてのスポーツ組織は2020年までに女性役員の比率を40%にすることを勧告している（IWG, 2014）。しかし，日本のスポーツ競技団体（119団体）における女性役員数の割合は10.7%となっており，スポーツ先進国に大きく水をあけられている。また，その中でも日本陸連における女性役員の割合は6.1%であり，ほかの主要スポーツ団体の中でも最も低い現状が明らかとなっている（スポーツ庁，2018）。

女性選手は，男性と同じ方法で競技力が向上することはなく，女性の身体生理的，心理社会的，社会環境的性差を考慮したコーチングが必要である。そのためにも，陸上競技において女性コーチ（役員）を増やすことは最重要課題であり，女性競技者が1人でもいる場合は女性コーチ（役員）を必ず組織に配置する等，女性選手が活躍しやすい組織・環境の整備が急務といえよう。

（鯉川なつえ）

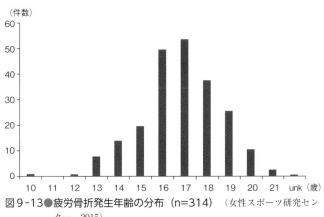

図9-13●疲労骨折発生年齢の分布（n=314）　（女性スポーツ研究センター，2015）

タレント発掘とトランスファー

(1) タレント発掘とは？

　「タレント発掘」と聞くと，よくテレビで放映されているアイドル発掘番組を思い出す方も少なくないのではないではないか。これは，芸能プロダクションや事務所が，デビューする見込みのある新人を勧誘し，芸能人として売り出すために行うオーディションである。このようにマスコミで使用される「タレント」とは和製英語であり，「芸能人」や「歌手」「アイドル」を指している。しかし，本来の「タレント（talent）」の意味は，「能力」や「才能」を意味し，陸上競技における「タレント発掘」とは，まさに「〈走跳投における才能〉を〈埋もれている者の中より見つけ出すこと〉」を意味する。

(2) 陸上競技におけるタレント発掘

　わが国の陸上競技におけるタレント発掘は，古くから小学校時代を中心に行われてきた。

　「足が速い」「投げる力がある」等の能力が高い小学生を見つけ出して，専門的なトレーニングにいそしませることを行ってきたわけである。しかし，調査してみると，陸上競技でオリンピックや世界選手権に参加するような高成績を上げる競技者は，陸上競技に専念してトレーニングを始めた年齢は13歳以降（日本では中学〜高等学校）の競技者が多い（**図9-14**）。これは，子どもたちの発育発達過程とも関係している。水泳や卓球，バドミントンのように日常行わない動作や，道具を使用するスポーツは，動作の習得を早期に行わねばならない。そのため，スポーツ動作の習得に適していると言われる早期（日本では小学校期：7〜12歳）に専門的なトレーニングを開始する必要性があるため，タレントの発掘も早期となる。

　しかし，陸上競技の走・跳・投動作のように，誰もがどこでも経験できる動作は習得の特殊性が低い。つまり，早期（7〜12歳）に専門的なトレーニングを開始する必要性が低いため，タレントを発掘するのはその後（中学生以降）でも遅くはない。つまりは，陸上競技はほかのスポーツ種目と比較しても早熟な傾向はなく，比較的「晩生（おくて）」「遅咲き」でも通用するスポーツである。

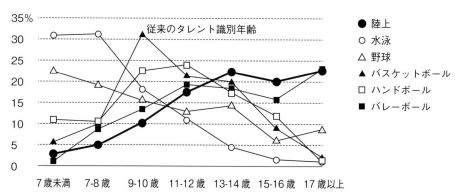

図9-14●2004年アテネオリンピック大会参加競技者が専門種目を開始した年齢　（Vaeyens et al, 2009より改変）

(3) タレント発掘の課題

　しかし日本の学校制度は，小学校，中学校，高等学校，大学と「6，3，3，4年」という期間で区切られており，そのそれぞれにスポーツ競技の全国大会が存在する。選手は，その限られた期間の中で成果を出そうとすることに加え，教員やコーチは学校や保護者からその成果を求められる。特にスポーツ競技と初めて触れ合う小学校時代における児童や家族，コーチの意気込みは強く，ほかの早熟系のスポーツ種目との対比も相まって，早すぎるタレント発掘と専門的なトレーニングの導入が行われがちである。早すぎるタレントの発掘や専門的トレーニングの導入は，ともすれば早熟型の競技者の育成に特化することとなり，成績のよい競技者におけるその後の伸び悩み等による，陸上競技からのバーンアウトや，スポーツ活動自体からの挫折・離脱につながる危険性ももつ。

　また，小学校から中学校前半期（児童期）の選手の競技力や体力評価において，「相対年齢効果」という考え方がある。児童期における1年間の身体成長は著しく，身長や体重，筋力といった要因は同じ学年の中でも著しく異なることがある。学年のはじめ（4月）に生まれた人々を過剰評価し，学年の終わり（3月）に生まれた人々を過小評価することとなる。この差を度外視すると，誤ったタレントを判断することにつながりかねない。児童期におけるタレント発掘には，年齢ではなく月齢の把握も重要な要素となる。

　このように，陸上競技におけるタレント発掘は，慌てて焦ることなく，中学校～高等学校時代の様子を見て行うことがよいと思われる。

(4) トランスファーとは？

　Klint and Welss（1988）は「スポーツトランスファー」という概念を示した。これは，1度参加したスポーツ競技（種目）から離脱して2度とスポーツ活動に戻ってこない「スポーツドロップアウト」に対して，ほかの競技種目に変更してスポーツ活動を継続・復帰する場合を区別するものとして名づけられた概念である。この理念を引き継ぐものとして，近年，陸上競技において重要とされている考え方が「タレントトランスファー」である。陸上競技を始めた時期の種目にこだわらずに，自分の能力に最適である種目の選択・変更を行い，競技より離脱することなく，長い期間陸上競技に携わることで，競技レベルを上げていこうとする考え方である。

(5) トランスファーの実際

　日本代表の経験がある選手を対象にタレントトランスファーに関する調査を行った。その結果，陸上競技生活の中で競技種目のトランスファーを行い日本代表となった割合は，中学校当時の種目から高等学校時の種目でトランスファーした割合が50％超，高等学校時と大学もしくは実業団でトランスファーした割合が約30％であった（短距離および中長距離種目内の距離変更を含む）。このように，日本代表選手にはタレントトランスファー経験者が多く見られる。また，国内外のトップ選手の自己ベスト記録を調べてみると20歳代半ば以降に達成される傾向がある。これは，高等学校期以降も最適種目のトランスファーを積極的に行い，長い競技生活を成功に導いているという傾向があると言える。

(6) タレントを重視したコーチング

　コーチングに期待されることとしては，以下の3つが挙げられる。①小学校期の子どもたちに陸上競技の楽しさを伝え，陸上競技に関わる人々を増やす。②中学校期，高等学校期のタレントを取りこぼさないためにも，タレント発掘に目が利くコーチ技能を向上させる。③高等学校期以降のタレントに応じたトランスファーをうながせるコーチ技能を向上させる。以上のようなコーチングにより息の長い競技者育成をめざすことが重要である。

（桜井智野風）

●文献

＊Hill, A.V.（1938）The heat of shortening and the dynamic constants of muscle. Proc. R. Soc. Lond.［Biol］.,126：pp.136-195.

＊平尾朋美，鯉川なつえ，鈴木志保子，桜庭景植（2015）大学女子駅伝ランナーにおける Female Athlete Triad のリスク調査．日本陸上競技学会第14回大会，p.30.

＊IAAF（2018）IAAF Eligibility Regulations for the Female Classification. https://www.iaaf.org/news/press-release/eligibility-regulations-for-female-classifica（参照日2018年4月26日）.

＊Inigo Mujika：水村真由美総監修（2017）テーパリング＆ピーキング最適なパフォーマンスのために．ブックハウス・エイチディ，pp.121-186.

＊伊佐野龍司（2013）陸上運動・競技の授業に関する一考察，陸上競技学会誌，11：pp.60-62.

＊石井直方（1995）骨格筋の力学的性質．東京大学基礎実験委員会編，基礎生命科学実験．東京大学出版会.

＊石井直方（2000）筋の特性と運動．東京大学身体運動科学研究室編，教養としてのスポーツ・身体運動．東京大学出版会，pp.41-42.

＊岩竹淳（2017）疾走能力におけるリバウンドジャンプ能力の位置づけ．体育の科学，67（4）：pp.238-242.

＊IWG（2014）Helsinki calls the world of sport to LEAD THE CHANGE, BE THE CHANGE. The Legacy Document. .Annex 2：13.

＊順天堂大学マルチサポート事業（2013）．女性アスリート戦略的強化支援方策レポート．順天堂大学.

＊苅山靖（2017）各種運動能力におけるリバウンドジャンプ能力の位置づけ．体育の科学，67（4）：pp.226-237.

＊Klint, K. A., Weiss. M. R.（1986）Dropping in and dropping out：participation motives of current and former youth gymnasts. Can. J. Appl. Sport Sci., 11：pp.106-14.

＊松尾信之介（2018）ジュニア期エリート陸上競技選手の受傷経験．大阪学院大学人文自然論叢，75-76：1-17.

＊松尾信之介・大山卞圭悟（2012）走速度変化に伴う下肢筋活動の変化：ランニングとスプリントの比較による肉離れ発症要因の検討．大阪学院大学人文自然論叢，64：pp.31-40.

＊文部科学省：教育：新学習指導要領．http://www.mext.go.jp/a_menu/shotou/new-cs/1383986.htm（参照日2018年9月19日）.

＊仲川未来雄（2008）運動負荷後の回復過程からみたコンディショニング評価．東海大学体育学研究科修士論文.

＊Nattiv, A., Agostini, R., Drinkwater, B., Yeager, K. K.（1994）The female athlete triad. The inter-relatedness of disordered eating, amenorrhea, and osteoporosis. Clin. Sports Med.,13（2）：pp.405-418.

＊Nattiv. A., Loucks, A.B., Manore, M. M., Sanborn, C. F., Sundgot-Borgen, J., Warren, M. P.（2007）American College of Sports Medicine position stand. The female athlete triad. Med. Sci. Sports Exerc., 39（10）：pp.1867-1882.

＊日本陸上競技連盟編（2017）タレントトランスファーガイド．公益財団法人日本陸上競技連盟，p.2.

＊スポーツ庁（2018）スポーツを通じた女性の活躍促進会議（第4回）配付資料，参考資料3，日本のスポーツ団体における役員数.

＊トレーニング科学研究会編（1995）コンディショニングの科学．ピーキング．朝倉書店，pp.19-28.

＊植田恭史（2016）私の考えるコーチング論〔Ⅶ〕－ワザ－．東海大学紀要体育学部，第46号，：91-98，東海大学出版会.

＊Vaeyens, R., Gullich, A., Warr, C.R., Philippaerts, R.（2009）Talent identification and promotion programmes of Olympic athletes.J Sports Sci. Nov;27（13）：pp.1367-80.

＊Van Leeuwen, J. L. and Spoor, C. W.（1993）Modeling the pressure and force equilibrium in unipennate muscles with in-line tendons. Phil. Trans. R. Soc. Lond., 342：pp.321-333.

■編集委員・執筆者紹介

◆編集委員
　尾縣　貢（おがた　みつぎ）
　筑波大学体育系

　青山清英（あおやま　きよひで）
　日本大学文理学部

　森丘保典（もりおか　やすのり）
　日本大学スポーツ科学部

◆**執筆者**（掲載順，＊：章とりまとめ，所属等は執筆時）

尾縣　貢　　　　筑波大学体育系 ・・・・・・・・・・・・・・・・・・・・・・・・・・　第1章＊第1・第2節

遠藤俊典　　　　青山学院大学社会情報学部 ・・・・・・・・・・・・・・　第1章第3節

青山清英　　　　日本大学文理学部 ・・・・・・・・・・・・・・・・・・・・・・　第2章＊第1・第2・第4節

小木曽一之　　　青山学院大学教育人間科学部 ・・・・・・・・・・・　第2章第3節

森丘保典　　　　日本大学スポーツ科学部 ・・・・・・・・・・・・・・・・　第3章＊第1節

榎本靖士　　　　筑波大学体育系 ・・・・・・・・・・・・・・・・・・・・・・・・・・　第3章第2節

門野洋介　　　　仙台大学体育学部 ・・・・・・・・・・・・・・・・・・・・・・　第3章第3節

田内健二　　　　中京大学スポーツ科学部 ・・・・・・・・・・・・・・・・　第3章第4節

渡辺輝也　　　　愛知学院大学心身科学部 ・・・・・・・・・・・・・・・・　第3章第5節

木越清信　　　　筑波大学体育系 ・・・・・・・・・・・・・・・・・・・・・・・・・・　第4章＊第1・第3節

図子あまね　　　筑波大学大学院人間総合科学研究科 ・・・・・　第4章第2節

前村公彦　　　　筑波大学体育系 ・・・・・・・・・・・・・・・・・・・・・・・・・・　第4章第3節

山元康平　　　　福井工業大学スポーツ健康科学部 ・・・・・・・・　第4章第4節

青山亜紀　　　　日本大学スポーツ科学部 ・・・・・・・・・・・・・・・・　第5章＊

青木和浩　　　　順天堂大学スポーツ健康科学部 ・・・・・・・・・・　第6章＊第1節

安井年文　　　　青山学院大学コミュニティ人間科学部 ・・・・　第6章第2節

米田勝朗　　　　名城大学法学部 ・・・・・・・・・・・・・・・・・・・・・・・・・・　第6章第3節

吉田孝久　　　　日本女子体育大学体育学部 ・・・・・・・・・・・・・・　第6章第4節

大山卞圭悟　　　筑波大学体育系 ・・・・・・・・・・・・・・・・・・・・・・・・・・　第6章第5節

高松潤二　　　　流通経済大学スポーツ健康科学部 ・・・・・・・・　第7章＊

石塚　浩　　　　日本女子体育大学体育学部 ・・・・・・・・・・・・・・　第8章＊

小田俊明　　　　兵庫教育大学学校教育研究科・・・・・・・・・・・・・・　第9章第1節

松尾信之介　　　大阪学院大学経済学部 ・・・・・・・・・・・・・・・・・・　第9章第2節

眞鍋芳明　　　　中京大学スポーツ科学部 ・・・・・・・・・・・・・・・・　第9章＊第3節

植田恭史　　　　東海大学体育学部 ・・・・・・・・・・・・・・・・・・・・・・　第9章第4節

山崎一彦　　　　順天堂大学スポーツ健康科学部 ・・・・・・・・・・　第9章第5節

鯉川なつえ　　　順天堂大学スポーツ健康科学部 ・・・・・・・・・・　第9章第6節

桜井智野風　　　桐蔭横浜大学スポーツ健康政策学部 ・・・・・・　第9章第7節

陸上競技のコーチング学

© Japan Society of Athletics, 2020　　　NDC782／viii, 198p／26cm

初版第1刷——2020年2月1日

編者————日本陸上競技学会

発行者———鈴木一行

発行所———株式会社 大修館書店

〒113-8541 東京都文京区湯島2-1-1

電話03-3868-2651（販売部）03-3868-2298（編集部）

振替00190-7-40504

[出版情報] https://www.taishukan.co.jp/

装丁————中村友和（ROVARIS）

印刷————広研印刷

製本————難波製本

ISBN978-4-469-26880-5　　　Printed in Japan

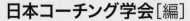